Meisterwerke der Druckgrafik

Meisterwerke der Druckgrafik

Von Ernst Rebel

Mit 150 Abbildungen

Philipp Reclam jun. Stuttgart

RECLAMS UNIVERSAL-BIBLIOTHEK Nr. 18774

Umschlagabbildung: Rembrandt Harmensz van Rijn,
Der Magier (»Faust«), um 1652 (Berlin, Kupferstichkabinett)
Gesamtherstellung: Reclam, Ditzingen. Printed in Germany 2010
RECLAM, UNIVERSAL-BIBLIOTHEK und
RECLAMS UNIVERSAL-BIBLIOTHEK sind eingetragene Marken
der Philipp Reclam jun. GmbH & Co., Stuttgart
ISBN 978-3-15-018774-6

www.reclam.de

Inhalt

Vorwort

Meisterwerke – direkt und indirekt

Fraglos gibt es Meisterwerke der Grafik. Sie stehen am Firmament der Künste wie die anderen ›Stars‹ der Kunst- und Kulturgeschichte. Aber nicht alle interessanten Grafiken sind Meisterwerke in diesem hohen Sinn. Man findet sie auch auf dem Boden der Tatsachen, als Zeugnisse des Alltags, manchmal in kunstfernen Funktionen. Anders gesagt: Nicht alle aufschlussreichen Belege der Druckgrafik (und nur diese ist hier Thema, auch wenn öfters das verkürzende Synonym »Grafik« verwendet wird; vgl. Rebel, 2009, S. 194 f.) beanspruchen den Qualitäts- und Leistungsrang in jenem gehobenen Verständnis von Meisterlichkeit, wie diese uns aus Baukunst, Malerei und Skulptur vertraut ist. Dennoch oder gerade deshalb sollte man auch die niedrigen Gipfel nicht verachten. Wo im grafischen Bereich Niveaus der Meisterlichkeit erklärt werden sollen, darf uns die Signifikanz, die aus dem Naheliegenden hervorgeht, nicht weniger wichtig sein als die Exzellenz ferner Höhen. Aber was heißt das jeweils?

Setzen wir am gängigen Verständnis an. ›Meisterwerk‹ umfasst mit seinen beiden Worthälften zwei distinktive Aspekte. Zunächst finden wir Tatsachen hoch entwickelten Handwerkskönnens mit solchen von sozialer Hierarchie verknüpft. Meisterwerke gelten demnach als Normleistungen eines Meisters: des die Regeln weitergebenden, Niveau bewahrenden Vorstehers von städtisch, höfisch oder kirchlich organisierten Produktionsgemeinschaften. Zweitens versteht man sie als ›Chefs d'Œuvres‹, das sind vorzügliche Verschränkungen aus Begabung und Fähigkeit, durchaus im Kontrast zu fehlerhaften oder (noch) minderwertigen Leistungen anderer. Wo Meister sind, muss es Schüler, Gesellen, Lehrlinge geben, Betriebs- und Ausbildungsformen, berufsständischen Corpsgeist. Zwangsläufig ist dann auch die Rede von Nichtzugehörigen, von »Outcasts«,

»Pfuschern«, »Dilettanten«. All das betrifft direkt wie indirekt den gesellschaftlichen Rahmen, worin die Meisterschaft sich zu legitimieren hat (vgl. Landau/Parshall, S. 7). Fürstenhöfe, städtische Zünfte, Klosterwerkstätten, Verlagshäuser, später die Akademien, verknüpfen ihre Rangideologien auf je eigene Weise mit berufsständischen Eliteauffassungen, die wiederum durch Meisterschaften in den verschiedenen Fächern repräsentiert sind und aus lebenslangem Üben hervorgehen. Freilich ist die Geltungsfrage damit erst angeschnitten. Sie kann auch für Architektur, Malerei und Plastik nicht immer einhellig und umfassend beantwortet werden, schon gar nicht unabhängig von ihrem historischen Wandel. Denn seit dem 16. Jahrhundert ist durchaus strittig, ob nicht auch ideelle Handschrift, geniale Einzigartigkeit der Kreativität, technischer Erfindergeist, experimenteller Wagemut, einzelgängerische Fantastik, ja auch Virtuosität im aristokratischen Sinn des Wortes (Kemp, S. 57) – ob also nicht auch normabweichende Qualitäten mit zum selben Begriff der Meisterschaft gehören.

Auf umso mehr Probleme treffen wir, wo es um Grafik geht. Bei den Meistern des Bilddrucks liegen die Dinge etwas anders als bei den traditionellen Handwerken, stehen doch in den grafischen Gewerben technische, psychologische und soziologische Sonderaspekte im Vordergrund. Wo ›Meisterlichkeit‹ in der Behandlung von Lineament und Flächenton, Druckform, Typenguss, Pressmaschinerie, Ätzprozess, Auflagenqualität und Vertriebsmodus zentral ist, wird auch über Tradition und Leistung, letztlich über Wahrnehmung anders nachgedacht. ›Kompetenzen‹ – so würden wir heute formulieren – fallen dann ins Gewicht, die sich von althergebrachten Vereinbarungen unterscheiden.

Wer all das berücksichtigt, muss Geschichte befragen. Er muss verstehen, wie zwischen 1400 und 2000 vor allem unter der Perspektive medialer Wirksamkeit eigene, neue Kunstfertigkeiten und Kunstgeltungen erwuchsen. Er wird sehen, dass Bilddruck in Europa ein Neben- und Neugewächs der Künste ist, das als System gestalterischen Könnens, bildlicher Eigenart und technischer Intelligenz am Ende des Mittelalters aufblühte und bis heute Wachstum zeigt. Im Rückblick aus der heutigen Medienperspektive wird deutlich, wie die Besonderheit der grafischen Bildherstellung früh schon Alternativen zum etablierten Bildgebrauch eröffnete. Als nach 1450 die Geschichte des Bilddrucks zusammen mit derjenigen des benachbarten Buchdrucks ihren ersten Durchbruch erlangte, markierte sie für die Entwicklungen der Kunstgeschichte so etwas wie den zweiten Weg zur Kunst. Es war der Weg des indirekten Bildes, der zugleich ein Weg des besitzindividuellen Gebrauchs von Kunst wurde. Was das im Einzelnen heißt und was dabei als mögliche ›Meisterlichkeit‹ im erweiterten Sinne von Gipfelleistung oder Mustergültigkeit angesehen werden darf, soll an 150 Beispielen im vorliegenden Band zur Darstellung kommen. Quer durch die Jahrhunderte soll ein breites Spektrum an Themen, Techniken, Stilen, Funktionen auffächern, worin Normen und Gegennormen abwechseln. Chronologisch streng der Reihe nach, doch fallweise stets anders werden signifikante Beispiele in kurzen Texten beschrieben und erläutert. Je typischer diese Bilder uns erscheinen, desto eher werden sie zu Zeitfenstern, durch welche wir auch auf ›Meisterschaft‹ in der Vielfalt ihrer grafischen Eigenarten blicken können.

Vom Haupt- zum Nebenthema, von der Nebenarbeit zum Hauptberuf

Hauptthema des Bilddrucks ist anfangs allein das Heiligenbild. Ihm, seinen elementaren Formgebungen, stilisierten Fürbitten und Versenkungsangeboten, gehörte zunächst alles Interesse. Doch durfte im Windschatten des die Kunst und das Leben revolutionierenden Buchdrucks bald auch der Bilddruck Differenzierungs- und Säkularisierungsansprüche stellen. Relativ frei von alten Zunftkontrollen und Auftragsbindungen, wenn auch niemals frei von Ratserlässen, fürstlichem und kirchlichem Kontrollblick, reagierten die beiden Druckgewerbe weitgehend autonom auf neue Marktbedingungen und Bildbedürfnisse, ja sie brachten das eine wie das andere entscheidend mit hervor. Weil Spielräume für thematische Neuerungen (Neujahrsgrüße, Allegorien, Spottbilder etc.) in allen Motivbereichen erschlossen wurden, wuchs auch neue ›Lesekompetenz‹ heran, beispielsweise die Kennerschaft vom Kuriosen. Der Geist der Jahrmarktsensationen wanderte unter ihrem Vorzeichen ins Dauerkalkül grafischer Bildprogramme ein. Denn mit Kuriosität konnte Grafik, selbst lange eine einzige Curiositas, beweglicher umgehen, unbelasteter von theologischen und herrschaftlichen Dirigaten als jede andere Kunst. Die Flugblätter der Einblattholzschnitte und »Zeitungen«, wie man frühe aktuelle Bildergeschichten bereits nannte, sprechen da eine lebhafte Sprache. Monstrositäten, Himmelszeichen, Katastrophen (Wimböck, S. 212) begannen nach 1480 das Veröffentlichungsgeschehen expansiv zu beleben. Zwar kommen Kuriosität und Alltagssensation auch in den manuellen Künsten der Altäre und Fresken vor, doch ihr ›Medium‹, ihr Vokabular, ihren ikonischen ›Jargon‹ finden die Neuigkeiten des Fantasie- und Alltagslebens nun doch bevorzugt im Reich technischer Vervielfältigung. Die schlagenden Knappheiten von »Linien«, »Punkten«, »Flächen« im Schwarzweiß sind von Anfang an ihr Element, und von »Schlagzeile« und »Aufmacher« reden wir heute noch im publizistischen Metier. Grafiker wie Drucker und Verleger mutierten nach 1500 bald zu Unternehmern im Geschäft der werbenden Information und überraschenden Unterhaltung. Eine neue Meisterschaft des Aktualitätsgespürs (›Riechers‹) und der Chancenplanung kam auf, produktiv wie rezeptiv; sie gehörte bald zum allgemeinen Tatsachensinn bürgerlicher Tüchtigkeit. Auch ›hohe‹ Meister wie Dürer waren sich für solche Tüchtigkeiten nicht zu schade. Und lange später noch rangierten mirakulöse Nebenwelten gleichberechtigt neben den alten Hauptthemen, etwa in den offiziellen Produktpaletten eines Jacques Callot, Antonio Tempesta, Wenzel Hollar, Salvator Rosa oder Matthäus Merian. Sie ergänzten und kommentierten fortan die offizielle Ikonografie.

»Grafiker« ist allerdings nicht von vornherein ein neuer Beruf gewesen, schon gar nicht sein Name. Als um 1400 der Holzschnitt, um 1430 der Kupferstich die historische Szene der Kunst bereicherte, waren das noch keine Künste im neuzeitlichen Sinne, sondern ausschließlich Handwerke, die von traditionellen Meisterberufen herkamen. Vor allem die Maler und Schreiber, daneben aber auch die Schreiner, Bildschnitzer, Plattner und Goldschmiede widmeten sich, zunächst wohl im Nebenbei, den neuen Verdienstmöglichkeiten. Dabei muss man hier schon eine prinzipielle Unterscheidung machen. Während der Bildentwurf, vielfach auch die Entwurfsübertragung auf den Druckträger, noch in den Händen derer lag, die auch sonst zeichneten und malten, übernahmen die grafische Ausarbeitung des Holzschnitts, namentlich des Einblattholzschnittes, und die farbliche Ausschmückung der Abdrucke schon um 1400 eigene, neue Berufsvertreter: die »Formschneider« und die »Briefmaler« (Mayer, S. 71). »Formschneider« als eigenes Metier ist in Europa urkundlich erstmals für 1397, also zeitgleich mit der Einführung des Papiers, »Briefmaler« erstmals 1422 bezeugt. Die einen wie die anderen gelten schon als fächerübergreifende Spezialisten. Sie sind nach 1450 im Buchdruck wie im Bilddruck tätig, vorher bereits, seit etwa 1430, arbeiten sie an den Zwitterformen des Blockbuches (Mayer, S. 244), wo Anteile von Schrift und Bild aus ein und demselben Holzstock geschnitten wurden. Briefmaler sind in den Magistratsstuben – als Urkundenverzierer – ebenso zuhause wie in den Ateliers der Maler oder in den Offizinen der Buchdrucker. Hinzu kommen Kanzleigehilfen, Amtsschreiber, Mönche. Sie alle haben sich möglicherweise im Schutz außerkünstlerischer Institutionen, also ohne zunftgeregelte Ausbildung, die nötigen Spezialfähigkeiten erworben. Und wie auch sonst dürften die verstärkt technischen Werkanteile (Zubereiten von Druckform und Druckträger, Farbanrieb, Einfärben der Platten, Auswischen, Pressjustierung etc.) dabei eher den Gesellen und Handlangern als den Atelierherren zugefallen sein, die Quellen sind in diesem Punkt nicht sehr gesprächig. Etwas anders steht es mit den »Stechern«. Die Kupferstecherei konnte erst nach 1500 zu einem weitgehend eigenständigen Beruf spezialisiert werden, vorher waren die Stecher zumeist auch Maler (wie Martin Schongauer) oder Goldschmiede. Allerdings gibt es bedeutsame Ausnahmen. Der Spielkartenmeister, der Meister E. S. oder Israhel van Meckenem haben fast ausschließlich schon als Stecher gearbeitet. Man kann das nicht ihren Biografien entnehmen, sondern muss es allein wegen der umfangreichen Œuvres vermuten. Jedenfalls standen Kupferstecher wegen ihrer technischen und ästhetischen Nähe zum Goldschmiedehandwerk nicht nur näher zur Kunst, sie waren auch sozial höhergestellt als etwa Formschneider oder Briefmaler. Entsprechend ist bei den Stechern nach 1450 ein rascherer Fortschritt der künstlerischen Vervollkommnung zu beobachten als bei den Vertretern des Formschnitts. Deren Leistungsstandard bemaß sich eher nach Routine und Geschwindigkeit, weniger nach Kriterien der originalen Kreativität.

Motor der Entwicklung, das gilt im Allgemeinen wie im Besonderen, sind städtisches Wachstum, Ausbau der Verkehrs- und Handelswege, technische Arbeitsteilung gewesen. Sogar Albrecht Dürer, Maler und Stecher in einer Person, kongenial in Erfindung und gestalterischer Perfektion, erster »Großmeister« der Grafikgeschichte, hat seine künstlerisch bahnbrechenden Einblatt- und Buchholzschnitte auf dem Druckstock nur vorgezeichnet; ausgearbeitet jedoch, ins Druckrelief umgesetzt, wurden die Bilder dann von Spezialisten des grafischen bzw. typografischen Gewerbes seiner Heimatstadt. Anders Dürers Kunst im Kupferstich. Sie galt von ihren Anfängen (um 1495) an als meisterlich, war seiner Malkunst ebenbürtig, wenn nicht überlegen. Denn Dürer, der aufgrund der besonderen Nürnberger Bedingungen niemals »Meister« im zünftigen Sinne war, erhob um 1500 die Formensprachen von Holzschnitt und Kupferstich in den Rang der Kunst und stieg somit selbst zum ersten Giganten der »Malergrafik«, zum »Peintre-graveur« auf. Seine Umriss- und Schraffurintelligenz wurde mustergültig, sie drang zu neuen Bildkonzeptionen vor, mit Auswirkungen auf alle anderen Künste. Ähnliche Pionierfunktionen sollten später Rembrandt und Goya als »Malerradierer« übernehmen. William Hogarth wie Giovanni Battista Tiepolo schöpften ebenso aus grafisch-malerischen Erfindungen eigenwilliger Art. In der Moderne sind es Honoré Daumier, Edvard Munch, Pablo Picasso, Max Beckmann, die ihre Stilinnovationen gleichermaßen aus der grafischen Malerei wie der malerischen Grafik entwickeln. Nicht selten stellen sich auf diesem Königsweg Schwerpunktwechsel ein. Der Peintre-graveur Giovanni Battista Piranesi, ursprünglich Theater- und Prospektmaler, verlegte sich bald ausschließlich auf das Radieren, und auch Max Klinger dominierte seine malenden und bildhauernden Versuche mit seinen Projekten der Ätzkunst. Nicht Henri de Toulouse-Lautrecs Gemälde, sondern seine Lithoplakate brachten den Inbegriff seiner bildnerischen Sinnlichkeit zum Ausdruck. Und noch bei Andy Warhol blieb das gesamte künstlerische Label im Wesentlichen abgestützt auf die Effekte des Siebdrucks.

Schwellenleistungen

Zurück noch einmal in die erste mit einem Epochenwandel zusammenfallende Schwellenzeit grafischer Meisterwerke um 1500. Internationalität wurde hier selbstverständliches Element von Informationstausch und ästhetischer Adaption. Zeitgleich neben Dürer verkörperte Marcantonio Raimondi eine grundsätzlich andere Ausrichtung grafischer Kompetenz. Zwar war der Italiener historisch keineswegs der erste, der, etwa ab 1505, Gemälde und Plastiken, auch bereits Zeichnungen und Holzschnitte, ins Stichsystem übertrug und solcherart grafisch reproduzierte, doch gab es niemanden vor ihm, der dieses Geschäft im Rahmen einer großen Werkstatt und in Zusammenarbeit mit berühmten Vorbildgebern (wie Raffael), manchmal auch gegen deren Willen (etwa Dürers), betrieben hätte. Fortan sollten zwei Arten von Meisterschaft die Geschichte des Bilddrucks nebeneinander prägen: diejenige, welche den Akzent auf die schöpferische Produktion der Bilder setzte, und jene, die die reproduktive Ausfertigung zur Hauptsache erhob. Die Meister der einen Art schaffen originale Bilder, indem sie sie grafisch *erfinden*, die Meister der anderen *übersetzen* vorhandene Originale der Malkunst, Bildhauerei, Architektur in die Liniierungs- und Punktierungssysteme des multiplen grafischen Abbilds. Meisterwerke werden vervielfältigt, entstehen durch Vervielfältigung und machen die Vervielfältigung selbst zum Meisterwerk. Künstlerisch hoch bewertbar sind durchaus alle diese Prinzipien und Funktionen, denn oft genug greifen sie geistig und materiell zugunsten gemeinsamer kreativer Verwendung ineinander. Gleichwohl verstehen wir heute unter Malergrafikern eher die Autoren, unter Reproduktionsgrafikern eher ›nur‹ die Verfügbarmacher von Bildern. Es wird in unseren Beispielen immer wieder zu zeigen sein, wie Malergrafiker und Reproduktionsgrafiker erst zusammen den wahren Leistungsumfang des Bilddrucks abstecken. Erst im Miteinander liefern sie den Bedingungen moderner Bildgeschichte die richtungweisenden Koordinaten. Herstellen und Vervielfältigen, Hervorbringen und Kommunizieren von Bildern ergänzen sich künftig unlösbar. Sie bringen auch ganz generell produktive und rezeptive Sphären der Kultur einander näher. Obwohl weite Räume der Entwicklung dazwischenliegen, lässt sich rückblickend festhalten: Schon um 1500 bilden singuläres und massenhaftes Erleben von Bildern komplementäre Konsequenzen desselben grafischen Doppelprinzips aus. Original und Reproduktion, Wirklichkeit und Möglichkeit, Tradition und Aktualität der Bilder treten zueinander in Beziehung als immer beweglicher, austauschfähiger werdende Pole einer ersten die gesamte Gesellschaft betreffenden ästhetischen Bildung.

Original, Kopie, Multiplikat und Reproduktion

Werke der Druckgrafik bewegen sich grundsätzlich in Teilungen, Multiplikationen, Umkehrungen, ja Paradoxien. Das gilt für alle ihre Arten und Sparten, gleichgültig, ob man die Systeme von Hoch-, Tief-, Flach- oder Durchdruck in Betracht zieht. Jede Druckform bewahrheitet ihre Qualität nicht in dem, was sie selbst ist, sondern in dem, was als Abdruck von ihr genommen wird. Dennoch darf, streng genommen, nur in der Druckform das »Original« im grafischen Prozess gesehen werden. Anders gesagt: Jede Druckform ist Original, auch wenn dieses Original nicht um seiner selbst willen, sondern nur als Mittel zum Zweck angefertigt wird. Zweck sind Bilder, die als solche nur indirekte sein können. Sie sind standardisierte Multiplikate in mehr oder minder großer Auflage. (Ausgenommen hiervon sind der lithografische Umdruck nach 1820, die industriellen Multiplizierungen der Druckform – Stereotypien, Galvanoplastiken – nach Mitte des 19. Jahrhunderts und natürlich auch jene virtuellen »Matrizen« heutiger Tage, die als Datensätze identischer Kopien zu jeder digitalen Bildherstellung gehören.) Dennoch: Allein die erste Differenz von Original und Multiplikat um 1500 eröffnete neue Diskurse verfeinernder Kennerschaft. Buch- und Bilddruck parallelisierten sich so auf eigene Weise mit Magie und Religion, sie nahmen heimliche Ähnlichkeit mit der wundersamen Brotvermehrung an. Sehen, Fantasieren und Glauben verschränkten sich zutiefst mit dem Erwerben, Sammeln und Haben. Indem sie in den Händen wachsender Teile der Gesellschaft tendenziell immer und überall verfügbar, paradox gesagt: visuell handhabbar wurden, fungierten sie als handliche Korrelate eines wachsenden subjektiven Bildschatzes. Bilder begannen sich zu ›demokratisieren‹. Der Einzelne konnte seinen Schutz- und Namensheiligen nun im Holzschnitt oder Kupferstich zur Hand (Körner, S. 81) nehmen, in Mappen zusammentragen, durfte Neugier nach neuen Themen durch Bilderwerb befriedigen.

Beinahe alles jedoch hängt am so schillernden Begriff der Reproduktion. Er ist konstitutiv für die gesamte neuzeitliche Kunst- und Bildgeschichte. Im Unterschied zur singulären »Kopie«, die einen primär handwerklichen Wiederholungsvorgang bezeichnet, wobei ein Original in vergleichbarem Verfahren und Material wiederholt wird, steht grafische »Reproduktion«

für einen technisch erweiterten Komplex der Vervielfältigungen und Brechungen. Jede Grafik ist reproduktiv, insofern sie ihre Druckspur, oft hunderte bis tausende Male, in Papierabzügen hinterlässt. (Ausgenommen von dieser Konstitution sind nur die Sonderprinzipien Monotypie und Zustandsdruck.) Aber nicht jede Grafik ist »Reproduktionsgrafik«. Wir verstehen unter dieser die über das bloße technische Vervielfältigen hinausgehende Praxis des Übersetzens und Interpretierens von Vorlagen. Vorhandene Bilder werden durch ihre Reproduktion zu neuen Bildern, worin zwar die alten aufbewahrt bleiben, aber in veränderter Gestalt. Das ergibt für die Kunst folgenreiche Zwitterfunktionen aus Wiedergabe und Kommentar, die im Einzelfall für den Betrachter und Besitzer kaum durchschaubar sind. Spätestens seit dem 15. Jahrhundert verlaufen Bildtraditionen nicht mehr kopierend linear, sondern reproduktiv komplex. Bildwissen wird vernetzt. Die Beispiele unseres Buches zeigen, wie die Vorbilder transportiert und dabei kommentiert werden können, bald anreichernd und ausdeutend, bald simplifizierend und glättend. Mit der Reproduktionsgrafik entstehen insofern Zwittercharaktere der Überlieferung, worin zwischen Konservierung und Entdeckung vermittelt wird. Erst im 18. Jahrhundert kommen an breiterer Front – auch dafür bietet unser Buch Beispiele – Reproduktionstendenzen in Gestalt faksimilierender, augentäuscherischer Wiedergabe hinzu. Reproduktion steht nun im Dienst materieller Nachbildung von Objekten und Werkgestalten. Vorlage und Nachbildung treten in ein Konkurrenzverhältnis; an die *Über*setzungen schließen die *Er*setzungen an (Rebel, 1981, S. 14). Und auch hieraus wieder erwachsen Merkmale, die bis in die heutigen Verhältnisse der Bildrealität hineinweisen. Es wird die Fotografie sein, Halbschwester der Grafik, apparative Ersetzung der Bildherstellung schlechthin, technischer Gipfel aller Ähnlichkeitsproduktion, die solche Konkurrenz um die optischen Wirklichkeiten noch im 19. Jahrhundert für sich entscheidet.

Direkt und indirekt: Grafik ist binärlogische Spur

Alle unsere ausgewählten Beispiele bezeugen variantenreich, was man den »Binärcode« des druckgrafischen Bildes nennen kann (Huber, S. 20). Das heißt, grafische Bilder besitzen einen latenten, oft auch demonstrativ sichtbar gemachten Zweiteilungscharakter. Druckform und Abdruck stehen vor 1800 zueinander im Verhältnis der Verkehrung. Wenn Holzstock oder Kupferplatte ihre Formen auf Papier hinterlassen, geschieht es spiegelbildlich, also Seiten verkehrend. Dem kann zwar in der Gestaltplanung dadurch entgegengewirkt werden, dass durch Ab- und Umpausung am Ende Resultate mit gewünschter Seitenrichtigkeit herauskommen, doch muss dabei immer indirekt ›vorgedacht‹ und ›vorausgesehen‹ werden. Indirektheit des Sehens ist gefragt, Links und Rechts werden zum Problem antizipatorischer Reflexion (Vogt, S. 95). Auch schon auf der Druckform selbst muss der Grafiker vorzeichnend wie ausführend Umwege gehen. Im Fall des Holzschnitts muss die positive Form durch *Um*schneiden, im Fall des Kupferstichs durch *Aus*stechen bewerkstelligt werden. Positiv und Negativ antworten einander als technische Bedingungen, wie in der Bildform das Schwarz dem Weiß oder das Muster dem Grund. Entweder die Form druckt oder sie druckt nicht. Später, in der Lithografie, wird es heißen, entweder Fett oder Wasser, und noch später im Siebdruck, entweder das Sieb ist geschlossen oder es ist durchlässig. Immer sind bildnerische Entscheidungen von diesem Entweder-Oder berührt. Soll die grafische Form Lichtrand oder Schattenrand, plastische Rundung oder malerische Bewegung zeigen, muss dem sowohl durch Entwurfsauftrag wie entsprechende Verkehrungsoperation auf der Platte Rechnung getragen werden. Erst mit dem lithografischen Umdruck (ab etwa 1820) und dem serigrafischen Durchdruck (etwa ab 1900) werden Methoden wirksam, die seitenrichtige Druckresultate ermöglichen, somit eines der Binärkriterien außer Kraft setzen. Dafür tritt die Positiv-Negativ-Spannung im Nebensystem der Fotografie als Lichthärtungsindex der fotografischen Schicht, somit als neue Binarisierung auf. Im digitalen Raster des Computerbildes schließlich lebt das binäre Prinzip auf höchst entwickeltem Niveau weiter, allerdings ist es in seinem Teilungscharakter dabei nicht mehr anschaulich. Die rechnerische Operation zwischen 0 und 1 universalisiert innerhalb der virtuellen Welt jedes Zeichen, jede Information. Ihre Binarität ist gleichsam die Atomstruktur der Datenbestände und erinnert nur in ihren Pixelrastern noch an die genetische Verwandtschaft mit den grafischen Systemen.

Im technisierten Bild fallen Fortschritte der instrumentalen Reduktion und der schöpferischen Expansion zusammen. Von ›Meisterwerk‹ zu reden, wäre hier anachronistisch. Besser, man spricht von ›Simulacrum‹, der anonymen Automation einer alle Künste und Wissenschaften organisierenden Datenkomplexität. Allenfalls dürfte sie ›mediale Intelligenz‹ heißen, insofern diese in all ihren denk- und simulierbaren Prozessen nicht vergisst, dass auch virtueller Schein nur aus Schein und selbst höchste Komplexität immer nur aus Elementen besteht. Die Vorgeschichte der Grafik kann die Reflexion dieses elementaren Aufbaus lehren, gerade auch ihrer simulativen Tendenz. Und diese Reflexion kann – anders als heute in der Praxis der Datenelektronik – gerade ins Handwerkliche zurückführen. Aus der Vorgeschichte des technischen Bildes bleibt zu lernen, wie körperliche Spur und apparative Substitution immer wieder neue Balancen finden. Grafik vereint Restfaktoren von Zufall mit einer über die Jahrhunderte hin wachsenden instrumentalen Regelung, worin alle künstlerischen Formplanungen und Ausdruckshandlungen konvergieren. Direktheit und Indirektheit der Zeichen sind darin sichtbar verbunden. Und noch eins lehrt Grafikgeschichte. Zumindest für den vorindustriellen Bilddruck, also für die Epochen vor 1800, gilt, dass selbst meisterliche Routiniers an Druckform und Presse niemals alle Bedingungen, alle instrumentalen Effekte vollständig in der Hand haben. Ein Schatten von Risiko und Zufall liegt auf jedem dieser Prozesse, die manuelles Gestalten mit mechano-chemischen Komponenten verquicken.

Auf diese Weise entstehen medienspezifische Werkgestalten, denen sich jeder individuelle Stilwille fügen muss. Die grafischen Techniken bilden unverwechselbare Formcharaktere aus, die alle auf die eigentümlichen Stützungen, Hemmungen und Verformelungen des grafischen Elements zurückgehen. Im Holzschnitt sind es die Kantungen, Schichtungen der Hochdruckstege und Flächenblöcke; im Kupferstich die Schwellungen und Schmiegungen der Linien- und Schraffurfelder. Schabkunst besticht durch den schematischen Halbtonverlauf, Aquatinta durch die Lagen der Körnung. Und selbstverständlich wirken diese Bedingungen nicht nur auf die grafische Textur, sie haben auch Einfluss auf den spezifischen Erscheinungscharakter des Themas. Eine radierte Landschaft sieht trotz aller Ähnlichkeit anders aus als eine mit der Feder gezeichnete, sie wirkt geklärter, endgültiger. Die im Clair-obscur-Schnitt vervielfältigte Pinselzeichnung erscheint zwar formelhafter verhärtet als das Original, dafür aber auch nicht selten kühner akzentuiert, kräftiger nuanciert. ›Meisterlich‹ in diesem Feld der Bedingungen und Risiken ist dasjenige, was den eigentümlichen Atem jeder Formmöglichkeit innerhalb ihres Reglements in Bewegung hält. ›Meister‹ ist derjenige, der das Unplanbare zuzulassen, Spielräume der Handlungsfreiheit auszubauen und Spannung des Geschehens in experimentelle Energie umzuleiten vermag. So verschieden auch im Rückblick die grafikgeschichtlichen Meisterschaften von 1500, 1800, 1900 ausfallen (interessanterweise verdichten sie sich oft um die Jahrhundertwenden!), so sehr machen sie uns doch auf durchgängige Strukturmerkmale, Selbstdurchsichtigkeit von Binarität und Elementarität aufmerksam. Wir achten heute genauer denn je auf diese Selbsttransparenzen, die als lesbare Spur zu uns herführen, weil sie gerade im Heterogenen ihres Reichtums und in der jeweiligen Spannung zwischen instrumentaler Regel und schöpferischer Freiheit die Elemente unserer Medienkomplexität vorausscheinen lassen.

Zur Auswahl und Repräsentanz der Beispiele

Sosehr die Medienkomplexität den notwendigen Bezugsrahmen für die Analysen des Grafischen liefert, so wenig kann in der exemplarischen Darstellung auf die maßgeblichen Referenzsysteme (Foto, Film, Digitalisierung) selbst eingegangen werden, sie gehören wohl genetisch, nicht aber thematisch in diesen Band. Nur in wenigen Beispielen (Andy Warhol, Christian Boltanski, Günter Stöber) werden die großen Nebensysteme berührt, ansonsten bleiben wir hier im Bereich des manuellen Druckbildes. Auch die Reihe der Beispiele kann aus mehreren Gründen nicht lückenlos sein. Zunächst quantitativ: 150 Bilder können nie alles, nicht einmal alles Wichtige bieten. So muss in dieser Kollektion manch bedeutender Grafikername fehlen. Auch sind nicht alle Nationen gleichgewichtig vertreten. Ebenso werden Künstler und Künstlerinnen in ihrer Proportion nicht ehrgeizigen Ansprüchen der Gender-Forschung gerecht, es begegnen in unserer Sammlung lediglich zwei Künstlerinnen: Mary Casatt und Käthe Kollwitz. Grund dafür ist, dass weibliche Autorenschaft in der männlich-technischen Druckersphäre historisch noch weit mehr unterrepräsentiert ist als sonst in der Kunstgeschichte. Über tatsächliche Mitwirkung der Frauen im Produktionsprozess der Bilder, sei es auch nur in abhängigen Hilfspositionen, wird dieser Umstand keineswegs hinwegtäuschen dürfen. Allerdings sind auch männliche Künstler nicht immer schöpfungsmündig. Denn nicht immer ist der berühmte Meistername von der Leistung des reproduzierenden Gehilfen zu trennen gewesen (Peter Paul Rubens, Anthonis van Dyck, Antoine Watteau), es muss hier gelten, was in der Kunstgeschichte generell nicht überrascht: Meisternamen etikettieren zumeist eine Werkstatt. Arbeitsteilungen darin werden im Ergebnis nur selten offenbar. Überhaupt kann eine Spur der Beispiele niemals weit verzweigte geschichtliche Zusammenhänge repräsentieren, natürlich auch keine ausführlichen Angaben zur jeweiligen grafischen Technik bieten. Dennoch sind die Artikel so abgefasst, dass viele unterschiedliche Aspekte zur Sache sich möglichst ergänzen. Es wurde versucht, den Betrachtungsfokus zwischen künstlerischen, technischen und kulturgeschichtlichen Aspekten wandern zu lassen, immer mit dem Ziel, dass auf diese Weise ein leserliches Mosaik der Gesamtinformation zustande kommt. Ferner sollten nicht nur grafische Solitäre nach dem Maßstab kunstgeschichtlicher Akzeptanz ausgewählt werden, gemäß den genannten Doppelprinzipien und Zwittercharakteren sollten auch mediale Nachbarschaften zu Wort kommen. So zählen Buchillustrationen und Plakate hier ausdrücklich zu den Meisterwerken. Nicht zuletzt sind es pragmatische Erwägungen (Format, Lizenzfragen), die unsere Auswahl mitbestimmt haben. In wenigen prominenten Fällen (Dürer, Hendrick Goltzius, Rembrandt, Hogarth, Piranesi, Goya, Picasso) treten Künstler mit zwei Beispielen auf, es wird hier – wie gelegentlich auch sonst – durch Nummernvermerk auf die entsprechenden Vergleichswerke hingewiesen.

Bei den Formatangaben steht üblicherweise Höhe vor Breite, das gilt auch für die Arbeiten aus der Welt der Bücher, wo gelegentlich eine andere Benennungspraxis herrscht. Die Formatangaben beziehen sich in der Regel auf die Plattengröße. Auch war es bei aller Präferenz der Hochformate nicht immer möglich, interessant Querformatiges zu übergehen. In solchen Fällen (vgl. S. 76, 84, 100, 110, 190, 304, 321) wurden verdeutlichende Details hinzugefügt. Hier mag man sich der Lupe bedienen, auch wenn in ihr zugleich der Druckraster, das eigentliche grafische Element unserer Zeit, sichtbar wird. Und es mag auf diese Weise noch einmal sichtbar werden, dass »Meisterwerke der Grafik« nicht selten Exempla der kleinen Metrik sind, sogkräftige Modellbelege, die – wenn möglich – in die Hand, nah ans Auge genommen werden wollen.

150 ausgewählte Beispiele

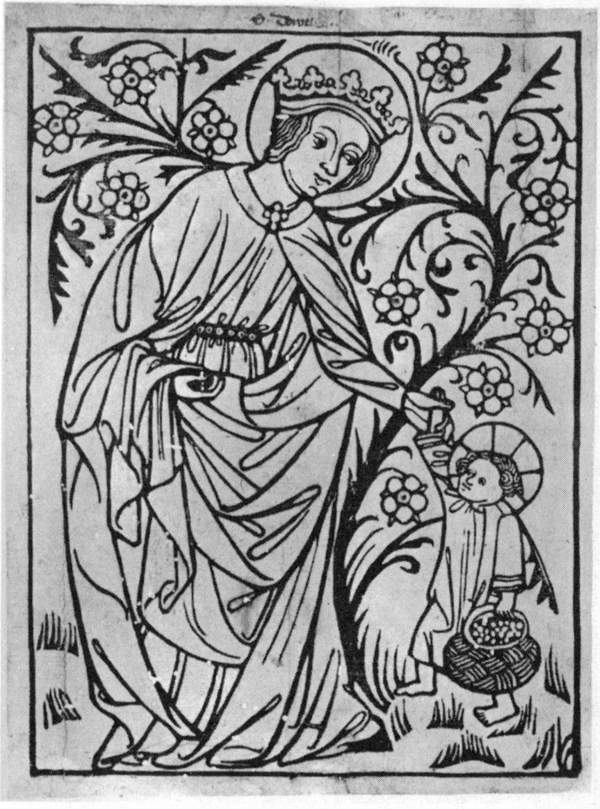

Unbekannter Formschneider: Hl. Dorothea
um 1410 · Einblattholzschnitt (Unikat) mit Resten
der Handkolorierung, 217 × 197 mm
(München, Staatliche Graphische Sammlung, Inv.-Nr. 171506)

Unbekannter Formschneider: Hl. Dorothea

Das nur in einem einzigen Abdruck erhaltene Blatt, das in einer Handschrift des Klosters St. Zeno bei Reichenhall gefunden wurde, gehört zu den schönsten Beispielen früher Einblattholzschnitte. Zu sehen ist die Gestalt der hl. Dorothea, eingesponnen in weit schwingende, fast den gesamten Blattgrund überziehende Rosenranken. Sie empfängt vom Jesusknaben den Früchtekorb, Attribut ihrer Märtyrerrolle, dabei folgt sie in ihrer Körperneigung bis auf Schulterhöhe dem S-Schwung des Strauchholzes. Alles, im Ganzen wie im Einzelnen, besteht aus fest markierenden Grenzlinien. In dieser Frühphase des Holzschnitts gibt es noch keinerlei auf Schatten und Plastizität verweisende Schraffuren. Die Ypsilon- und Nadelöhrfalten des Gewandes setzen im Gleichmaß der Helldunkelverteilung einen Verdichtungsakzent, der auf die weiche Schwingung des Rosenstrauchs mit winkelig gefügtem Linienmuster antwortet. Zusammen mit den noch in Resten vorhandenen handkolorierten Flächen diente solch zugleich elementares wie intimes Linienspiel einer neuen Art des Bildgebrauchs für die private Frömmigkeit. Es ist ein einfaches, rasch lesbares Zeichen für Erlösung und Glück. Seine ›Primitivität‹ (im Sinne von Ursprünglichkeit) forderte die ganze Vorstellungs- und Ergänzungskraft heraus. Der Gläubige konnte ›seine‹ heilige Fürbitterin auf Jahrmärkten oder an Wallfahrtsorten käuflich erwerben, betend in der Hand halten, konnte sie auf Reisen mit sich führen wie einen Glücksbringer und zuhause hüten wie eine Urkunde (Körner, S. 40).

Technisch gehört das Blatt (Schreiber, Nr. 1395) zur frühesten Gruppe der so genannten »Handdrucke«, das heißt, es wurde der Holzstock mit dem Gesicht nach unten auf das Papier gelegt und mit der Hand abgedrückt. Grafik steht auf dieser frühen Stufe noch ganz in der Nähe des Stempel- oder Siegeldruckes. Auch die Einführung des Papiers lag erst wenige Jahre zurück. So konnte nun Heiligenverehrung auf Papier massenwirksam werden.

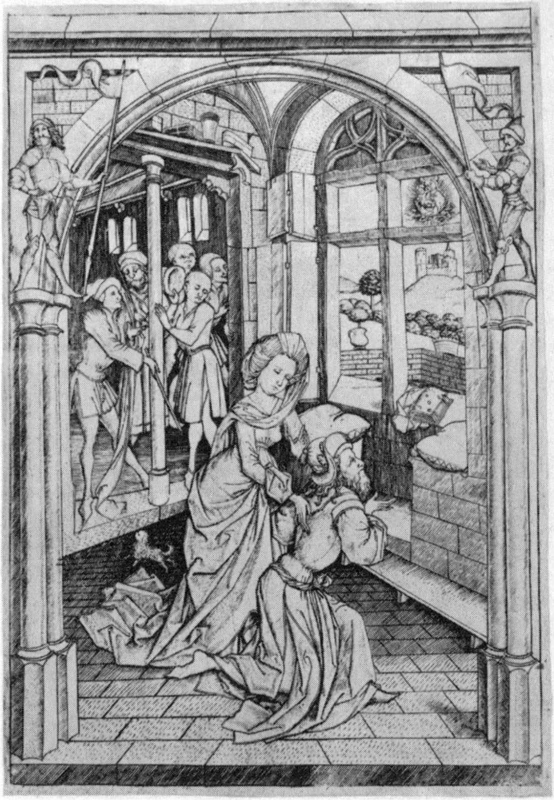

Meister E. S.: Die Sibylle von Tibur, Kaiser Augustus
auf die Ankunft Christi hinweisend
um 1460 · Kupferstich, 222 × 150 mm
(München, Staatliche Graphische Sammlung, Inv.-Nr. 118026)

Meister E. S.: Die Sibylle von Tibur, Kaiser Augustus auf die Ankunft Christi hinweisend

Auf Massenwirksamkeit drängte nach etwa 1430 auch die zweite Basistechnik des Bilddrucks, der das Prinzip Tiefdruck repräsentierende Kupferstich. Während der Holzschnitt eher für die signalhafte Schnellwirkung eines Bildmotivs und seiner Formcharaktere steht, bedient der goldschmiedehaft feine Kupferstich ›gehobenere‹ Ansprüche des künstlerischen Sehens. Er kann die Bildgegenstände plastischer ausleuchten, stofflicher schildern, atmosphärischer inszenieren, detailreicher erzählen. Zu seiner Feinheit und Kostbarkeit der Erscheinung passt, dass die Auflagenzahl der Abdrücke kleiner ist als im Holzschnitt. Mit dem oberrheinischen Meister E.S. (um 1420 – um 1470) tritt erstmals in der europäischen Grafikgeschichte ein Künstler auf, dessen Stiche durch Monogramme signiert, auch vereinzelt schon (1466 und 1467) mit Jahreszahlen datiert sind. Wir wissen sonst fast nichts von diesem Protagonisten des Bilddrucks (Bevers, S. 7), nur, dass er in der Gegend um Konstanz und Basel zeitweise eine größere Werkstatt betrieben haben muss. Sein in wenigen Abdrucken erhaltenes Blatt der *Sibylle von Tibur* (Lehrs, Nr. 191) belegt zudem, wie dank der differenzierten Stichtechnik auch seltene Legendenstoffe in den Bilderschatz eindringen konnten. Das Thema: Die heidnische Weissagerin von Tibur eröffnet dem Kaiser Augustus am Tag der Geburt Christi, dass ein Kind geboren werde, das ihn an Größe und Macht einst übertreffen werde, worauf der Kaiser niederkniet, um der Vision des kindlichen Heilands mit Weihrauch zu opfern. Meister E. S. zeigt diese Szene in vielfacher Verschränkung von Zeiten, Räumen und Ausstattungselementen. Vielfach abgewandelte, nach Länge und Richtung rhythmisierte Schraffuren sorgen für ein kleines Panoptikum kunstgeschichtlicher Stilformen. Der Stecher (der auch der Vor- und Übertragungszeichner seiner Entwürfe auf die Kupferplatte war) zeigt sich dabei besonders von flämischer Buch- und Tafelmalerei inspiriert.

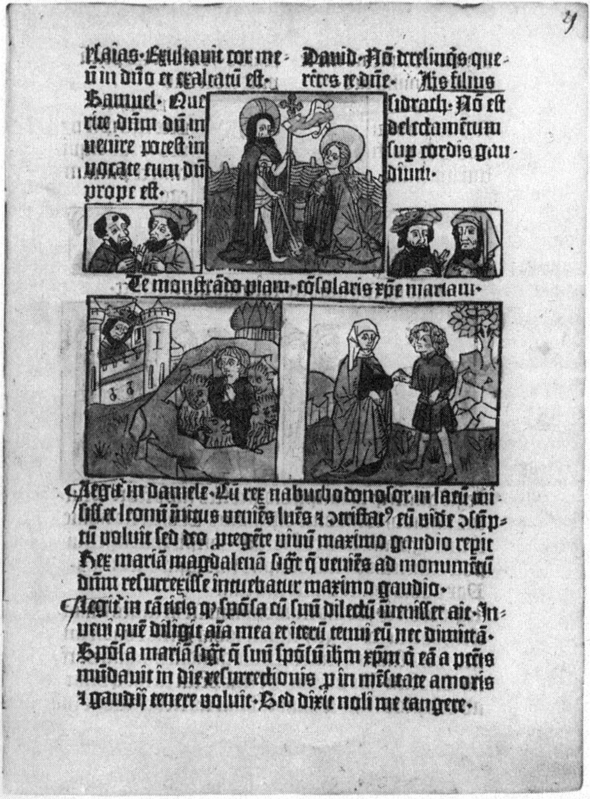

Buchillustration im Verlag Albrecht Pfister: Biblia Pauperum um 1462 · 18 Blatt im Format Folio, 136 Holzschnitte, hier S. 29 (München, Bayerische Staatsbibliothek, Rar. 4)

Buchillustration im Verlag Albrecht Pfister: Biblia Pauperum

Schon wenige Jahre nach Gutenbergs Erfindung des beweglichen Letterndrucks brachte der Bamberger Drucker Albrecht Pfister (um 1420 – um 1470) Bücher auf den Markt, worin die Techniken von Schrift- und Bilddruck erstmals kombiniert wurden. Die um 1462 in Latein erschienene *Biblia pauperum* (Armenbibel) gehört zu den frühesten dieser typografisch illustrierten Bücher. Die zunächst noch in Latein gesetzte 36-zeilige Bibel (Hertrich, S. 216) mit einmontierten Bildstöcken geriet zu einem wahren Gründungsmanifest der Volksbildung, zumal Pfister fast zeitgleich dazu eine deutsche Ausgabe herausbrachte. Pfister war in der Tat der erste, der im Buchdruck Deutsch verwendete. So konnten die übersetzten Auszüge aus der Heiligen Schrift bildhaft veranschaulicht werden, und mit ihrem Erwerb zog auch Text- und Bildverständnis in die Bürgerhäuser ein (Giesecke, S. 298). Man musste nun nicht länger ein lateinkundiger Gelehrter sein, wenn man sich für Bücher zu interessieren begann.

Moralisierende und didaktische Ansprüche begleiteten die Frühformen der Volksbildung von Anfang an, sie betraf Sehen, Lesen, Verstehen und Genießen gleichermaßen. Dass nur noch wenige Exemplare der Pfisterschen Bilderbücher ihren Verschleiß überdauert haben, verweist darauf, wie rege die Nachfrage und der Gebrauch des neuen, buchstäblich ›einschneidenden‹ und sinnlich ›einprägbaren‹ Wissens gewesen sein müssen. Armenbibeln – »arm« genannt wegen der Schlichtheit ihrer Informationspräsenz – sind spätmittelalterliche Erbauungsbücher, die in typologischer Zuordnung Szenen des Alten (Typus) mit solchen des Neuen Testaments (Antitypus) verbinden. Dieses altbekannte, von Pfister übernommene Schema legte fest, dass innerhalb des Textspiegels ein Antityp (hier die Szene »Noli me tangere«), zwei Typen und vier Prophetenköpfe miteinander konfigurieren und sich wechselseitig erhellen (Schramm, Bd. 1, Abb. 167–268). Alle Bilder wurden per Hand nachträglich koloriert.

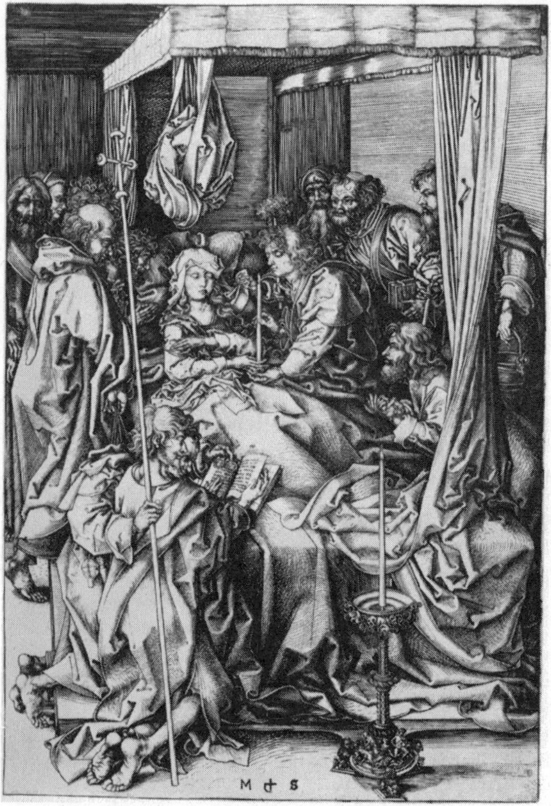

Martin Schongauer: Der Tod Mariae
um 1475 · Kupferstich, 257 × 170 mm
(München, Staatliche Graphische Sammlung, Inv.-Nr. 1964/419)

Martin Schongauer: Der Tod Mariae

Um 1470 begann Martin Schongauer (um 1450 – 1491) mit seinem auf 116 Bilder bezifferbaren Kupferstichwerk. Er schuf damit, zeitlich noch vor Dürer und in Einheitlichkeit der Form auch den Vorgänger Meister E. S. übertreffend, das erste stilistisch unverwechselbare Meister-Œuvre der Grafikgeschichte. Schongauer entstammte einer Augsburger Goldschmiedefamilie und arbeitete im elsässischen Colmar gleichzeitig als Maler wie als Kupferstecher. Weil in den 1470er und 80er Jahren das Stecherhandwerk immer noch relativ jung war, somit erfinderischer Freiraum noch ganz neu lockte, fand Schongauer als Grafiker zu einer seine Malkunst manchmal sogar übertreffenden Klarheit der Motiventwicklung und Bildsprache. Sein *Marientod* (Hirthe, S. 70) zeigt das in eindrucksvoller Weise. Die zwölf Apostel sind um das Sterbebett der jugendlich schönen Gottesmutter versammelt. Szenisch ist der Überblick so gewählt, dass Kastenraum, Bett und Figuration von einem leicht überhöhten Betrachterpunkt aus gut überschaut werden können. Ihre gleichmäßig verteilten, dabei kräftig rhythmisierten Helldunkelgewichte stören diese Übersicht nicht, sie füllen den Raum mit einer variantenreichen Emotionalität der Haltungen und Handlungen. Schraffuren erreichen durch plastisch-krümmungsreiche wie flächig-gestreckte Muster hohe Präzision. So können Lichter, Materialreize, figürliche Charaktere definiert werden, ohne dass die Effekte sich gegeneinander verselbständigen.

Vorbild für Schongauer ist die Modellierungskunst von flämischen Malern wie Rogier van der Weyden oder Dieric Bouts d. Ä., deren Werke er, seien sie gemalt oder gezeichnet, auf seiner Wanderschaft (1469/70) studiert haben konnte. Mehr noch als beim Meister E. S. fällt das künstlerische Selbstbewusstsein dieses übersetzungsklugen Malergrafikers auf. Alle seine Blätter hat Schongauer, ohne ein einziges zu datieren, in strenger Markengleichheit monogrammiert: immer klar sichtbar in der Mitte des Unterrands.

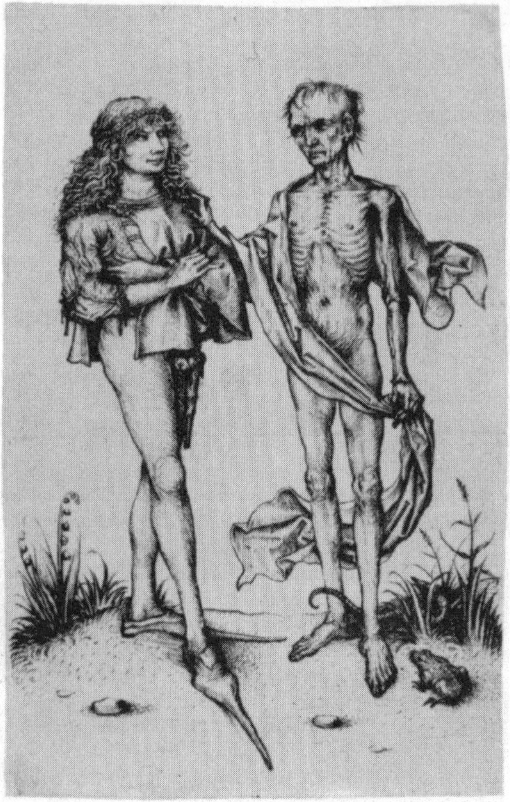

Meister des Hausbuch: Der Jüngling und der Tod
um 1485 · Kupferstich und Kaltnadel, 141 × 86 mm
(Amsterdam, Rijksprentenkabinet)

Meister des Hausbuch:
Der Jüngling und der Tod

Der sogenannte »Meister des Hausbuch« (tätig letztes Viertel 15. Jahrhundert) gehört zu den einfallsreichsten Künstlern der Spätgotik. Sein nervös-erzählfreudiger Zeichenstil, der nicht zuletzt Dürer wesentlich inspirierte, aber auch einige erhaltene Tafelbilder weisen seine Originalität aus. Insbesondere gilt der Hausbuchmeister, über dessen Identität immer noch diskutiert wird, aber als Pionier der Kaltnadeltechnik. 91 solcher innovativer Drucke sind von seiner Hand überliefert. Kaltnadel ist ein grafisches Verfahren, das die zeichnerische Handhabung des Graviereisens mit den Einfärbungs- und Abdruckprinzipien des Kupferstichs verbindet (Rebel, 2009, S. 211 f.). Es ist sozusagen ein Zwitterding aus Radierung und Stich, denn es belebt die Strenge des Kupferstichbildes mit gestischen Ausdrucksmomenten des Radierstrichs, freilich ohne dabei die Sättigung und Stabilität der gestochenen Linienmuster zu erreichen. »Kalt« nennt man diese Radiertechnik deshalb, weil sie ohne Einsatz von erhitzender Säure vonstatten geht.

Das kleine Blatt *Der Jüngling und der Tod*, von dem Abzüge nur in Wien und Amsterdam existieren (Waldburg, S. 123), zeigt denn auch die typischen Eigenheiten dieser Technik auf frühester Entwicklungsstufe: Einem lächelnden, schön gelockten Jüngling steht die ausgemergelte Gestalt eines vom Leichentuch teilweise bedeckten alten Mannes gegenüber. Während neben den modischen Schnabelschuhen des eleganten Stutzers Maiglöckchen blühen, sitzen Kröte und Schlange neben dem finster blickenden alten Knochenmann. Der legt auffordernd (oder tröstend?) dem blühenden Leben die Hand auf die Schulter, worauf der schöne Jugendliche mit verschränkten Armen Abwehr andeutet. Kräftig im Kontrast und doch jeweils zart im Charakter, so stehen die beiden ruhig nebeneinander. Die feinen Tast- und Suchbewegungen der Nadel erzeugen samtene Tonwerte und verleihen damit dem kontrastreichen Auftritt ebenso anrührenden wie fragilen Reiz.

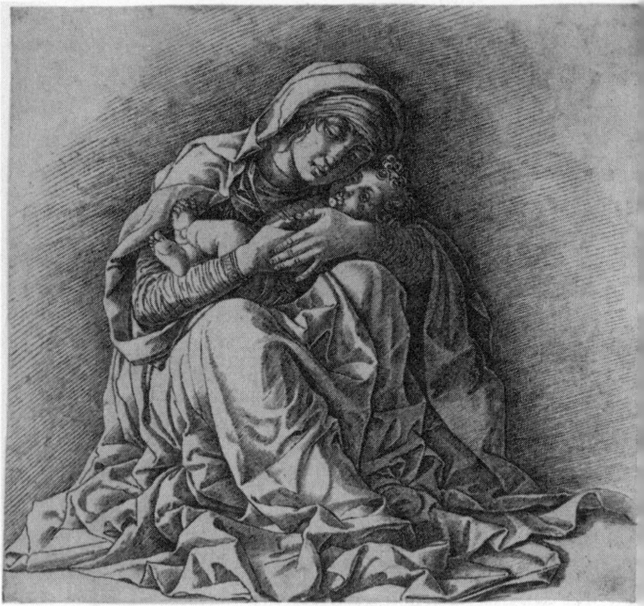

Andrea Mantegna: Madonna mit Kind
um 1485 · (1. von zwei Druckzuständen), Kupferstich,
210 × 221 mm · (Wien, Albertina, Inv.-Nr. 1951/351)

ANDREA MANTEGNA: Madonna mit Kind

Andrea Mantegna (1431–1506), Hofmaler der Gonzaga in Mantua, prominenter Meister des Quattrocento, ist der erste, der den Kupferstich als gehobene Kunstform im Kernland der Renaissance heimisch machte. Wie Schongauer verfügte der Italiener zugleich über eine malerische wie grafische Bildintelligenz, jedoch mit »gravierenden« Unterschieden in Stil und Sticheltechnik. Mantegna hat vermutlich die Gravierarbeit seiner Platten nicht alleine besorgt (Landau, S. 219), dafür wartet der italienische Pionier mit völlig anderen Bildlösungen auf, mit anderem Gefühl für Plastik, anderer, rhetorisch wie pathetisch gesteigerter Figürlichkeit.

Sein Meisterwerk *Maria mit Kind*, einer von fünf erhaltenen Abdrücken aus dem ersten Druckzustand, beweist zunächst auf der inhaltlichen Ebene, wie monumentale Größe und intime Zartheit zu erstaunlicher Einheit finden können: Reste spätgotischer Gewandfaltenerregung werden in mächtig nach vorne drängender Körperlichkeit beruhigt. Umarmung und Ineinanderschmiegung liegen unter starker Ausleuchtung, wobei Körpervolumina, Licht- und Schattenränder sowohl plastischscharfe wie räumlich-weiche Liniierung erhalten. Parallelen dominieren auffällig. Die schräge Körperachse, die aus der Armhaltung entsteht und im zärtlichen Ineinander der Gesichter gipfelt, wird zwar in der Beinstellung gegenbetont, doch im Schattenfeld des Liniengleichlaufs bestätigt und im silbrig flirrenden, Mutter und Kind umschließenden Raumgrund abgerundet. Nähe und Entrückung, Härte und Weichheit, Bewegung und Ruhe, Figur und Raum, Muster und Grund haben so ihre druckgrafisch vermittelte Balance. Grisaille-Wirkungen entstehen (Landau/Parshall, S. 71), die Mantegna auch in seinen Wand- und Tafelbildern immer wieder anstrebte. Ist schon dort ein Wettstreit zwischen Effekten der Malerei und Bildhauerei zu beobachten, so gewinnt dieser Wettstreit hier im grafischen Bild noch eine zusätzliche, eine grafisch selbstbezügliche Pointierung.

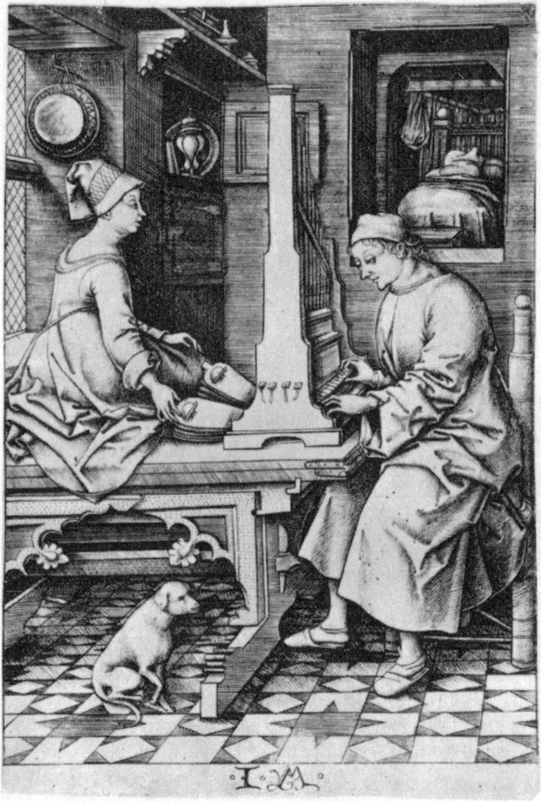

Israhel van Meckenem: Der Orgelspieler und sein Weib
um 1490 · Kupferstich, 166 × 110 mm
(Wien, Albertina, Inv.-Nr. 1926/1262)

Israhel van Meckenem: Der Orgelspieler und sein Weib

Israhel van Meckenem (vor 1450–1503) besaß künstlerisch weder den Rang Schongauers noch den Mantegnas. Doch war er in ganz eigener Weise Meister seines Fachs, ein Spezialist vor allem für grafische Ideenverbreitung und Geschäftsentwicklung (Landau/Parshall, S. 57). Als Sohn eines mittelrheinischen Goldschmieds und Kupferstechers, dann als Werkstattgehilfe des Meisters E.S., trat er vor allem mit Kopien und Variationen von Stichen anderer hervor und brachte es dabei auf ein geschätztes Œuvre von rund 600 Blättern. Allerdings war er auch nie um eigene Erfindungen verlegen. So sorgte er – mindestens indirekt – immer für »Originalität« seines Sortiments. Wie kein anderer vor ihm trieb er die Kombination von Bild und Inschrift im Kupferstich voran, erweiterte er traditionelle Themenfelder. Er ist der erste Grafiker Europas, der sich – zusammen mit Ehefrau Ida – in einem Bilddruck (um 1490) verewigt hat. Allein dieser Umstand bezeugt, dass Meister I.M. (so sein Monogramm), über beträchtliches Selbstbewusstsein verfügt haben muss.

Der kleine Stich *Orgelspieler mit Frau* ist ein Beispiel für Israhel van Meckenems Eigenkreativität. Er gehört zu einer Folge von zwölf Blättern, die Alltagsszenen zeigen, worin manchmal auch leise moralisierende Untertöne anklingen. Das Lineament ist klar und tief ausgestochen, gewiss auch, um so eine größere Auflage von der Platte möglich zu machen. In die gekonnt verschachtelte, im Vordergrund etwas schematisch geometrisierte Raumbühne sind der Orgelspieler und seine Ehefrau (?) einträchtig hineingesetzt. Während der Mann vertieft musiziert, betätigt die Frau mit zierlicher Hand einen der Blasebälge, hat so praktischen Anteil am Geschehen und blickt dabei versonnen vor sich hin. Hündchen, Bett, Spiegel und andere säuberlich verteilte Gerätschaften zeigen häusliche Ausstattungsvielfalt und bieten Gelegenheit, hell ausgeleuchtete Figuren vor das gestufte Dunkel der Schraffurfelder zu setzen.

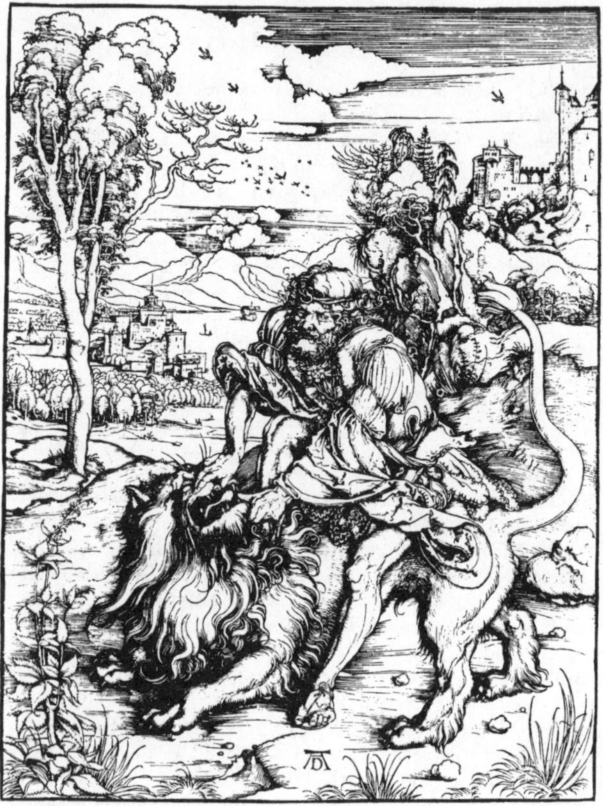

Albrecht Dürer: Samsons Kampf mit dem Löwen
um 1497 · Holzschnitt, 382 × 278 mm · (originaler Bildstock im Besitz des Metropolitan Museum, New York)

Albrecht Dürer: Samsons Kampf mit dem Löwen

Albrecht Dürer (1471–1528) ist es gewesen, der, aufbauend auf bahnbrechenden Vorgängern (vgl. S. 34, 36, 38) das grafische Bild im Hochdruck wie Tiefdruck zu eigenständigem Kunstniveau emanzipiert hat. Wie Mantegna und Schongauer zehrte Dürer dabei von seiner Doppelbegabung als Meister der Linie wie der Farbe. Als er 1498 mit seiner Holzschnittfolge *Apokalypse* alle europäischen Kunstzentren begeisterte, damit internationalen Ruhm erlangte, veränderte er auch grundlegend die Geltung des Künstlerberufs. Als Künstler durften von nun an jene besonders begabten Menschen gelten, die sich kraft schöpferischer Leistung einem neuen gesellschaftlichen Ideal annähern: dem des handwerklich-technisch geschulten, intellektuell gebildeten, sozial geachteten Subjekts. Ohne Dürers grafische Meisterschaft, die alle Bildgattungen und Ikonologien formsprachlich vermitteln half (Bauer, S. 49; Rebel, 1999, S. 15), wäre diese Emanzipation nicht denkbar.

Dürers Einblattholzschnitt *Samson tötet den Löwen* (Schoch, MSS, Bd. 2, Nr. 127) entstand zur selben Zeit wie die *Apokalypse*. Wie dort fasst auch hier die großzügige Komposition kleinteilig organisiertes Linienspiel zusammen. Der biblische Held Samson tötet einen ihn bedrohenden Löwen, indem er ihn niederringt und ihm die Kiefer auseinanderreißt. Das hochdramatische Geschehen findet in weiter Landschaft statt, die Kleidung des Helden, die Brennnessel im Vordergrund wie die zu entfernten Gewässern hin aufgestellten fränkischen Burgen aktualisieren die Heldentat in einem weiten Kosmos detailreich erzählter Wirklichkeit. Topografische wie historische Räume, Haupt- und Nebendinge verschmelzen darin zu einer ausgewogenen Klangfläche. Holzschnittlinien rivalisieren in ihren Schwellungen und Kreuzungsnestern sogar mit den Möglichkeiten des Kupferstichs, Schwarzlinien- und Weißlinienmuster kehren rhythmisch ineinander um. Licht und Schatten, Gegenstand und Form sind gleichwertig elementarisiert.

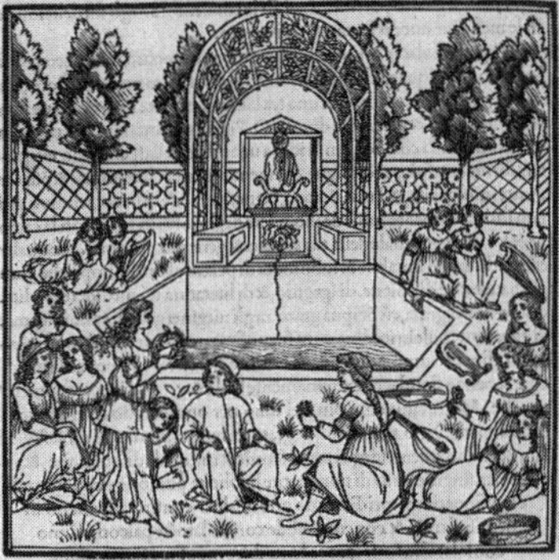

Finito che la nympha cum comitate blandiſſima hebbe il ſuo beni
gno ſuaſo & multo acceptiſſima recordatiõe, che la mia atrocoma Polia
propera & máſuetiſſima leuatoſe cum gli ſui feſteuoli, & facetiſſimi ſimu
lachri, ouero ſembianti, & cum punicante gene, & rubẽte buccule da ho
neſto & uenerãte rubore ſuffuſe aptauaſe di uolere per omni uia ſatiſſare
di natura prompta ad omni uirtute, & dare opera alla honeſta petitione.
Non che prima peroe ſe poteſſe cælare & dicio retinere alquãto che ella
intrinſicamente non ſuſpirulaſſe. Ilquale dulciſſimo ſuſpirulo penetroe
reflectendo nel intimo del mio, immo ſuo core, per la uniforme conue-
nientia. Quale aduene a dui parimente participati & concordi litui. Et
ciaſcuna cum diuo obtuto reſpecta intrepidulamente, cum quegli ludi-
bondi & micanti ochii, Da fare (Ome) gli adamanti freſi in mille fragmẽ
ticuli. Cum pie & ſummiſſe uoce, & cum elegantiſſimi geſti decentemen
te reuerita ogni una, ritornoe al ſuo ſolatioſo ſedere ſupra il ſerpilaceo ſo
lo. La initiata opera ſequendo ſellularia. Cum accommodata pronunti
atio-

Francesco Colonna bei Aldus Manutius: Hypnerotomachia Poliphili
1499 · 172 Holzschnitte, hier Bl. 183 verso, 193 × 290 mm
(München, Bayerische Staatsbibliothek, Rar. 515)

Francesco Colonna bei Aldus Manutius: Hypnerotomachia Poliphili

Die Jahre um 1500 markieren die erste Blüte des europäischen Bilddrucks, das gilt auch für die Buchillustration. Ein Jahr nach Dürers *Apokalypse* erschien in Venedig die *Hypnerotomachia Poliphili*. Auch wenn dieses italienische Buch nicht so viel Furore machen konnte wie dasjenige aus Nürnberg, so gibt es doch ähnlichen Aufschluss über den Entwicklungsstand von Renaissancegrafik und Buchkultur. Als Verfasser gilt der gelehrte Mönch Francesco Colonna (1433–1527), Drucker ist der Humanist Aldus Manutius (1449–1515). Reißer und Formschneider der 172 Bilder sind unbekannt. Unter dem komplizierten Titel (*Der Liebestraumkampf des Poliphilus*) entfaltet sich auf 234 Blättern ein nicht minder komplizierter Liebesroman: Der Jüngling Poliphilus, zwischen Träumen und Wachen schwankend, macht sich auf die Suche nach seiner geliebten Polia. Er findet sie nach einem langen Irrweg der Abenteuer und setzt mit ihr auf die Venusinsel Cythera über, wo die Liebenden mit den dortigen Nymphen (hier das Blatt 183 verso) schmausen, trinken, musizieren, lieben, geistreiche Unterredungen führen (Hertrich, S. 238). Neuartig ist die harmonische Abstimmung des Textspiegels auf die verschieden großen Bildfelder. Genau auf die in Antiqua gesetzte Schrift bezogen, bieten die Illustrationen eine Fülle gelehrter Anspielungen, illustrieren antikmythologische Zitate, entwerfen aber auch freizügig erotische Episoden. Die Bilder selbst präsentieren einen besonders klaren und ausgewogenen Stil nach dem Prinzip des Umrisslinienschnitts, das heißt: vor allem bruchlos-durchgängige Konturen geben den Ton an. Figuren, Landschaften und Architekturen erscheinen in einem ruhigen und hellen Licht, man findet kaum Schattenschraffur oder plastische Verdichtung. Die Aufmerksamkeit gilt einer locker streuenden, dabei stets symmetrisch bauenden Komposition. Nicht primär der dramatische, sondern der lyrische Blick soll in Bildphantasien schwelgen.

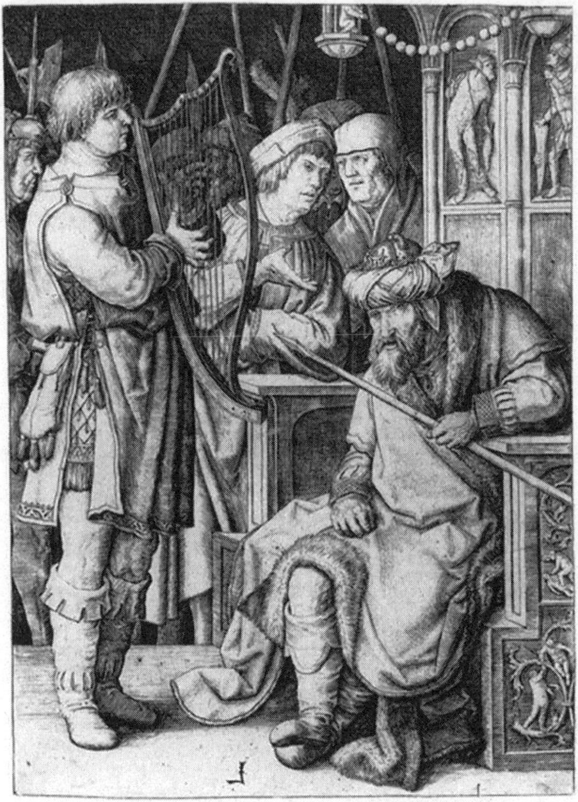

Lucas van Leyden: David spielt Harfe vor König Saul
um 1508 · Kupferstich, 256 × 182 mm
(München, Staatliche Graphische Sammlung, Inv.-Nr. 27760 D)

Lucas van Leyden: David spielt Harfe vor König Saul

König Saul ist schwermütig. Um seine Stimmung aufzuhellen, lässt er sich vom jugendlichen Helden und Sänger David auf der Harfe vorspielen (1. Buch Samuel, 16,1–13). Später wird Saul denselben David aus Neid über dessen heroische Erfolge mit einem Speer töten wollen. Das erklärt, weshalb der thronende Melancholiker auf den Bildern statt eines Szepters einen Speer in den Händen hält. Man muss deshalb Sauls Schwermut mit dem Dunkel seiner Eifersucht und Bösartigkeit zusammensehen.

Lucas van Leyden (um 1489–1533), Wunderkind künstlerischer Frühreife auch im Bereich der Malerei, erster holländischer Peintre-Graveur von Rang, glühender Bewunderer dürerscher Grafik, gestaltete die Saul-David-Szene in einem seiner frühesten Kupferstiche. Er war zu diesem Zeitpunkt erst 18 oder 19 Jahre alt. Wie er diese psychologisch höchst spannungsvolle Situation zwischen süßer, beseligender Musikdarbietung und bleierner Seelenqual meisterte, das kennzeichnet Lucas als nicht nur gelehrigen, sondern selbständig befähigten Künstler. Die dicht gedrängte Szene weist eine Fülle neuer, zum Teil sogar über Dürer hinausgehender Qualitäten auf. Das physiognomische Moment der Köpfe ist beunruhigend gesteigert (Sauls böse Versunkenheit kann nicht bedrohlicher sein!), die »Grabstichelsyntax« (Ivins, S. 51) erreicht in ihren hauchzarten Einritzungen, tonigen Punktierungen, kompakten Schraffurmassen Effekte, die erst für die Ätzradierung typisch werden sollten. (Lucas hat denn auch folgerichtig um 1520 mit Radierung auf Kupfer experimentiert.) Es sind Eigenschaften, die der Illusion von Stofflichkeit wie der szenischen und naturräumlichen Atmosphäre gleichermaßen dienen. Bei allen Neuerungen bewies der Holländer aber immer hohe technische Disziplin. Er wischte die Platten ebenso präzise aus, wie er sie gravierte. So behielt er in *David vor Saul* die fahlen Stimmungen der Bedrückung und Bedrohung unter strenger Kontrolle des Handwerks.

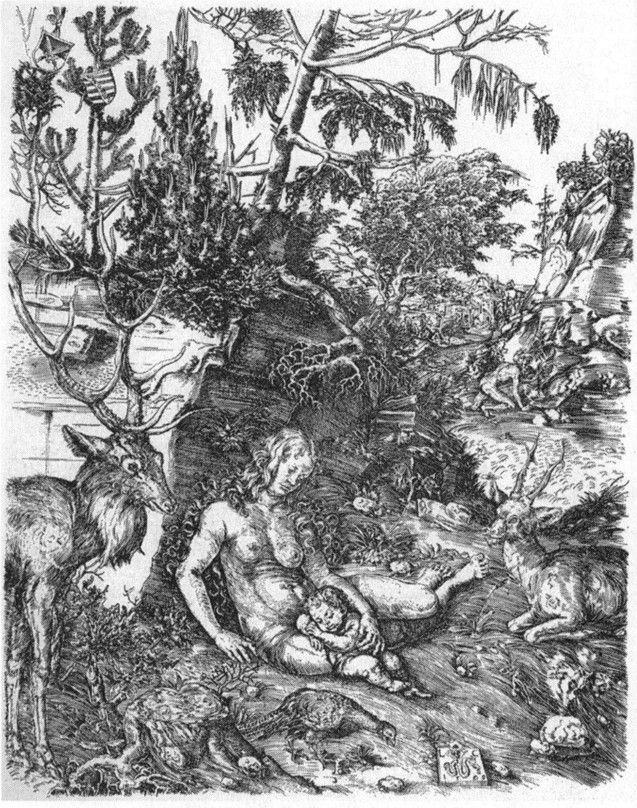

Lucas Cranach d. Ä.: Buße des hl. Johannes Chrysostomus
1509 · Kupferstich, 254 × 199 mm
(Coburg, Kupferstichkabinett)

Lucas Cranach d. Ä.: Buße des hl. Johannes Chrysostomus

Der mit Dürers Stichen und Holzschnitten erreichte künstlerische Eigenwert der grafischen Medien wirkte so prägend und dabei so erweiterungsträchtig, dass davon im frühen 16. Jahrhundert überall innovative Vorstöße angeregt wurden, künstlerisch, technisch, auch markterschließend kommerziell. Lucas Cranach d. Ä. (1472–1553) steht mit einer großen Werkstatt und einem gewaltigen Œuvre nicht zuletzt auch für das erfolgreiche Geschäft mit Bildpublizistik. Er erwarb sich als Spezialist für Luther-Porträts Ruhm, wobei er traditionelle Formeln mit neuen Charakterstilisierungen zu verbinden wusste. Daneben und vorher schon trat er als Bahnbrecher neuer Sujets, auch neuer Effekte des Grafischen auf, wie sein 1509 entstandener, an Dürer angelehnter Stich *Buße des hl. Chrysostomus* (Maedebach, S. 33) zeigt. Ein reißerisches Thema wird da zum Handlungsträger pittoresker Naturlyrik: Chrysostomus verführt eine Königstochter, die sich in der Wildnis verirrt hat, und stürzt sie später von einem Felsen herab. Von Reue überwältigt, kriecht der Heilige zur Buße viele Jahre auf allen Vieren, ohne zu wissen, dass die Prinzessin mit ihrem Kind den Sturz überlebte. Das alles wird elementar erzählt. Im Vordergrund des Cranachstichs kontrastiert die friedliche Idylle der Geborgenheit mit der rastlosen Buße des Täters im Hintergrund. Alles zusammen ist Urszene des Wachsens und Wucherns, sei es der Fauna und Flora, sei es der menschlich-sündigen Triebhaftigkeit. Tiere des Waldes umstehen die nackte Schlummernde mit ihrem Kind wie zu ihrem Schutz und ergeben mit Felsen, Stümpfen, Ästen, Wurzeln, Gräsern eine Welt der wilden Unschuld. Hinten, vor einer versteckten Burg, kriecht tierisch die Menschenschuld dahin. Stauungen, Kräuselungen und Strömungen der Linienmuster, dazwischen auflockernde Lichter, organisieren ein lebhaftes Gewebe. Cranach verbindet hier eigenes Naturinteresse mit Bildungs- und Unterhaltungsansprüchen seiner humanistischen Kunden.

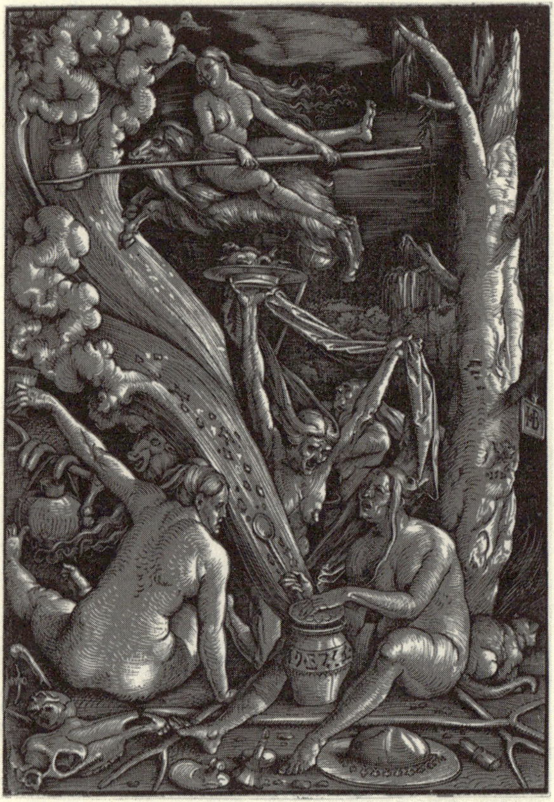

Hans Baldung Grien: Die Hexen
1510 · Farbholzschnitt von zwei Platten, 377 × 260 mm
(München, Staatliche Graphische Sammlung, Inv.-Nr. 1920/171)

Hans Baldung Grien: Die Hexen

Auch Hans Baldung Grien (1484/85–1545) gehört zu den Protagonisten der ersten grafikgeschichtlichen Blütezeit. Gehilfe bei Dürer in Nürnberg (1503–06), vorübergehend sogar dessen Werkstattleiter, vielseitig gebildet, an allen Bereichen des humanistischen Kunstschaffens interessiert – dieser Hans Baldung Grien schuf 1510 in Straßburg einen Farbholzschnitt, der in aufregender Weise technische Virtuosität mit Chiffren des Zeitgeists paart. *Hexen*, sein großformatiges Bild von übereinander gedruckten Linien- und Tonplatten, illustriert schauderlich schön den im 15. Jahrhundert in Europa aufkommenden Hexenwahn. Baldung kannte die einschlägigen kirchlichen Verfemungstraktate (Schade, S. 54), und es ist nicht zu entscheiden, ob er dem Thema eher aus frommer Abscheu, voyeuristischer Lustangst oder gar aus ästhetischer Begeisterung huldigte. Die Faszination heidnischer Zaubermacht, magischer Naturbeherrschung und erotischer Verlockung konnte jede dieser Einstellungen betreffen, sie steht auch sonst bei Baldung mehrfach auf dem Programm.

Eine nächtliche Szene draußen im Wald. Sechs nackte Frauen – eine muss man ganz oben links im giftigen Dampf herauslesen – kauern am Boden beisammen oder reiten auf Böcken durch die Lüfte. Sie kochen ihren Teufelssud, während sie mit wüsten Verwünschungen die Kräfte der Natur gegen die Menschheit lenken. Forken sind zum magischen Dreieck ausgelegt, Tierschädel, Werkzeuge, Giftsalben und anderes obskures Instrumentarium statten die makabre Szene aus. Baldung hat das wilde Treiben in ebenso bizarr verstrebte wie ordnende Großformen justiert. Dabei korrespondieren Frauenleiber mit Baumstämmen, fliegende Haare konfigurieren mit Moosen und Flechten. Irrlichternde Höhungen bleiben fürs Papierweiß in beiden Platten ausgespart, so erscheint das Treiben wie unter Mondlicht schauerlich ausgeleuchtet. Schwarz, Weiß und Grün (oder Umbra) sind zu dramatisch-flackerndem Akkord zusammengesetzt.

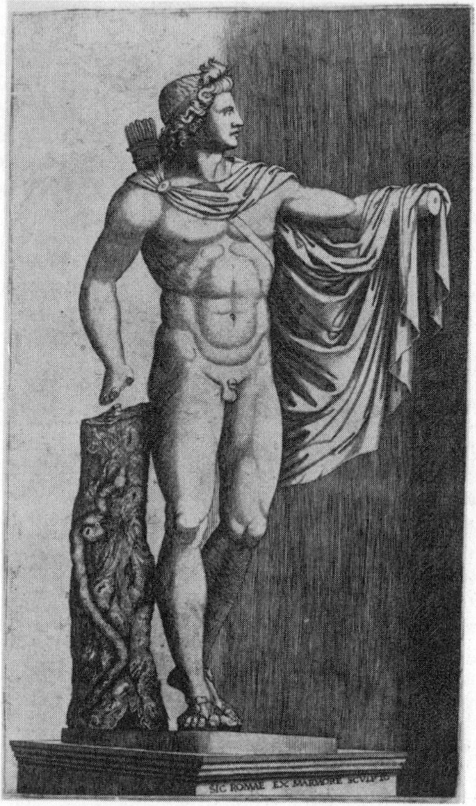

Marcantonio Raimondi: Apoll von Belvedere
um 1510 · Kupferstich, 295 × 170 mm
(Berlin, Kupferstichkabinett)

Marcantonio Raimondi:
Apoll von Belvedere

Der Bologneser Kupferstecher Marcantonio Raimondi (um 1475 – um 1534) darf als erster Reproduktionsstecher der Kunstgeschichte im engeren Sinne gelten. Zwischen 1505 und 1527 übersetzte er Gemälde und Zeichnungen anderer Künstler (vor allem von Raffael und Dürer) auf die Druckplatte, wobei er die Vorlagen interpretierend ergänzte und teilweise umkomponierte. Um 1505 schon hatte er Holzschnitte Dürers in den Stich übertragen (inklusive Monogramm AD, was Dürers Zorn erregte!), somit erstmalig Grafik durch Grafik reproduziert. Und als Raimondi um 1510 nach Rom übersiedelte, reproduzierte er dort neben anderem auch antike Statuen.

Die Marmorskulptur des *Apoll von Belvedere* (so benannt nach seinem Aufstellungsort im päpstlichen Cortile del Belvedere) war im 15. Jahrhundert bei Anzio ausgegraben worden. Da die Figur bald schon zum Kultobjekt römischer Antikennostalgie avancierte und eine wachsende Zahl von Kunstpilgern anzog, schien ihre grafische Vervielfältigung lohnend. Mit der Publikation übernahm Raimondi aber auch die Aufgabe, sich für eine ideale Ansicht des dreidimensionalen Objekts zu entscheiden. Er wählte jene Position, die den ausgestreckten Arm Apolls planparallel zur Rückwand erscheinen lässt. So konnten alle plastischen Elemente der Gestalt gezeigt, dramatische Verkürzungen vermieden werden. Dank der Verflächigung im gestochenen Bild erhielt die klassische Figur früh schon ihre normbildende, wahrnehmungsprägende Definition. Auf jeden Fall wurde damit ein »getreues Abbild der Skulptur als Skulptur« (Langemeyer/Schleier, S. 134) weithin bekannt gemacht, gleichsam »urbi et orbi«. Und wie um dem Apoll seine Original-Aura aus örtlicher Authentizität zu sichern, schrieb Raimondi auf dem Sockel darunter: *Sic Romae ex marmore sculpto* (So steht er in Rom, aus Marmor geschaffen). Kunstrezeption ist von nun an mit Reproduktionsgrafik unlösbar verquickt. Ab jetzt gilt immer mehr: Bekannt ist, was reproduziert wurde.

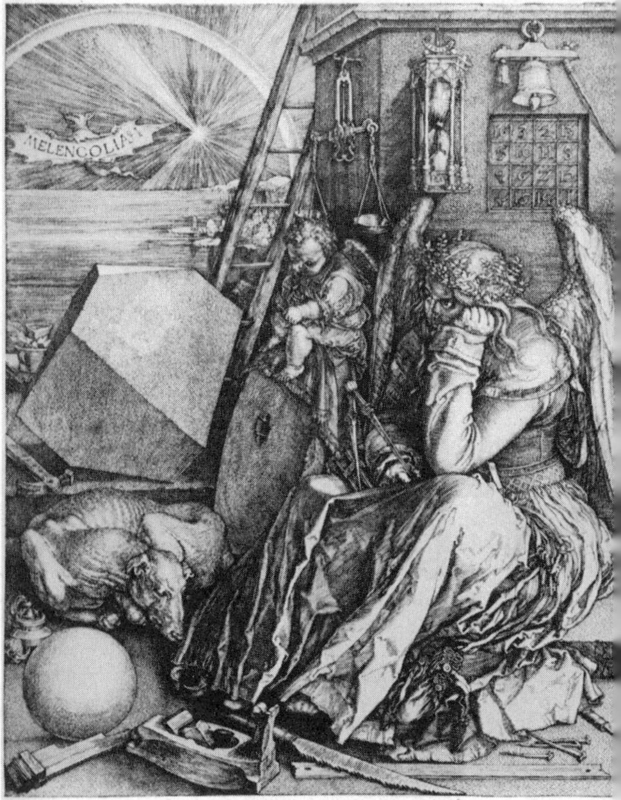

Albrecht Dürer: Melencolia I
1514 · Kupferstich, 240 × 188 mm
(Wien, Albertina, Inv.-Nr. 1930/1525)

Albrecht Dürer: Melencolia I

Dürers *Melancholie* ist vielleicht der berühmteste Kupferstich überhaupt. Gewiss aber ist er der erste, der bislang bildnerisch Unzeigbares umsetzte: die Spannungen und Abgründigkeiten psychischer Innenwelt (MSS, Bd. 1, Nr. 71; Schuster, S. 90). So etwas konnte keinem Auftrag entspringen, es musste in eigener Regie entstehen. Nicht nur Dürers Genialität, auch seine krisenhafte Lebens- und Arbeitssituation von 1514 dürfen gewiss dazu als persönliche Gründe herangezogen werden (Rebel, 1996, S. 275).

Auf einer steinernen Terrasse im Vordergrund, fahl von rätselhaften Himmelserscheinungen beleuchtet, sitzt schwer in Gedanken die geflügelte Gestalt der Melancholie. Sie starrt in Denkerpose auf Gestirne und Flugdrachen hinaus, die hoch über nächtlicher Meeresküste und Stadt herüberstrahlen. In ihrem Rücken ragt ein mächtiger Turm mit angelehnter Leiter, appliziertem magischen Zahlenfeld und anderen Gerätschaften auf, auch sonst ist der bleischwere Engel von Instrumenten und Modellen des Messens, Arbeitens und Heilens umhäuft. Ein Hund liegt eingerollt da, auf einem Mühlstein hockt ein kritzelnder Putto. Alles ist dicht gedrängt, wobei auf der linken Blatthälfte eher labile, auf der rechten stabile Dinge und Formen den Ton angeben. Die ungeheuer komplexe, ambivalent wirkende Chaosszene erweist sich schrittweise als Labor des Denkens, als kreative Bewältigung des Lebens aus dem – immer auch abgründigen – Geist der Kunst zu erkennen. Die Zahl I hinter dem Namen *Melencolia* symbolisiert den entscheidenden Impuls vom »Nichts« (das wäre 0) zum »Etwas« (I), von der Lähmung der Schwermut zur problemlösenden Idee. So wird das Bild insgesamt zu einer humanistisch-religiösen Allegorie des Bemühens um Ordnung und Sinn, entgegen allen Widerständen und Dunkelheiten der Existenz. In der grafischen Textur, das ist das Geniale, bleibt all das Wirre und Dunkle vollkommen transparent und klar. Als Form ist alles deutlich, alles elementar gelöst.

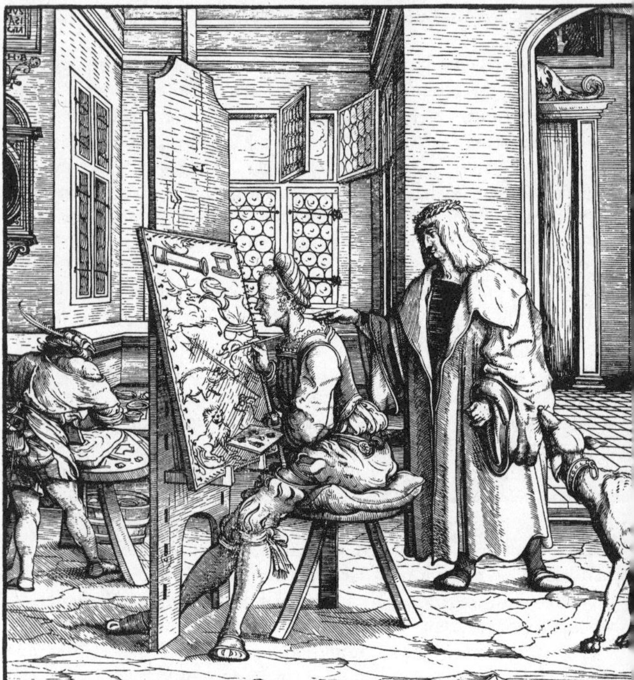

Hans Burgkmair: Kaiser Maximilian im Atelier
um 1515 · aus dem *Weißkunig*, Buchholzschnitt (2. Zustand),
220 × 197 mm · (Stuttgart, Graphische Sammlung der Staatsgalerie,
Inv.-Nr. GVL 72)

Hans Burgkmair: Kaiser Maximilian im Atelier

Druckgrafik tendiert zur selbstbestimmten Themenwahl, das liegt in ihren spezifischen Arbeits- und Vermarktungsprinzipien begründet. Daneben können auch vielfältige Auftragsbindungen bestehen. Aufträge durch den Hof, zumal den Kaiserhof, genossen selbstverständlich auch bei Grafikern höchste Wertschätzung. Der Augsburger Maler und Zeichner für den Holzschnitt Hans Burgkmair (1473–1531) arbeitete zwar hauptsächlich für städtische Auftraggeber, gehörte aber auch zu den »Hoflieferanten« von Kaiser Maximilian I. (1459–1519), und zwar in seiner Eigenschaft als Grafiker. Die 118 Buchholzschnitte, die Burgkmair unter höfisch-humanistischer Beratung, nicht zuletzt unter Aufsicht des Kaisers selbst, für dessen Autobiografie *Weißkunig* entwarf, gehören zu den besten Bilddokumenten der Zeit. Als leitender Formschneider ist dabei der Niederländer Jost de Negker namhaft geworden, als Verleger der Augsburger Erhart Ratdolt.

Die hier gewählte Szene zeigt den Kaiser im Atelier eines seiner von ihm geförderten Künstler (Geissler, Nr. 184). Dabei treffen zwei einander ergänzende Arten von Elitestolz aufeinander: Maximilian tritt als Inspirator der Künste auf, indem er dem arbeitenden Maler seine Hand auf die Schulter legt. Und der Maler – hier wohl mit Burgkmair selbst an der Staffelei – ist der Universalgestalter aller Dinge, ist er doch zuständig für alle Themen und Formen. Entsprechend summarisch erscheint die Motivfülle auf der Leinwand vor ihm. So wird der Kaiser selber zum obersten Künstler, ebenso wie der Maler zum Herrscher im Reich der Kunst. Aber wie anekdotisch geistvoll gibt sich diese Kooperation, dieses Gipfeltreffen! Hinter der Leinwand müht sich der Farbenreiber ab, gleichsam die reine Handarbeit in Person. Davor sitzt der Maler, elegant gekleidet, ein ingeniöser Herr. Daneben der alles verstehende Monarch: ein mitgebrachter Jagdhund beißt ihm in den Ärmel. Das Atelier wird zum frei erweiterten Ort des Hoflebens. Frischer Wind weht durch offene Fenster.

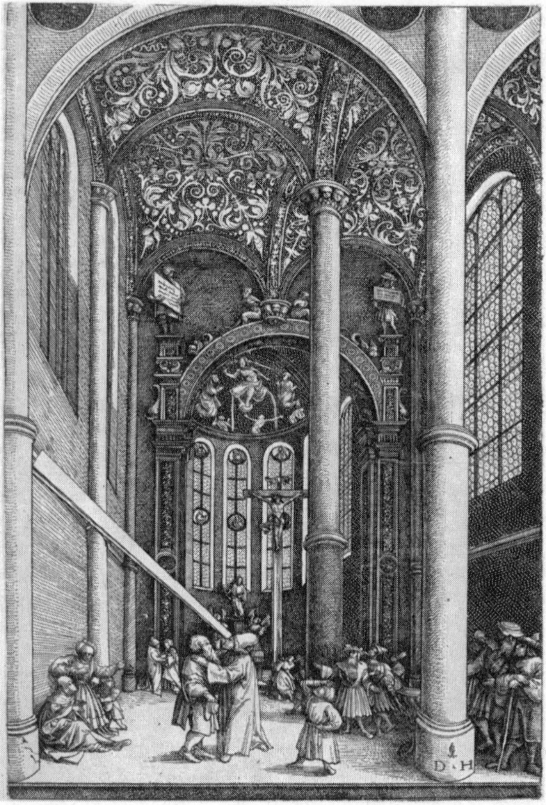

Daniel Hopfer: Innenraum der Dominikanerkirche in Augsburg
um 1518 · Radierung, 297 × 198 mm
(Coburg, Kupferstichkabinett)

Daniel Hopfer: Innenraum der Dominikanerkirche in Augsburg

Um 1512/15 tritt eine weitere grafische Haupttechnik ins Licht der Aufmerksamkeit: die Radierung, im Unterschied zur »Kaltnadelradierung« (vgl. S. 37) auch »Ätzradierung« genannt. Auch wenn sie zunächst nur auf Eisen statt auf dem technisch günstigeren Kupfer erprobt wurde, machten sich dabei früh schon jene Effekte bemerkbar, die künftig das Formgeschehen wesentlich mitbestimmen sollten. Daniel Hopfer (um 1470–1536) aus Augsburg zählt – wie Dürer und Urs Graf (vgl. S. 63) – zu den Pionieren der »Eisenradierung«. Die Strichzeichnung wird hierbei nicht unmittelbar in Metall graviert, sondern in einen säurefesten Überzug geritzt (»radiert«), wonach dann die Säure die freigelegten Stellen druckfähig ausätzt. Dies lässt die Strichform freier, ausdrucksspontaner aufbringen, während zugleich die technische Komplexität im Gesamtprozess wächst. Zur Mechanik tritt nun die Chemie als Regelkraft hinzu.

Daniel Hopfers Darstellung vom *Innenraum der Dominikanerkirche zu Augsburg* (Landau/Parshall, S. 323, 328) lässt zwar von solchen Lockerungen des Strichs noch nicht viel ahnen, ist aber in anderer Hinsicht aufschlussreich. Hopfer, der vom Plattnerhandwerk und der Waffenätzung herkam und seine Arbeit vor allem der ›kunstgewerblichen‹ Vorlagenproduktion widmete, etwa Ornamentblättern oder Musterbuchtypen, schuf hier eines der frühesten realen Innenraumbilder der Grafikgeschichte. Der Kirchenbau war 1515 fertiggestellt, und seine Besucher sollten offensichtlich mit einem Souvenir bedient werden. Die zweischiffige Halle bot Neues, bei immer noch spätgotischen Grundgedanken imponierte sie bereits mit Renaissancedekor. Und um den bloßen Dokumentcharakter didaktisch zu erweitern, erhob Hopfer nun den Raum noch zum Rahmen eines moralischen Gleichnisses. Man sieht darin die Parabel vom »Splitter im Auge des Nächsten und Balken im eigenen Auge« (Matth. 7) in Szene gesetzt. So wurde der Geist einer Predigt, passend zum Ort, gleich mitgeliefert.

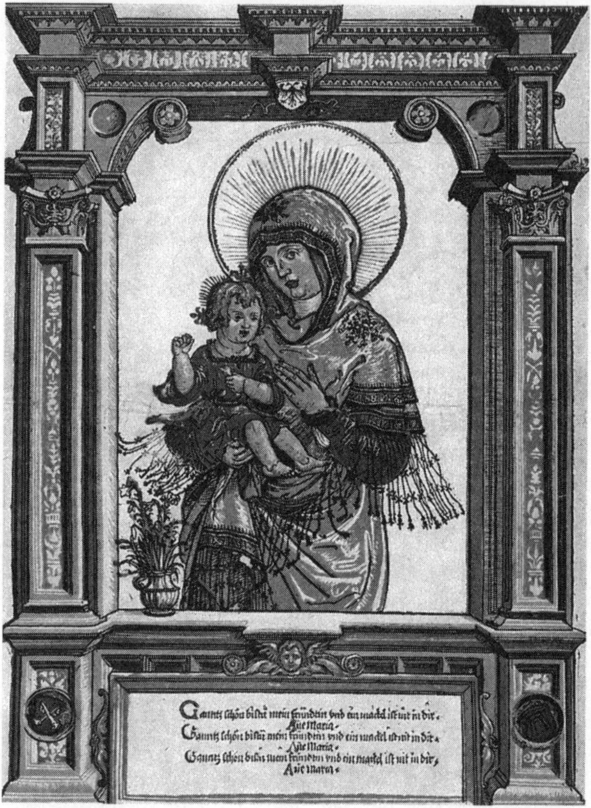

Albrecht Altdorfer: »Schöne Madonna« von Regensburg
um 1520 · Farbholzschnitt von sechs Stöcken (1. Zustand),
340 × 245 mm · (Washington)

Albrecht Altdorfer: »Schöne Madonna« von Regensburg

Reiseandenken (vgl. S. 52), fromme Mitbringsel von einem Kirchenbesuch (vgl. S. 58) oder einer Wallfahrt (vgl. S. 29) waren und sind bis heute Anlass für die Produktion von Grafik. Albrecht Altdorfer (vor 1480–1538) hat in seinem großen Farbholzschnitt der *Schönen Madonna* diesen Primärzweck mit aktuellen Bestrebungen von 1520 zu verknüpfen gewusst. Sein farbenfrohes Bild setzt sich aus dem Übereinanderdruck von fünf farbigen Tonplatten und zuletzt noch einer schwarzen Strichplatte zusammen (Mielke, S. 222). Vorlage für diese kühne Schichtung war das byzantinische Gnadenbild in der Alten Kapelle der Regensburger Stiftskirche »Unserer lieben Frau« aus dem 13. Jahrhundert. Es galt gerade in dieser Kirche einen gewaltigen Pilgerstrom mit geistlichen Souvenirs zu versorgen, und da der Maler und Baumeister Altdorfer als Mitglied des Stadtrats für die Organisation des städtischen Marienkults auch offiziell mitverantwortlich war, kam sein Bildprojekt von um 1520 einem Akt Regensburger Kulturpolitik gleich. Obwohl eine variantenreiche Massenauflage gedruckt wurde, sind vom schönsten und reichhaltigsten Zustand nur noch zwei Exemplare (Washington und Wolfegg) erhalten geblieben. Altdorfers feierlich-liebliches Buntpräsent hat sich nur äußerlich an das byzantinische Vorbild gehalten. Im Zeichnungsstil, in Tracht und Körperlichkeit wurde eine ›spätestgotische‹ Madonna im triumphalen Renaissancerahmen daraus. Das solcherart multiplikabel gewordene Abbild der Gottesmutter musste also nicht ›Originaltreue‹ erreichen, vielmehr konnte eine gewisse Pracht-Ähnlichkeit für die subjektive Spannung aus Kulterinnerung und Andachtsintimität genügen. Altdorfers Druck, der zu den historisch frühen Mehrplatten-Farbholzschnitten (vgl. S. 56) der Grafikgeschichte zählt, enthält in der Rahmeninschrift ein »Ave-Maria« in Einheit mit dem Anruf aus dem »Hohen Lied« (4,7): »Gantz schön bistu meine Freundtin und ein makel ist nit an dir …«.

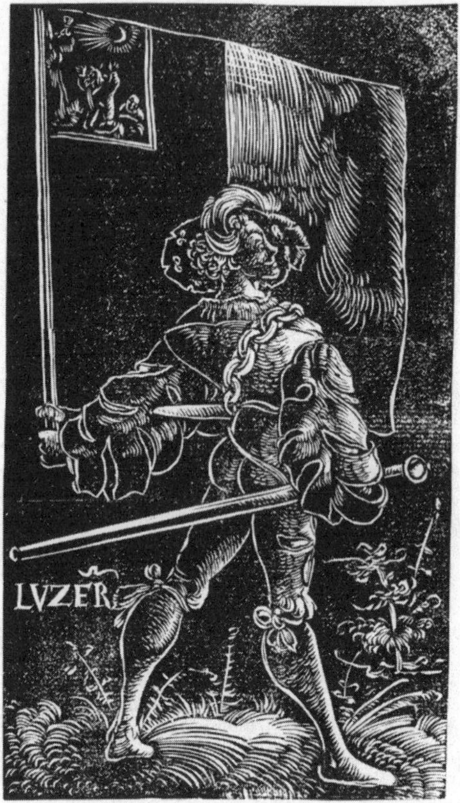

Urs Graf: Bannerträger von Luzern
1521 · Weißlinienholzschnitt, 191 × 107 mm
(Wien, Albertina, Inv.-Nr. 1949/811)

Urs Graf: Bannerträger von Luzern

Der Schweizer Urs Graf (um 1485–1527/28) wird zum frühen Typus der ›Gelegenheitskünstler‹ gerechnet. Mit dieser Zuordnung von Person und Beruf soll allerdings der Qualität seiner Arbeiten keinerlei Unrecht getan werden. Eher muss man bei diesem Künstler an Eigensinn, Vielfalt, Ungebundenheit denken. Seit 1509 in Basel als Goldschmied, Glasmaler und Buchillustrator tätig, erhielt Graf 1512 das Bürgerrecht. Einerseits hochgeschätzt in seinem zeichnerischen Talent, was ihm zeitweise auch den Zunftvorsitz eintrug, andrerseits in Konflikte mit der bürgerlichen Verhaltensnorm verwickelt, steht er uns alles in allem als Einzelgänger vor Augen. Dazu passt, dass er zwischenzeitlich Dienst als Söldner beim französischen König nahm, was ihm neben Geld und Abenteuer künstlerische Erfahrungen in Italien und Burgund einbrachte. Dass er 1513 die früheste datierte Eisenradierung der Kunstgeschichte geschaffen habe, wird mit guten Argumenten angezweifelt (Landau/Parshall, S. 330): Die sich *Waschende Marketenderin* – so das Thema des strittigen Blattes – ist doch allzu spekulativ auf Renommee hin angelegt, daher die überdeutlich platzierte Datierung wohl erst nachträglich eingesetzt.

Gleichwohl: Züge seines großzügigen, vitalen, renommierwilligen Umgangs mit Kunst und Leben ist auch in Grafs Weißlinienschnitt des Luzerner Bannerträgers sichtbar. Weißlinienschnitte sind vor allem in Italien geübte Sonderformen des Holzschnitts. Ihr dekorativer Reiz entsteht dadurch, dass das klassische Schwarzweißverhältnis umgekehrt wird, die Positivform der Schwarzzeichnung ins Negativ der Weißlinien gelangt. Wir sehen einen breitbeinig stolzen Landsknecht, der mit angehobenem Kinn, die rechte Hand am Schwert, links das Banner wegstreckend dasteht. Modisch-kecke Kriegstracht umhüllt den prallen Körperkern, als wäre alles mit weißer Tinte locker auf brüchigen Dunkelgrund hingeworfen. Melodischer Schwung und Lust am Effekt kennzeichnen die herausfordernde Pose.

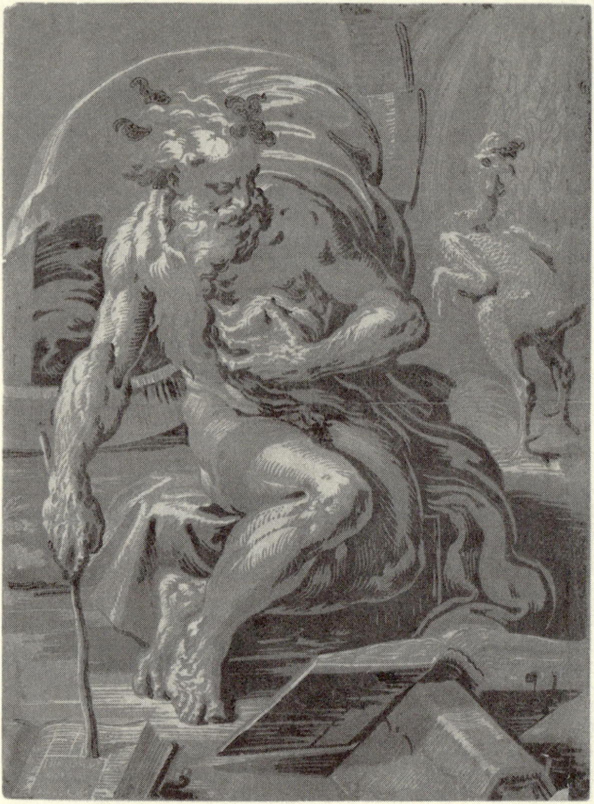

Ugo da Carpi: Diogenes
um 1527 · Farbholzschnitt in vier Platten, 479 × 348 mm
(Wien, Albertina, Inv.-Nr. A. I. I 2, 51, B. XII 100, 10)

Ugo da Carpi: Diogenes

Ugo da Carpi (um 1480–1532) erlernte seit 1509 in Venedig die Kunst der Buchgrafik und kam dabei in Kontakt mit den deutschen Pionierleistungen des Mehrplatten-Farbholzschnittes (vgl. S. 50, 56, 60). Die eigenständige Version, die er aus diesen Vorbildern entwickelte, der »Chiaroscuro«- oder »Clair-obscur-Schnitt«, bedeutete eine erregende Annäherung an die gestischen Originaleffekte der Pinselzeichnung. Das war etwas ganz anderes als bei Cranach oder Burgkmair. Ugo trennte im Zwei- bis Vierplattendruck die Farbtöne und schnitt die entsprechenden Linien- und Flächenanteile so aus den Tonplatten heraus, dass beim Übereinanderdruck ein raffiniert geschichteter Helldunkelklang mit Weißhöhung zustande kam. Im Ergebnis erreicht das die Wirkung der Pinsellavierung. Ugos berühmteste Arbeit ist der *Diogenes*, den es in bräunlichen wie grünblauen Tönen gibt. Nach einer Vorlage von Francesco Mazzola (gen. Parmigianino, vgl. S. 67) und in enger Zusammenarbeit mit diesem entstand so ein auch wegen des großen Formates eindrucksvolles Virtuosenstück. Prinzipiell »Reproduktionsgrafik«, ist es dennoch zugleich eigenständige Kunsterfindung.

Das Thema: Der wegen seiner materiellen Bedürfnislosigkeit berühmte Philosoph Diogenes sitzt auf einem kistenartigen Block (Graf/Mildenberger, S. 60), greift mit der Linken in den Gewandbausch, stützt sich mit der Rechten auf einen Ast und liest in dem vor ihm aufgeschlagenen Buch. Hinter ihm das Fass, das ihm zur Behausung dient. Daneben ein gerupftes Huhn – spöttische Anspielung auf den ›hohen Kollegen‹ Platon, der den Menschen als ungefiedertes zweifüßiges Tier deklariert hatte. Das ist Ironie, manieristisch pointiert und inszeniert! Ein mächtiger Schwung durchgreift den nur äußerlich ärmlichen, innerlich jedoch reichen, weil geistmächtigen Denker. Wie geistvoll Entwurf und Ausführung sind, darauf deutet Diogenes selbst hin. Sein Stock stützt sich auf eines der aufgeschlagenen Bücher, und zwar genau auf die Stelle, welche die Künstlersignaturen enthält.

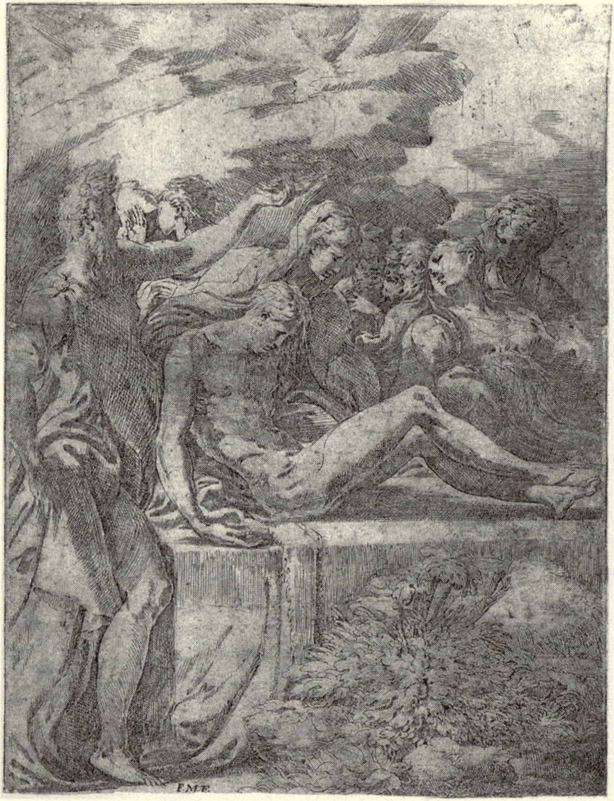

Parmigianino: Grablegung Christi
um 1528 · Radierung (2. Zustand), 315 × 239 mm
(Amsterdam, Rijksprentenkabinet)

Parmigianino: Grablegung Christi

Francesco Mazzola, genannt Parmigianino (1503–1540), gilt nicht nur als Miterfinder des »Manierismus« in der Malerei, er ist wohl auch der erste echte »Maler-Radierer« der Kunstgeschichte. In den siebzehn von ihm erhaltenen Drucken kann man nuancenreich mitverfolgen, wie er die stilistischen Prinzipien seiner Malkunst (Überlängung der Figur, Anmut seelischer Bewegung, ungewöhnliche Inszenierung, Raffinesse der Kunstreflexion) mit Experimenten in der Ätzradierung auf Kupfer zu erweitern suchte. Als erster in Italien verhalf er der »nassen«, »warmen« Ätzlinie, also der Radierung im engeren Sinne, zu ihrem eigenen, medientypischen Charakter: das ist eben die wie handschriftlich wirkende Strichform (Landau/Parshall, S. 269). Sättigungen dieses gestischen Strichgefüges können in der radierten Linie – ähnlich wie in der Federzeichnung – steigernd auftreten, nämlich nach Säurebädern gestuft, wobei die Ätzlinie natürlich niemals jene Glätte, Strenge und Schwellung besitzt wie die Grabstichellinie des Kupferstichs. Zwei verschiedene Linienarten, zwei verschiedene Medien, zwei verschiedene Charaktere und Haltungen!

Parmigianinos *Grablegung Christi* fällt denn auch wegen ihrer fein kalkulierten Tonschritte auf. Engmaschig sind sie zu einem hellen, durchscheinenden Grau vernetzt, an wenigen kleinen, knotenähnlichen Stellen mit sogenannten »Impasti« (Tönungsflecken) überstreut. Das pointiert die wie mit Feder umrissenen langgliedrigen Figuren, deren Achsen und Kurven einander absichtsvoll antworten, und passt auch zur verhaltenen Dramatik der atmosphärisch dichten Szene insgesamt. An die teilweise mit Lichtbahnen verstärkten Konturen stoßen silbrig diffuse Felder zart geätzter Kreuzgitter an, wodurch über alle Körpermotive und Gefühle hinweg ein merkwürdig schwebender, die Extreme aus Licht und Schatten verbindender Mittelton entsteht. Tageslicht und Dämmerung, Schmerzerschöpfung und Trostberuhigung, Leid und Erlösung greifen hier mit ihren Stimmungswerten konzertant ineinander.

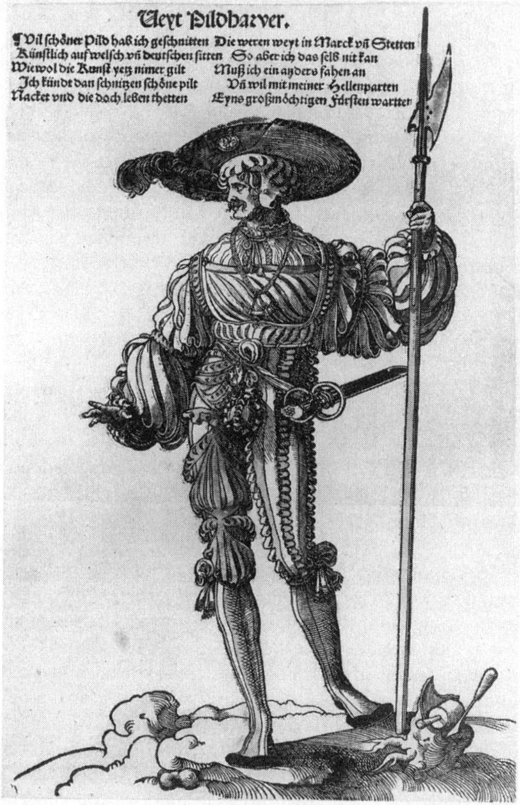

Peter Flötner: Landsknecht
um 1530 · Holzschnitt, 319 × 180 mm (handkoloriert)
(Oxford, Ashmolean Museum)

Peter Flötner: Landsknecht

Wer hätte um 1530/40 vielseitiger und gleichzeitig schwerpunktloser arbeiten können als Peter Flötner (um 1490–1546) in Nürnberg? Was übernahm, was entwarf er nicht alles, alleine oder mit anderen Maler- oder Bildhauerkollegen: Schnitzstatuen, Brunnen, Möbel, Plaketten, Medaillen, Pokale, Holzschnitte, Kartenspiele, Ornamentstiche (vgl. S. 144), Kostümentwürfe. Dies alles führte er in Holz, Stein, Metall, auf Papier aus: als Bildhauer, Zeichner, Formschneider. Nur als Maler ist er uns nicht überliefert. Dafür gilt er uns, modern gesprochen, als erster ›Allround-Designer‹ der deutschen Renaissance, war viel gereist, gut informiert, über Ländergrenzen hinweg viel beschäftigt und ist doch am Ende ohne Wohlstand gestorben. Hier soll er als Meister des Kostümentwurfs auftreten und als einer, der in halbversteckter Weise dabei ›Kulturpessimismus‹ zu formulieren wusste. Wir finden das Lamento auf einem seiner Holzschnitte. Und gerade weil es hier einem Bildschnitzer namens »Veit« (Landau/Parshall, S. 215) in den Mund gelegt wird, der – in seinen Arbeiten erfolglos geworden – nun in den Söldnerdienst gewechselt ist, darf man wohl an den galligen und wehmütigen Selbstkommentar des umtriebigen Peter Flötner selbst denken. Frei übersetzt steht zu lesen:

»Viele schöne Werke habe ich geschnitzt / Kunstvoll in deutschem und italienischem Stil / Aber die Kunst gilt jetzt nichts mehr / Es sei denn, ich könnte Nackte machen, die auch noch lebendig wären / ja, die wären über Stadt und Land gut verkäuflich / Aber weil ich das nicht kann / muss ich etwas anderes anpacken / Nun will ich mit meiner Hellebarde / einem großmächtigen Fürsten dienen!« Und so steht der Berufswechsler da, bunt kostümiert, an Urs Graf (vgl. S. 62) erinnernd, über Zeitenlauf und dumme Welt schwadronierend. Im Kern erinnert er ein wenig an Apoll- und Adam-Motive Dürers, denn natürlich kannte Flötner, der hier wohl auch der Formschneider war, die klassischen Muster des großen Nürnberger Nachbarn.

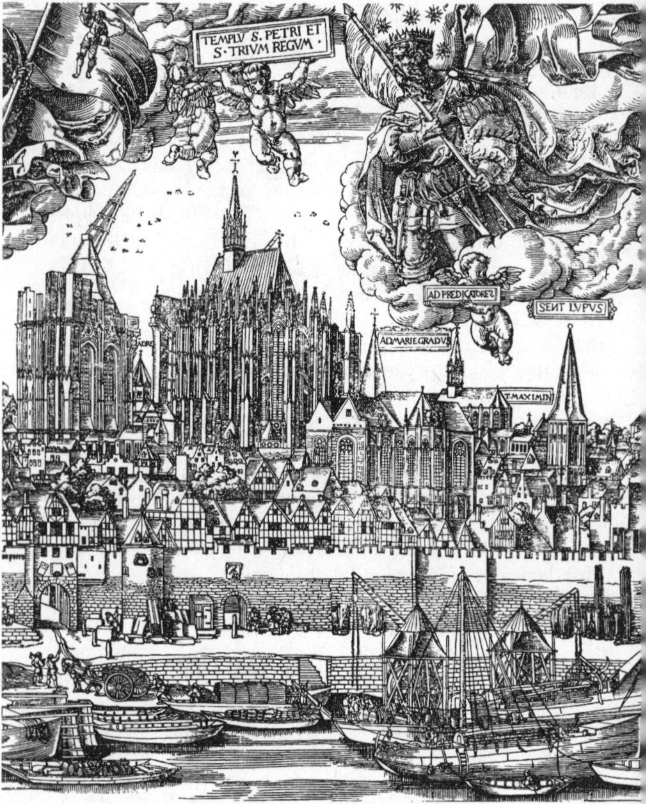

Anton Woensam: Ansicht von Köln
1531 · Holzschnitt von 9 Stöcken, 592 × 3520 mm
(Ausschnitt ohne Unterzone des Schriftsockels)

Anton Woensam: Ansicht von Köln

Grafik ist fast immer auch »angewandte Kunst« (vgl. S. 144), von Anfang an und schon in jenen Zeiten, da der Begriff zum Phänomen noch nicht existiert. Zumindest gilt das für diejenigen Formelemente, die technisch bedingt und primär alltagspraktisch bestimmt waren. In solcher frühen angewandten Kunst prägten gedruckte Bilder, Schriften und Ornamente die Geschichte des Sehens und der ästhetischen Informationen auf allen Bedarfs- und Funktionsebenen. Topografie ist eine der Anwendungsfacetten, seit etwa 1480 bereichert sie in Europa den Alltag kultureller Zeichen. Nachdem Jacopo de Barbari 1500 den großen Stadtplan von Venedig gefertigt hatte, stiegen geschnittene und gestochene Stadtansichten gelegentlich sogar zur hohen Kunst auf.

Anton Woensam (um 1500 – vor 1541), Maler und Zeichner für den Holzschnitt in Köln, wurde jedenfalls nicht durch seine Gemälde, sondern durch seine Kölner Vedute berühmt. 1531 kam sie im Kölner Verlag Peter Quentel mit Widmung an den Kaiser und die deutschen Kurfürsten heraus. Ihr monumentaler Bildfries baut sich aus neun Druckstöcken auf, gliedert sich in drei über die Stockgrenzen hinweg laufende Zonen. Hauptzone ist die Stadt Köln mit all ihren Gebäuden, Befestigungen und Häfen. Die ›Fußnotenzone‹ unten reiht Widmungstafel, Lobgedichte, Bauten- und Reliquienverzeichnisse aneinander, oben in den Wolken über der Stadt, gewissermaßen in deren geistiger ›Kopfnote‹, liest man die Namen der Kirchen und Patronate, umgeben von allegorischen Szenen. Woensam hat eine gemäßigte Vogelperspektive gewählt, die es gestattet, die mächtige Bautenzeile höchst präzise bis in Einzelheiten hinein zu ›lesen‹. Man sieht über das Rheinufer hinweg den gleitenden, viele perspektivische Standpunkte einheitlich montierenden Prospekt der reichsten Kaufmannsstadt im deutschen Reich. Großzügig und genau wird das »Vorstellungsbild von einer heiligen und festen Stadt« (Braunfels, S. 68) am verkehrsreichen Strom aufbuchstabiert.

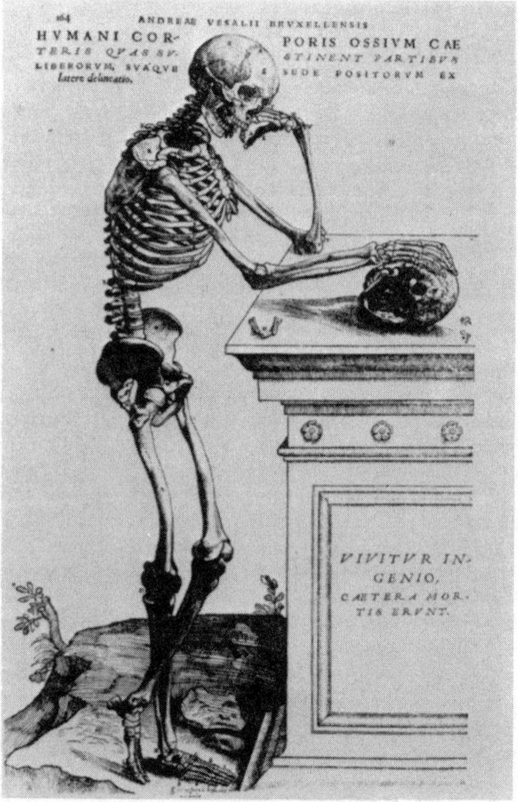

Andreas Vesalius: De humani corporis fabrica
Basel 1543 · Buchholzschnitt, 420 × 280 mm
(Hamburger Kunsthalle)

Andreas Vesalius: De humani corporis fabrica

Zu den wichtigsten Anwendungen der Druckgrafik gehört die wissenschaftliche Buchillustration. Voll ausgebildet begegnet diese erstmals in Andreas Vesalius' großem Lehrbuch der Anatomie von 1543. Vermutlich stammen die daran beteiligten Zeichner und Formschneider aus dem Tizian-Kreis, man denkt da insbesondere an Stephan von Kalkar (1499 – um 1550) und Domenico Campagnola (um 1482 – nach 1562). Der weitgereiste, niederländische Gelehrte Vesalius (1514–1564) setzte sich zum Ziel, die in der Medizin herrschende Kluft zwischen fachfremder Quacksalberei und anspruchsvoller, wissenschaftlicher Theorie zu schließen. Er folgte dabei den Prinzipien des anschaulichen Empirismus, wie diese von Leonardo mit Blick auf die Kunst begründet worden waren. Vivisektion (Eingriff am lebenden Körper zu Forschungszwecken) musste in dieser Sicht zugleich Phänomen- wie Funktionsforschung sein, und das bis ins bildnerische Detail hinein. Noch wollte man damals – anders als zumeist heute – nicht trennen zwischen anschaulichem Faktum und logischem Schema. Vesal »führte seine Studien zwischen Beinhaus und Galgen, an verfallenen Skeletten und verwesenden Leichnamen durch. Sein Interesse am Leben musste er gegen die grausigsten Eindrücke des Todes durchsetzen« (Schaar, 1983, S. 288). Das heißt auch, Mediziner und Grafiker suchten gemeinsam nach Bildformen, worin Analysewissen, episodische Verdeutlichung und moralische Botschaft auf gemeinsame Nenner kamen. Wenn ein Totengerippe mit übereinandergeschlagenen Beinknochen, gestützt auf einen Statuensockel, über Tod und Vergänglichkeit nachdenkt, dann eröffnet diese makabre Selbstreflexion eine neue, humanistische Interdisziplinarität. »Durch den Geist lebt man, alles Übrige stirbt« lautet die entsprechende, auf dem Sockel inskribierte Losung. Gerippe und Gedanke, Kubus und Schädel präsentieren sich im symbolischen Kontrast, der aber auch tröstliche Balance enthält. Es ist dies eine Balance zwischen allen Kräften und Figuren der Erkenntnis.

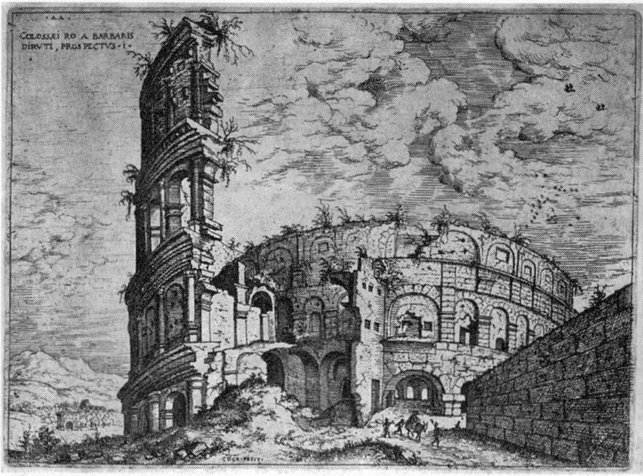

Hieronymus Cock: Das Kolosseum in Rom
1550 (Aspekt 1) · Radierung, 232 × 324 mm
(Braunschweig, Herzog Anton Ulrich-Museum)

Hieronymus Cock: Das Kolosseum in Rom

Parallel zu anderen Einrichtungen des Kunstbetriebs nahmen um die Mitte des 16. Jahrhunderts auch die druckgrafischen Unternehmungen an Umfang und Geschäftigkeit zu. Keine Repräsentationsform, Motivsparte, Reproduktionsmethode, die nun nicht in Angriff genommen worden wäre. Dem entspricht ein Wandel auch in den Wissenschafts- und Vermarktungsinstitutionen. Spätestens jetzt etablierte sich ein internationaler Kunstmarkt. Grafik fungierte darin als ein die Käuferöffentlichkeit erschließendes Mediensegment, als Schrittmacher für Sammlerwesen, wissenschaftliche Studien, künstlerische Ideen- und Stilvergleiche.

Hieronymus Cock (um 1520–1570) aus Antwerpen verkörpert diese Tendenzen als Pionier in mehrfacher Hinsicht. Erstens war er Maler-Radierer, denn er wurde als Maler *und* Grafiker ausgebildet, bevor er sich zwischen 1546 und 1548 auf Wanderschaft nach Italien begab (Langemeyer/Schleier, S. 2). Diese praktische Kompetenz der Kunst sollte er auch später nie aus Augen und Händen verlieren. Zweitens war er Drucker und Verleger. Seine Antwerpener Firma »Zu den vier Winden«, gegründet 1550, vertrieb bis 1570 an die 1000 Drucke verschiedenster Motive, Fächer und Stile. In solcher Programmfülle ist sie das erste Unternehmensmodell der europäischen Kunstgeschichte.

Cock radierte die in acht Varianten herausgegebene Darstellung des Kolosseums nach eigenen Reiseskizzen. Im Titelblatt der Serie wird eigens betont, dass alles »vivis prospectibus« gestaltet sei: in »lebendigen Ansichten«. Und in der Tat, die Radierung bietet vieles, was die damalige Käuferschaft von Studienmaterialien und Reiseandenken gemäß älteren römischen Editions-Projekten (vgl. S. 52) erwarten konnte. Die berühmte Ruine ist ehrwürdig tektonisiert, ihre in Licht-Schattenspielen modellierten Quaderoberflächen wirken »belebt«; eine machtvoll fluchtende Mauer schafft Raum, Wildwuchs auf den Steinen, fliegende Vögel, Staffagefiguren erzeugen Atmosphäre.

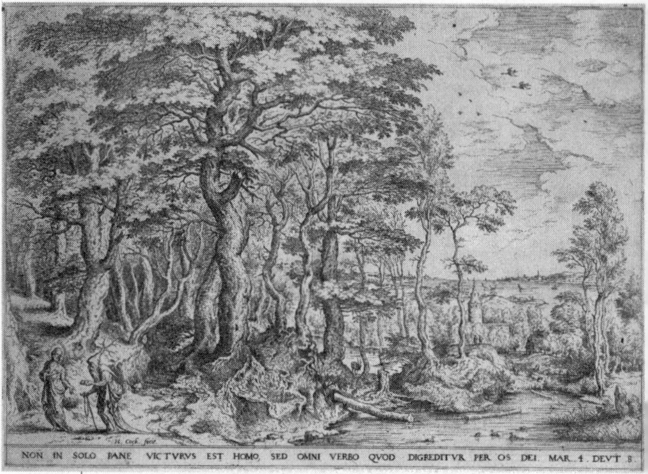

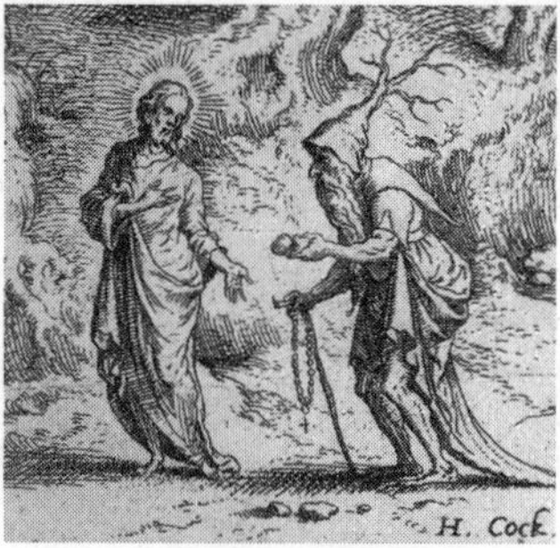

Pieter Bruegel d. Ä. / Hieronymus Cock:
Landschaft mit Versuchung Christi
nach 1550 · Radierung, 319 × 434 mm
(Braunschweig, Herzog Anton Ulrich-Museum)

Pieter Bruegel d. Ä. / Hieronymus Cock: Landschaft mit Versuchung Christi

Der Antwerpener Grafiker und Verleger Hieronymus Cock (vgl. S. 74f.) repräsentiert einen neuen Unternehmertyp auch insofern, als er neben altbewährten Bildformen manche Innovation ins Programm nahm, zum Beispiel »Landschaft«. Dass diese sich um 1550 als eigene Bildgattung durchsetzen konnte, verdankte sie nicht zuletzt den auflagenstarken Antwerpener Mappendrucken. Cock griff dazu auf Vorlagen erfolgreicher Zeitgenossen zurück. Er wählte gerne Federzeichnungen von Pieter Bruegel d. Ä. (1525–1569), der um 1550 zwar noch am Anfang seiner Karriere stand, doch für Cocks Atelier bereits zu diesem Zeitpunkt – und später wiederholt – Entwürfe lieferte.

Cock selbst – so die Signatur »Cock fecit« – radierte Bruegels *Landschaft mit Versuchung Christi* (Langemeyer/Schleier, S. 8). Christi Begegnung mit dem Satan (s. Detail) ist mit einer Landschaft kombiniert, die man nicht mehr nur als bloße Staffage bezeichnen kann. Eher ist es umgekehrt: Landschaft ist jetzt die Hauptsache, für die das moralisch-narrative Moment der biblischen Handlung nur die Legitimation liefert. Denn augenscheinlich kommt es hier eher auf räumliche Tiefenverlockung, bildhaft geschlossene Atmosphäre, teppichhafte Füllung mit vegetabiler Energie an. Verführung wird in den Reizen der Natur unmittelbar versinnlicht. Und gerade im neuen Fach Landschaft konnte sich nun offenbar entwickeln, was die Ätzkunst zur Übersetzung solcher verlockenden Sensationen beizusteuern hatte. Beleuchtete und verschattete Laubmassen, rhythmisierte Staffelung der Stämme, erregte Verästelungen überziehen als sprühendes Muster das Blatt. Auflichtungen in den Raum hinaus kommen gerade durch Ätzstufungen treffend zustande. Bruegels optische Abenteuerlust, die sich in zahllosen topografischen Erfindungen spiegelt, verbindet hier suggestiv Urwaldgefühl mit öffnendem Küstenblick. So bekommt der Kunstfreund eine malerische Kulisse für gefahrvolle, schöne Verirrung geboten – mit Ausweg ins (göttliche) Licht.

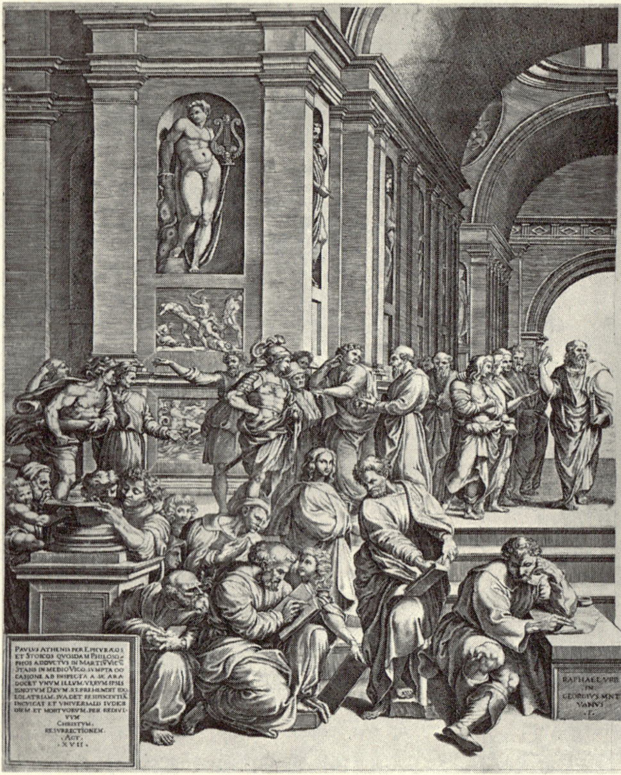

Giorgio Ghisi: Schule von Athen (nach Raffael)
1550 · Kupferstich von zwei Platten, hier die linke Platte,
Gesamtformat 514 × 826 mm
(Braunschweig, Herzog Anton Ulrich-Museum)

Giorgio Ghisi: Schule von Athen (nach Raffael)

Der Mantuaner Stecher Giorgio Ghisi (um 1520–1582) arbeitete neben vielen anderen Namhaften um 1550 im Antwerpener Verlagshaus Cock. Er firmierte dort gewissermaßen als Spezialist für das ›Italien-Sortiment‹. Die im »Haus zu den vier Winden« etablierte Arbeitsteilung in Entwurf bzw. Original (»invenit«), Ausführung (»fecit«, »sculpsit«) und verlegerische Verantwortung (»excudebat«) sollte sich gerade hierbei bewähren, erforderte doch die internationale Kooperation der Kunstschaffenden genauere Absprachen als je zuvor. Als Ghisi Raffaels berühmte *Schule von Athen*, jenes alle geistigen Ansprüche der Hochrenaissance zusammenfassende Wandbild im Vatikanischen Palast von 1511, in zwei Platten reproduzierte (Langemeyer/Schleier, S. 68), entsprach er damit einem dringlichen Wunsch aller humanistisch Gebildeten und künstlerisch Interessierten. Im Fresko des genialen Raffael (1483–1520) wird die Zusammenkunft aller Wissenschaften und freien Künste (wozu nun auch Malkunst und Bildhauerei gerechnet wurden) gefeiert. Welt und Geschichte als Gesellschaft des Geistes! Unter Führung von Plato und Aristoteles (auf der linken Bildhälfte sieht man oben rechts nur Plato) wird diskutiert, gegrübelt und gearbeitet. Auf die Vertreter der einzelnen Gruppen und Fächer blickt von der hohen Wandnische Apoll, der Gott der Weisheit und musischen Intelligenz herab. ›Kultur‹ schlechthin wird als Kommunikation choreografiert, in der die Inspiration (Plato), Diskussion (Sokrates oben Mitte), Lehre, Produktion und auch die schöpferische Krise (unten der melancholische Michelangelo am Steinblock, als Demokrit) ihren gemeinsamen Platz finden. Ghisi hat gegenüber dem Original links unten eine kommentierende Inschrifttafel hinzugefügt, auch sonst manches im Kleinen verändert. Die große Inszenierung aber, die figurale Dramaturgie mitsamt dem architektonischen Rahmen – all das ist zuverlässig in routinierte, bildgemäße Grabsticheltextur übersetzt.

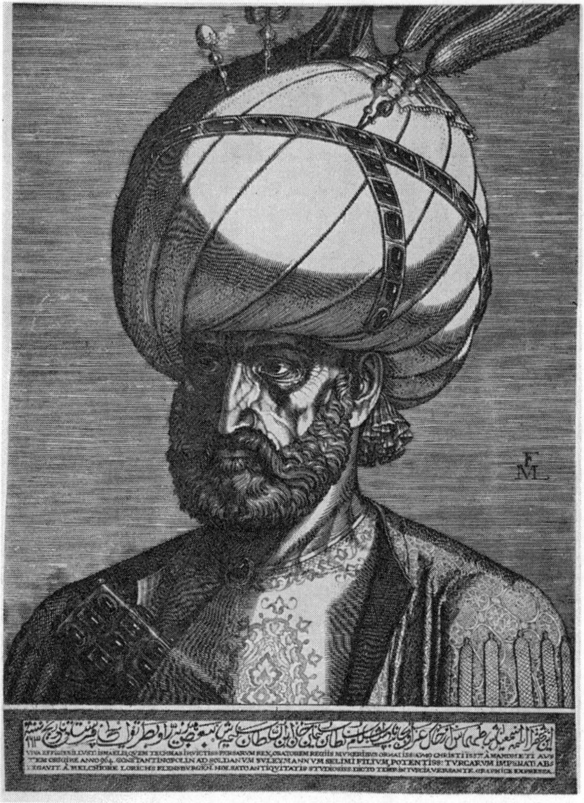

Melchior Lorck: Der persische Gesandte Fürst Ismael
um 1559 · Kupferstich, 401 × 291 (Blatt) mm
(Coburg, Kupferstichkabinett)

Melchior Lorck: Der persische Gesandte Fürst Ismael

Porträtkunst gehört zwar nicht zu den historisch frühesten Aufgaben der Grafik, sie zieht – von ganz wenigen und unklaren Ausnahmen abgesehen – erst nach 1500 in die Produktpalette des Bilddrucks ein, doch bekommt sie dort danach umso zentraleres Gewicht. In erster Linie gilt das natürlich für das gedruckte Herrscherbildnis. Aber auch die aktuelle Präsenz gelehrter Humanisten, vergeistigter Kleriker, reicher Kaufleute, melancholischer Künstler, exotischer Fremdlinge findet bald ihr Publikum. Im Porträtstich des persischen Gesandten Fürst Ismael überschneiden sich sogar einige dieser den verschiedenen Rollen und Ständen zugehörigen Charaktere.

Mitte der 50er Jahre reiste der in Augsburg ausgebildete Flensburger Goldschmied Melchior Lorck (um 1526 – um 1583) mit einer kaiserlichen Gesandtschaft nach Konstantinopel. Er sollte als Bildberichterstatter tätig sein, nämlich eine große Holzschnittfolge über Würdenträger, Bauten, Kostüme, Sitten und Schmuck im osmanischen Reich vorbereiten.

In diesem Zusammenhang entstand auch das Kupferstichbildnis des persischen Gesandten am Sultanshof. Fürst Ismael (Maedebach, Nr. 160) blickt im streng begrenzten Bruststück düster-stechend am Bildbetrachter vorbei. Seine »vera effigies«, wie man unten auf dem kalligrafisch kunstvoll gefüllten Schriftsockel wortreich und stolz bescheinigt bekommt, sollte offensichtlich die geheimnisvolle Macht und Würde des orientalischen Potentaten »graphice expressa« beschwören. Vornehm und exotisch sind nicht nur Leib und Blick, sondern das geradezu goldschmiedehafte Gepräge seiner sowohl bedrängend nahen wie feierlich entrückten Gestalt. Bis auf die großen, gerundeten Freiflächen im straff gewickelten Turban ist das ganze Bild dicht und kostbar ausgraviert: Hautfalten, Haar, Seidenschiller, Edelsteinglanz. An das Moiré der mit präzisen Linienschwellungen erfassten Gewandstoffe grenzen Partien mit fein punziertem Ornament. ›Seele‹ ist hier kein Thema.

Newe Zeittung.

Bericht / so geschehen

von dem fürnemen obersten Haupt man̄ des Venedischen Kriegszugs auff dem Meer / an den Durchleüchtigen Hertzogen von Venedig / antreffende die grawsam vnd vngestüm Zerstörung der Statt Cattaro / welche durch einen Erdbidem / den 6. tag Brachmonats des 64. Jars zerstört / sampt andern er= schrockenlichen zeichen / so erschinen seindt.

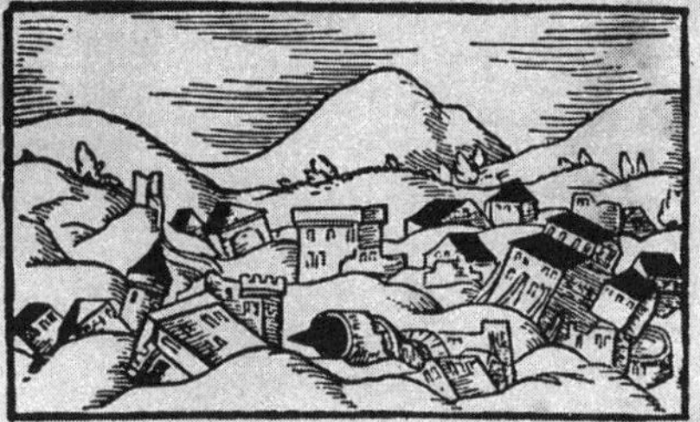

Getruckt zů Augspurg / durch Mattheum Francken.

Neue Zeitung: Nachricht über das Erdbeben von Cattaro
1563 · Holzschnitt, 215 × 135 mm
(Augsburg bei Matthäus Franck)

Neue Zeitung: Nachricht über das Erdbeben von Cattaro

Für moderne Augen eher unscheinbar, nach Prinzip und Konsequenz aber ein »Meisterwerk«: das frühe Zeitungsbild! Doch was heißt »Zeitung«, und welche Funktion hat darin das Bild? Die Anfänge des Mediums Zeitung liegen in den Einblattholzschnitten und Flugblättern des 15. und 16. Jahrhunderts begründet. Es handelte sich dabei zunächst um anlassbezogene Druckveröffentlichungen, meist im Quartformat mit aktuellen, oft bildgestützten Nachrichten, die auf breitere Leserkreise zielen. 1502 erschien das Wort »Zeytung« erstmals im Titel einer gedruckten Nachricht (Walther, S. 358). War gar von »Neuer Zeitung« die Rede, klang bereits eine marktschreierische Absicht auf erfolgreichen Vertrieb von Kriege, Verbrechen, Naturkatastrophen, aber auch Krönungen und Herrscherhochzeiten betreffenden Sensationen an. Bild- und Textteile sind darin ebenso selbstwerbend wie gegenstandsbezogen aufeinander abgestimmt. Als periodische Veröffentlichung im moderneren Sinn gibt es Zeitungen dann etwa ab 1600.

Unser Beispiel repräsentiert eine Zwischenform aus Sachbericht und Sensationsmeldung. Autor der »Neuen Zeitung« ist ein adeliger Marineoffizier aus Venedig, der dem Dogen über das Erdbeben der Stadt Cattaro (Dalmatien) vom 6. Juni 1563 Meldung macht. Das in Augsburg erschienene Blatt (das offenbar noch weitere Bild- oder Textteile enthielt) bietet seine »erschrockenlichen zeichen« schon unter dem Titel. Das Bildchen zeigt, wie piktografisch reduziert und verkaufsstrategisch ›schlagend‹ derlei Illustrationen schon in ihrer Frühzeit ausfallen konnten. Das Trümmerchaos der Häuser, der als »grawsam« beschriebene Tod seiner Bewohner ist als Abbreviatur auf den ersten Blick gegenwärtig. Der Schock ist – wie sein Wort – schlagartig, blitzhaft, zeichenknapp: er ist ›umwerfend‹. Allein dass Häuser nicht stehen, sondern zerwürfelt herumliegen, musste für den die Festigkeiten suchenden Blick des 16. Jahrhunderts schockierend gewesen sein.

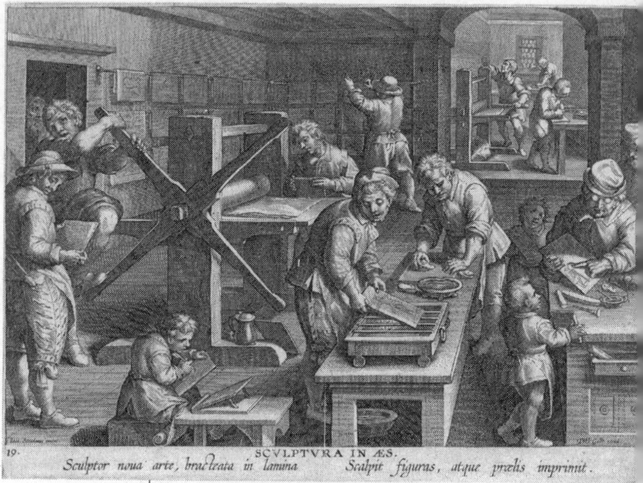

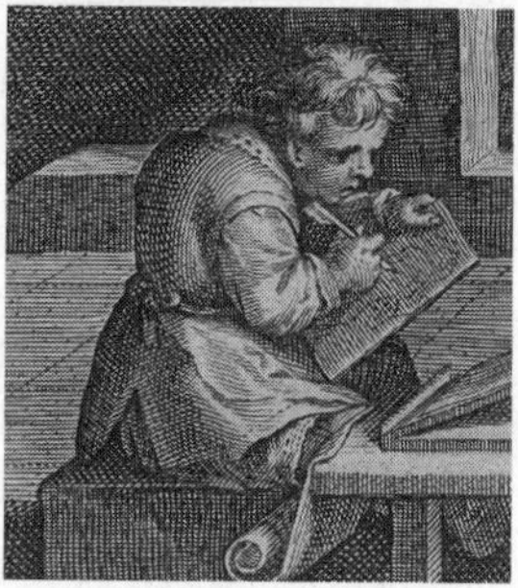

Philipp Galle: Kupferstecherwerkstatt
um 1575/80 · nach Johannes Stradanus, Kupferstich, 203 × 273 mm
(München, Staatliche Graphische Sammlung)

Philipp Galle:
Kupferstecherwerkstatt

Werbung in eigener Sache ist nach 1500 konstitutiv für jede grafische Produktion. Wo reproduziert wird, wird immer beides propagiert: Vorbild und Übersetzung. Und wo Grafiken »originale« Erfindungen sind, also sich auf keinen externen Übersetzungszweck beziehen, werben sie immer noch durch die ihnen anhaftende Tatsache der Multiplizität. Diese Selbstwerbung des Mediums kann noch weitergehen, sie kann sich mit der Selbstdarstellung desjenigen Berufs verbinden, der dieses Medium herstellt. Um 1580 hat in diesem Sinn der Haarlemer Stecher Philipp Galle (1537–1612), der bis 1563 als Lehrling und Geselle im Verlagshaus Cock modernste Produktionsmethoden kennen gelernt hatte, danach eine eigene Firma eröffnete, den Kupferstich selbst zum Bildthema gemacht (Renger/Syre, S. 42). Nach einem Entwurf von Johannes Stradanus (1523–1605) stach und verlegte Galle das Bild als didaktische Demonstration der »Sculptura in aes«. Alles in dieser Kette der Arbeitsteile ist wichtig: Rechts, vom Mann mit der Brille, wird gestochen, zwei Lehrbuben schauen ihm dabei zu. Links daneben wird die Platte auf einem Kohlefeuer für die bessere Adhäsion der Druckfarbe erhitzt, danach die Platte eingefärbt und ausgewischt. Durch die Presse gezogen, gelangen die feuchten Abdrücke nach prüfenden Blicken der Fachleute an die Trockenstangen. Auch ganz hinten und vorne wird ergänzend gearbeitet. Dabei zeigt sich, Arbeiten und Lernen gehen notwendig Hand in Hand. Der dritte Lehrling im Vordergrund (s. Detail) übt sich im Kopieren, wer »machen« lernt, muss erst »nachmachen«. In Beleuchtung und Figurenwendungen verrät das Bild insgesamt stilistische Einflüsse des Florentiner Manierismus. Flämisch aber ist die inzwischen schon ›überroutinierte‹ Schematik der Grabstichelmuster. Kreuz- und Rautenschraffuren kennzeichnen vor allem Raum und Geräte, schwellende Parallellagen eher die körperplastischen Partien der Figuren. So offenbart die Arbeit, woraus sie besteht: die Handlung und ihr Resultat.

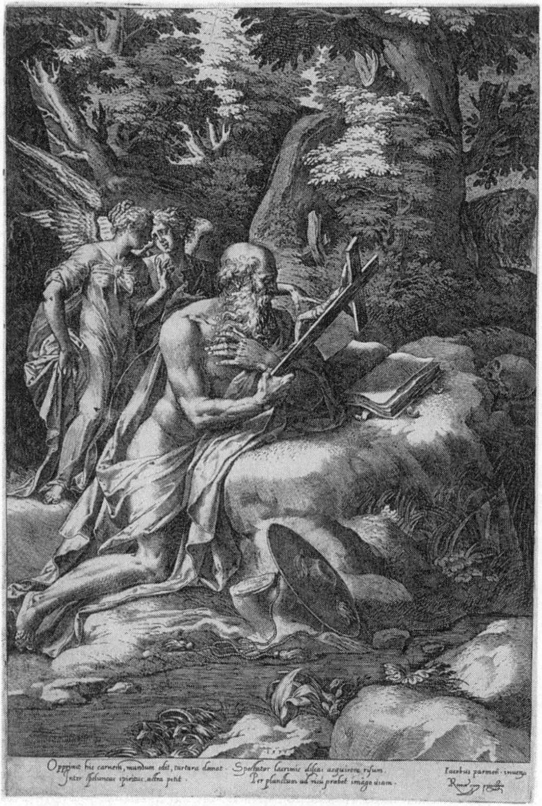

Cornelis Cort: Büßender Hieronymus
1577 · nach Jacopo Zanguidi (il Bertoia), Kupferstich, 382 × 252 mm · (München, Druckgraphische Sammlung des Kunsthistorischen Instituts)

Cornelis Cort: Büßender Hieronymus

Auch Cornelis Cort (um 1533–1578) hat im Antwerpener Verlagshaus von Hieronymus Cock (vgl. S. 54, 56, 58) gearbeitet, bevor er 1565 nach Venedig in die Tizian-Werkstatt, 1572 dann nach Rom ging. In allen drei Produktionszentren trat er als Virtuose der Zeichnungs- und Gemäldereproduktion hervor. Cort darf als erster Propagandist, wenn nicht gar Erfinder, der sogenannten »Schwelllinientechnik« gelten. Das ist jene Art der Grabstichelführung, welche innerhalb kontinuierlicher Hand- und Armbewegungen die Linienspur an- und abschwellen lässt und so im Einsatz krümmender und kreuzender »Taillen« die Illusion von Plastizität erzeugt. Nicht zuletzt dank dieser Schwelllinien gelang es Ende des 16. Jahrhunderts, die perfekte Synthese aus italienischen und niederländischen Stilformen zu finden.

Corts *Büßender Hieronymus* ist nach einer Vorlage von Bertoia (1544–1573) gestaltet (Stalla, 1999, S. 130). Unklar ist, ob die Zeichnung eigens für den Druck angefertigt wurde oder bereits selbständig vorlag. Das geregelte und doch atmende Linienbild zeigt den Kirchenvater als Eremit in der Waldeinsamkeit. Zwei Engel hinter ihm teilen wehklagend die Quintessenz des Geschehens mit: Gottesbegegnung zwischen Schmerz und Verzückung. Ausgesetzt in wilder Natur, die Bibel neben sich aufgeschlagen (Hieronymus hat das Alte Testament ins Lateinische übersetzt!), in Zwiesprache mit dem Kruzifix – so kasteit sich der fromme Asket inmitten von Gebet und Arbeit. Attribute seiner Ikonografie sind der Totenschädel am rechten Rand, der Löwe hinter dem Baum, der vorne hin achtlos abgelegte Kardinalshut. Ob Fels, Wasser, Gras, Tuch oder Holz – alle Dinge der Szene, alle Teile des Bildes liegen unter derselben großzügigen und einheitlichen Beleuchtung. Schier mühelos sind Gewichte und Massen verteilt, werden rhythmische Wechsel der Muster durchgehalten. Jedes Stichelement, jede Schwellform verkörpert dabei die muskuläre Organik von Anspannung und Lösung.

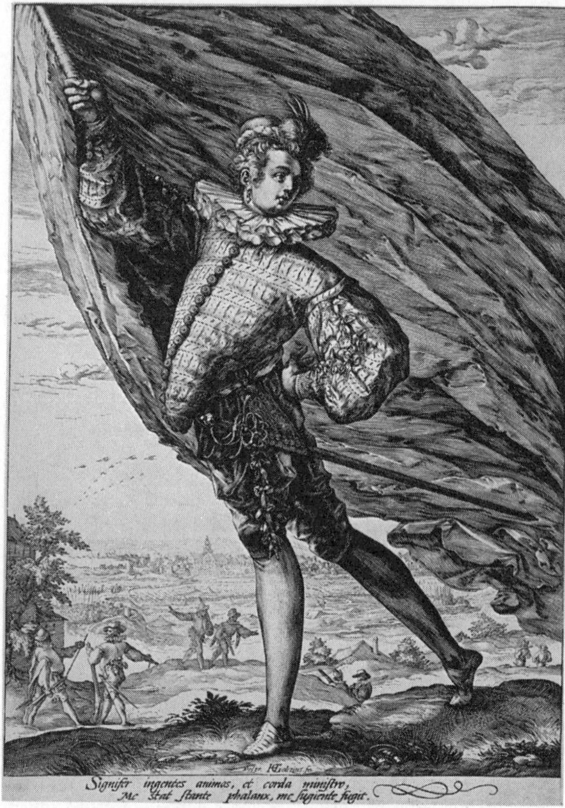

Hendrik Goltzius: Der Fahnenschwinger
1587 · Kupferstich, 298 × 198 mm

Hendrik Goltzius: Der Fahnenschwinger

Hendrik Goltzius (1558–1617) war einer der Großmeister der manieristischen Stilgruppe, er steigerte Corts Schwelllinientechnik zu demonstrativer Virtuosität. Nachdem er im Ornamentstich ausgebildet worden war, dann von Philipp Galle (vgl. S. 84) erste Aufträge zu Bildstichen erhalten hatte, eröffnete er 1582 in Haarlem eine eigene Grafikfirma. Schnell wurde er Impulsgeber modischer Trends: Miniaturbildnisse in Medaillenform (um 1580) machten als erstes von sich reden. Dann (1585) wandte er sich historischen und militärischen Themen zu, widmete sich nach dem Vorbild Bartholomäus Sprangers (1546–1611) dem sogenannten »Knollenstil«, bevor er in Italien (1590) zu heroisch-beruhigten Formen fand. Zurück in Haarlem, scheint er nach 1600 nur noch als Maler gearbeitet zu haben.

Der *Fahnenschwinger*, entstanden 1587, fällt in die Phase der Militärbilder. Nah an der Bildgrenze und in betonter Untersicht tritt der jugendliche Soldat wie ein Tänzer in übertriebener Pose auf. Man weiß nicht, ob hier eher die Leichtigkeit oder die Selbstgefälligkeit des Heldenmuts verkörpert werden soll. In machtvoller Schräge führt der Soldat den Fahnenbausch hinter sich hoch, während er den linken Arm, seltsam eingewinkelt und verdreht, in den Rücken abstützt. Kunstvoll sich windende Pose ist auch sonst die bestimmende Hauptsache, vom eleganten Habit bis zum aufrauschenden Fahnenstoff. Der Körper wird völlig von Schwung und Hülle dominiert, ja die Hülle selbst ist der eigentliche Akteur. Dazu passt, dass der ›Stoff‹ bravourös drapiert und inszeniert wurde. Prachtpartie ist die Fahne: Ihr Schrägstrom nervös verknickter Parallellagen sammelt einen ganzen Kosmos von Schwelllinien, eine wahre Geologie der Faltenbahnen in sich. Dieser himmelnde Akkord aus dem Kontrast erscheint noch gesteigert, blickt man an den glatten Waden des fraulichen Helden vorbei in offene, zartgraue Landschaft hinaus, wo kleine Figurenpaare ›Krieg‹ spielen und tanzen.

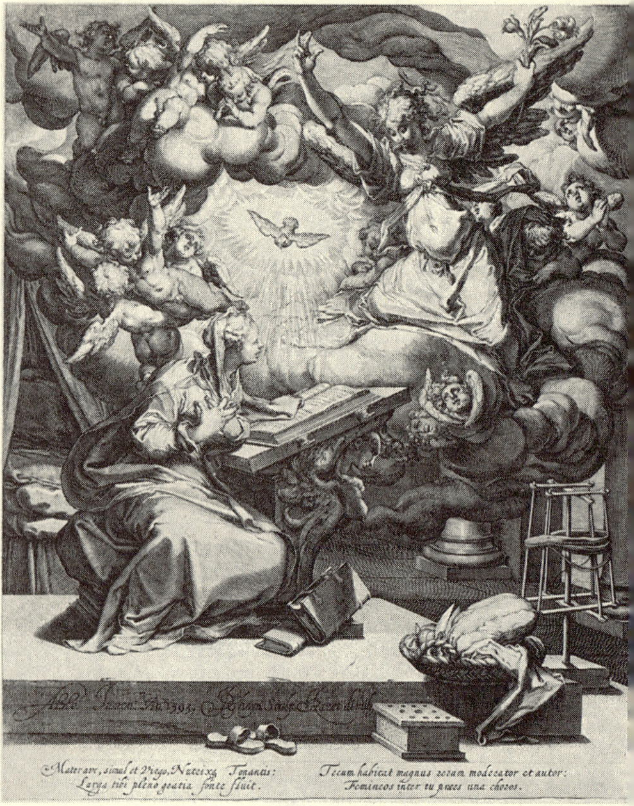

Jacques II. de Gheyn: Verkündigung
1593 · nach Abraham Bloemaert, Kupferstich (2. Zustand),
341 × 278 mm · (Coburg, Kupferstichkabinett)

Jacques II. de Gheyn: Verkündigung

Jacques II. de Gheyn (1565–1629), der nach Ausbildung bei seinem Vater zwischen 1585 und 1590 Mitarbeiter auch in Goltzius' Werkstatt war, veröffentlichte schon 1586 gelegentlich unter eigenem Namen. Wie sein großer Lehrmeister pflegte er den prunkvoll manieristischen Stecherstil, das heißt, er changierte zwischen Kunst- und Naturformen mittels eines preziösen Liniensystems aus Schwellungen, Kreuzungen und kurvozentrischen Parallellagen, einem Vokabular, das in seinem Text vor allem auf die Greifbarkeit und Ausleuchtung der Phänomene drängt. Künstlichkeit abstrakter Linienmuster und Natürlichkeit der Illusion bestimmen daher den zwiespältigen Charakter der Stilform de Gheyns bis hin zur Anmutung des Bizarren und Kruden.

Die *Verkündigung* (Maedebach, S. 52) wurde nach einer Vorlage von Abraham Bloemaert (1564–1651) geschaffen, der ebenfalls stark von Goltzius beeinflusst war. So potenzierten sich zwischen Vorlage und Übersetzung die Effekte zweier stilistisch verwandter Künstler.

Der Verkündigungsengel nähert sich in großer Gebärde Maria, die sich schier angstvoll über ihr Lesepult duckt. Ein erregter Kranz aus Wolken und Engeln um das Lichtzentrum des Heiligen Geistes verwirbelt die Szene, wobei nur wenige axiale Elemente (Sitzsockel, Diagonale aus Pultkante, Engelsarm und Marienrücken) für einen gewissen Halt im Taumel sorgen. Die grafische Syntax zeigt dieselbe Spannung bis in den Zellaufbau hinein. Knollig-prall gerundete Körperformen gleichen sich Wolkenmustern an, die ihrerseits an so etwas wie verstrudeltes Gedärm erinnern. Am Boden steht die Kälte und Starre der Rautengitter dagegen an. Wäre nicht das bange Profil Mariens, dazu die entzückende Choreografie der Engel, womit Charme belebt wird – der Betrachter bliebe einem Überdruck der Reize ausgesetzt, er wäre im Zwiespalt aus verschiedenen Empfindungen geradezu gelähmt. Das Blatt von 1593 beweist: Kupferstich ist unter allen grafischen Techniken die körpernaheste.

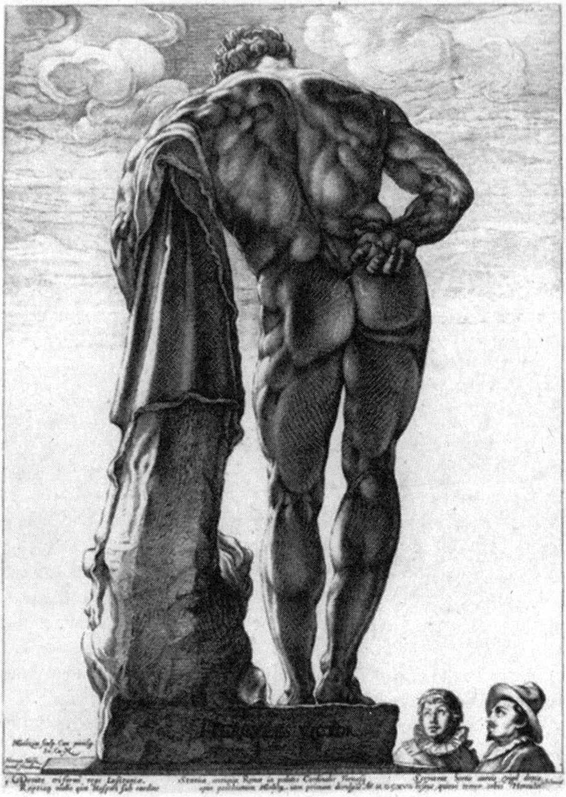

Hendrik Goltzius: Hercules Farnese
1597 · Kupferstich, 413 × 293 mm
(München, Staatliche Graphische Sammlung, Inv.-Nr. 30963 D)

Hendrik Goltzius: Hercules Farnese

In Rom konnte Goltzius die manieristische Erregung seiner Figurenbildung (vgl. S. 88) mit der Ruhe antiker Monumente verbinden, gewissermaßen ›abgleichen‹. Sein *Hercules Farnese* ist dafür ein wahrhaft überragender Beleg. Die römische Kopie des Lysippschen Originals (heute Museo Nationale, Neapel) war in den vierziger Jahren des 16. Jahrhunderts bei den Caracallathermen in Rom ausgegraben, dann im Hof der Villa Farnesina aufgestellt worden, wo die mächtige Statue von Goltzius besichtigt und vielfach gezeichnet wurde. Die Situation des Überwältigtseins wird dem Betrachter hier gleich in zweifacher Weise nahegebracht. Zum einen ist es die Riesenfigur des im Gegenlicht aufragenden Helden Herkules. Schwer und müde auf seine obeliskenhaft überdimensionierte, fellbehangene Keule gestützt – nur er kann sie schwingen – steht er da, ganz nah, gigantisch und menschlich zugleich (Korazija, S. 66). Hinter dem Rücken hält er, fast schamhaft, die listig entwendeten drei Äpfel aus dem Garten der Hesperiden in seiner Rechten verborgen. Keulenklotz, Löwenfell und Körper sind geometrisch ›marmoriert‹, gleichsam neu verstofflicht. Ihre grafisch übersetzte Materialität besteht aus schattenhaft dunklen, dabei aber immer noch lichthaltigen Schraffurnetzen. Haare, Haut, Muskulatur, Fell und Holz, alles zusammen in vorzustellendem Stein, bieten Gelegenheit für lückenlos vibrierende Linienspiele auf Papier.

Andrerseits stehen unten über der Fußzeile zwei kleine Betrachterfiguren, die – in Höhe unserer Augen – zum Helden hinaufschauen, andächtig, gedankenverloren. Sie nehmen unseren Blick mit. Unklar, ob der Held oder das Kunstwerk bewundert wird. Unentscheidbar auch, ob der Heros in seiner riesenhaften Größe oder doch auch wegen seiner Erschöpfung, also Menschennähe, angestaunt wird. Jedenfalls stehen wir personifiziert mit im Bild. Aber, und das ist Widerspruch und Steigerung zugleich, was unsere Stellvertreter im Bild an Statuarik »in natura« vor sich haben, das sehen wir »in figura graphice« als Muster auf Papier.

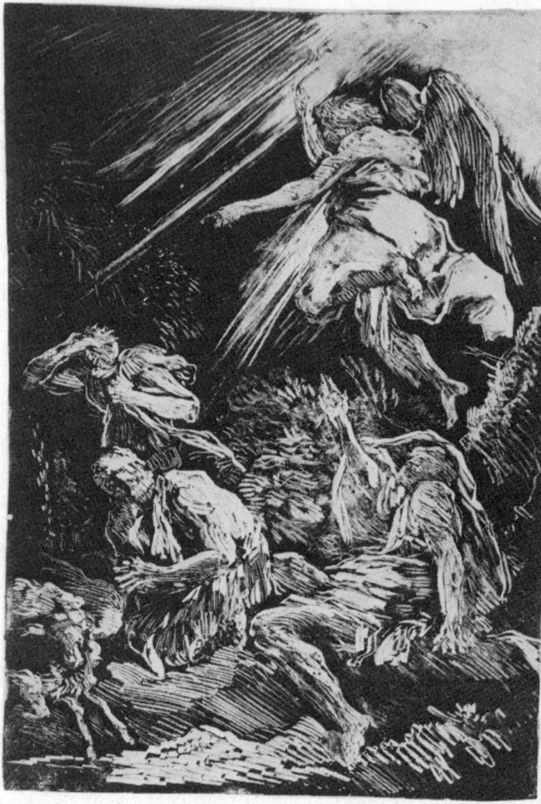

Giovanni Benedetto Castiglione: Verkündigung an die Hirten
um 1660 · Monotypie, 373 × 247 mm
(Wien, Albertina, Inv.-Nr. I. III 15, 20)

Giovanni Benedetto Castiglione: Verkündigung an die Hirten

Bei Betrachtung grafischer Blätter bedenken wir, mehr oder weniger deutlich, die Tatsache ihrer Multiplizität immer mit. Allerdings stoßen wir hierbei auch oft auf Grenzfälle, etwa, wenn die Grafik nur teilweise dem für sie so konstitutiven Vervielfältigungsprinzip gehorcht. Das ist der Fall in der Technik der Monotypie. Der Name besagt, dass nur jeweils ein Abdruck von einem immer wieder veränderten Plattenzustand genommen werden kann. Was auf Kosten des Prinzips geht, wird andererseits an malerischem Reichtum hinzugewonnen. Kein anderes Verfahren zehrt so vom Spiel mit dem Zufall wie die Monotypie. Druckfarbe wird relativ frei auf die Platte aufgetragen, ohne dass wie sonst ihre Massen und Konturen dem mechanischen Reglement von Linien- oder Flächenreliefs unterworfen wären. Nicht primär die grafische Struktur des Druckträgers, vielmehr der Pressdruck besorgt die Verteilung und Abformung der Farbe auf das Papier. Meist kommt dadurch ein gewollt unruhig-offenes, ja freichaotisches Strich- und Klecksbild zustande. Dieses kann für sich selbst stehen, aber auch als Ausdruckselement die regulierten Formen ergänzen.

Giovanni Benedetto Castiglione (1616–1670) gilt als Erfinder dieser Technik. Seine eigenwilligen, an Rembrandts Helldunkel orientierten Blätter repräsentieren eine kapriziöse Sonderform grafischer Experimente. Wie beim Schabstich (vgl. S. 120, 136) ist Basis des Bildes der dunkle Grund, also die gleichmäßig mit Druckfarbe eingewalzte Platte. Castiglione hat dann wohl mit Rohrfeder oder Holzspänen Teile der Farbschicht wegradiert. Die rasche und spontane Gestik erzeugte dabei ›originale‹ Formspuren, etwa so, als wäre mit weißer Tusche auf schwarzen Grund gezeichnet bzw. gemalt worden. Dank der expressiven Schnelligkeit des Vorgangs entsteht ein Charakter heftig bewegter Lichterscheinungen. Sie passen zum Engel und seiner alles überstrahlenden frohen Weihnachtsbotschaft, dass soeben der Heiland geboren sei.

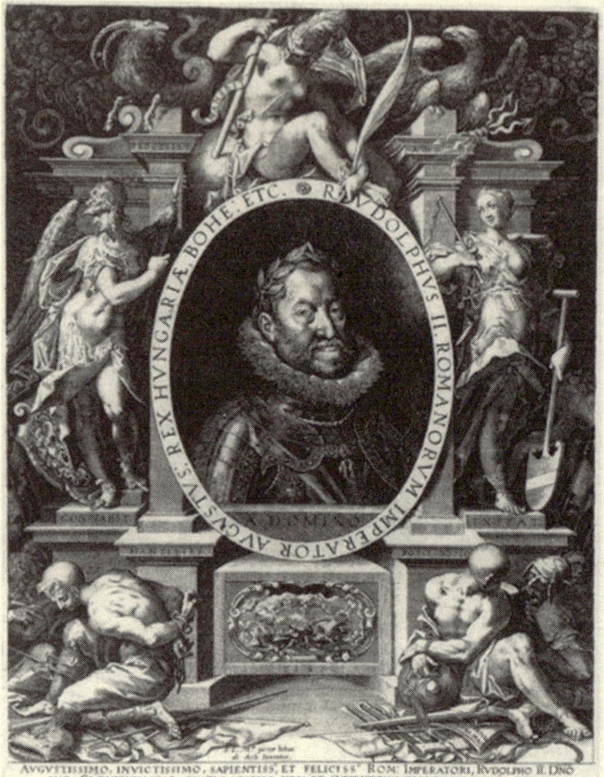

Aegidius Sadeler: Bildnis Kaiser Rudolfs II.
1603 · Kupferstich, 335 × 250 mm
(München, Staatliche Graphische Sammlung, Inv.-Nr. 102817 D)

Aegidius Sadeler: Bildnis Kaiser Rudolfs II.

Aegidius Sadeler (um 1568–1628) wurde 1597 vom deutschen Kaiser Rudolf II. (1552–1612) als Hofkupferstecher nach Prag berufen. Je unglücklicher Kaiser Rudolf, der zugleich König von Böhmen und Ungarn war, politisch agierte, desto stärker betonte er seine musischen Interessen als oberster Förderer der Wissenschaften und Künste. Und entsprechend hatte ihn Sadeler 1603 in einem repräsentativen Porträtstich darzustellen: als cäsarischen Ritterhelden mit Sieger- und Dichterlorbeer, umgeben von allegorischen Figuren (wie Minerva links, Fortuna rechts, die siegreiche Pax mit Erdball darüber), zweifach gerahmt (Medaillon und Triumpharchitektur) mit besiegten, gefesselten Feinden (Sieg über die Türken 1598) darunter. Die Inschriften im üppigen Rahmenwerk bauen zwischen politischer Historie und Symbolen antiker Mythologie einen allegorischen Apparat auf, der gleichsam den dynastischen, den offiziellen und ›zweiten Körper‹ des Kaisers ausbildet. Der ›erste‹, natürliche Körper steckt im Rahmenkern, trägt trotz aller Offizialität und Etikette eher persönliche Züge und wurde von Sadeler nach einer nicht mehr erhaltenen Gemäldevorlage des Hofkünstlerkollegen Hans von Aachen (1552–1615) geschaffen. Es zeigt sich dabei, dass die hohe technische Künstlichkeit des grafischen Lineaments einer Vereinheitlichung beider Körper besser dient als jedes Gemälde. Denn während in der Malerei das Medien- und Rahmenkonglomerat Konflikte mit der Illusion ergäbe, unterliegt hier, in der Stichversion, jedes Element seinem demonstrativ linearen, also auch artifiziell-abstrakten Formcharakter. Kupferstichreproduktion wird jetzt, zumindest in der dünnen Luft des rudolfinischen Spätmanierismus, zum angemessenen, ja mehr noch, zu einem kongenialen Medium der Herrschaftspropaganda. Dass sie nur ›papieren‹ ist, kommt ihrer Idealität, ihrer linear elementarisierten Geistigkeit zugute. Man sieht, Wahrheit kann gerade auf grafischen Umwegen zustande kommen.

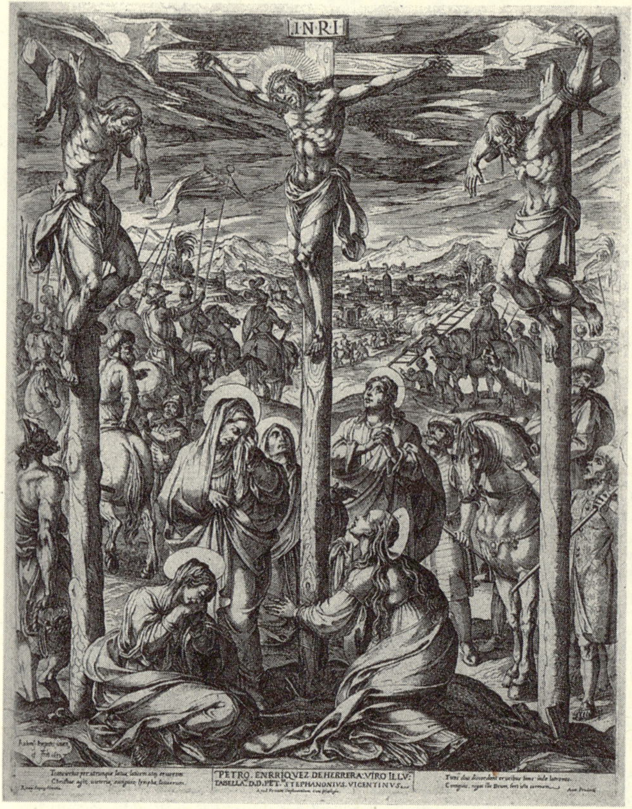

Antonio Tempesta: Christus am Kreuz
1612 · Kupferstich und Radierung (3. Zustand), 480 × 370 mm
(München, Druckgraphische Sammlung
des Kunsthistorischen Instituts)

Antonio Tempesta: Christus am Kreuz

Wenn zwischen 1550 und 1650 Antwerpen das Zentrum des europäischen Bilddrucks nördlich der Alpen ist, so heißt dieses Zentrum zur selben Zeit im Süden Rom. Hier ist es gegen Ende des Cinquecento vor allem Antonio Tempesta (1555–1630), der nahezu auf allen Instrumenten der Programmplanung, Produktion, des personellen Austauschs und internationalen Vertriebs, des Handels, der Privilegienpolitik und Werbung, nicht zuletzt auch des technischen Experiments sehr erfolgreich gespielt hat. Tempesta, ausgebildet in Florenz (Vasari-Umkreis) kam 1578 nach Rom, wo er fortan malte, zeichnete, stach, radierte. Er verarbeitete alle verfügbaren Vorbilder, Stile und Themen, kaufte und verkaufte – manchmal sogar eigene Druckplatten für andere Verleger. Tempesta, das war ein Multitalent und Faktotum, das mit seinen Blättern (originalen wie reproduktiven) in allen Maler- und Grafikwerkstätten quer durch Europa anzutreffen war. Kein Künstler von Anspruch, auch keiner der Größten (wie Rubens, Rembrandt, Poussin), der nicht aus dem Tempesta-Sortiment Anregungen in Inhalt und Form bezogen hätte. Spezialitäten hatte er freilich auch zu bieten, dazu gehören Schlachten- und Jagdradierungen, Stadt-Veduten, Heiligen-Viten.

Eine alle Standards der Zeit umfassende und bedienende Routine-Arbeit ist *Christus am Kreuz* von 1612. Sie verbindet Ätzradierung mit Grabsticheltechnik, und Tempesta verkaufte die einem Bankier namens Henriquez de Herrera gewidmete Platte an den römischen Verleger Pietro Stefanoni (Leuschner, 2005, S. 163) weiter. Zu sehen ist die kanonische Dreikreuzesszene mit Beweinungsgruppe und nach Jerusalem abziehenden Soldaten. Im Vordergrund streng vertikal geordnet, blickt man zwischen den Gekreuzigten ins Land hinaus, das von eingedunkeltem Himmel überhangen ist. Alles ist da, alles schriftgerecht und seriös: Sachlichkeit, Körperpathos, Atmosphäre, anekdotische Fülle des Themas. Ein Meisterwerk der gediegenen Bilderware.

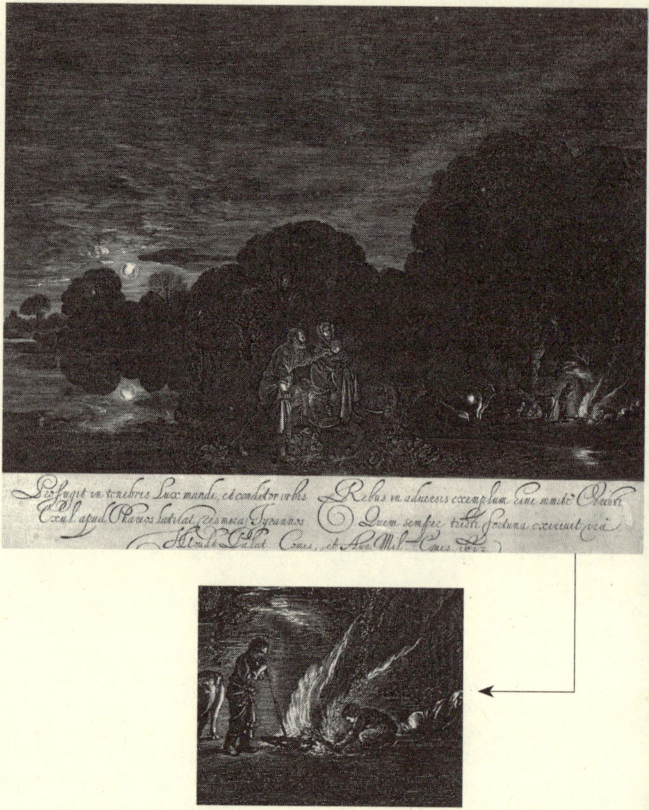

Hendrik Goudt: Flucht nach Ägypten
1613 · nach Adam Elsheimer, Kupferstich und Radierung,
339 × 398 mm (Blatt)
(München, Staatliche Graphische Sammlung)

Hendrik Goudt: Flucht nach Ägypten

Dass grafische Blätter nicht nur bodenständigen Niveauerwartungen genügen müssen, sondern oft auch risikofreudig nach den Sternen des verwöhnten Geschmacks greifen können, dafür ist Goudts *Flucht nach Ägypten* geradezu ein Musterbeispiel. Die berühmte Gemäldevorlage (München, Alte Pinakothek) des Deutschrömers Adam Elsheimer (1578–1610) zu reproduzieren, stellte für den Grafiker Hendrik Goudt (1580/85–1648), so viel ist offensichtlich, eine heikle Aufgabe dar. Elsheimers Nachtszene musste in ein grafisches Pendant übersetzt werden, ohne dass der märchenhafte, heimelige Charakter der Vorlage verfehlt wurde. Heikel war das insofern, als die wenigen Lichtstellen des Drucks (s. Detail) zwar mit Grabstichel, Nadel und Ätzbad zuverlässig hergestellt werden können, dafür aber beim Ein- und Auswischen der Platte erhebliche Schwierigkeiten aufwerfen: Bleibt zu viel Ton auf der Platte, können die filigranen Lichter an den Figuren und am Sternenhimmel (übrigens die erste wirklichkeitsnahe Wiedergabe der Milchstraße in der Kunstgeschichte!) nicht sichtbar werden; wird aber zu sehr auf die Präzision der Lichter hingewischt, weicht das satte Schwarz der Bäume, Wolken und Gewässer im Abdruck einem flauen, mageren Dunkelgrau. Noch in modernen Reproduktionen ist so etwas kaum zu bewältigen. Elsheimers so fantastisch stimmungsvoll ausgeleuchtete Nachtszene, die nicht ohne Grund Rubens und Rembrandt zu originellen Verarbeitungen angeregt hat (Renger/Syre, S. 55), fand in Goudts Reproduktion eine kongeniale Behandlung. Erstaunlich allerdings, dass Goudt den Bilderfinder Elsheimer, mit dem er in Rom immerhin zusammen wohnte, ihn auch mit Geld unterstützte, in der Schriftzeile des Drucks mit keinem Buchstaben erwähnt! Hatte er sich mit dem Inventor zerstritten? War der Maler seinem Stecher und Förderer Geld schuldig geblieben? Quellen deuten darauf hin. Jedenfalls erschien das bezaubernde Blatt erst 1613, drei Jahre nach Elsheimers frühem Tod. Da war Goudt bereits wieder in die Niederlande zurückgekehrt.

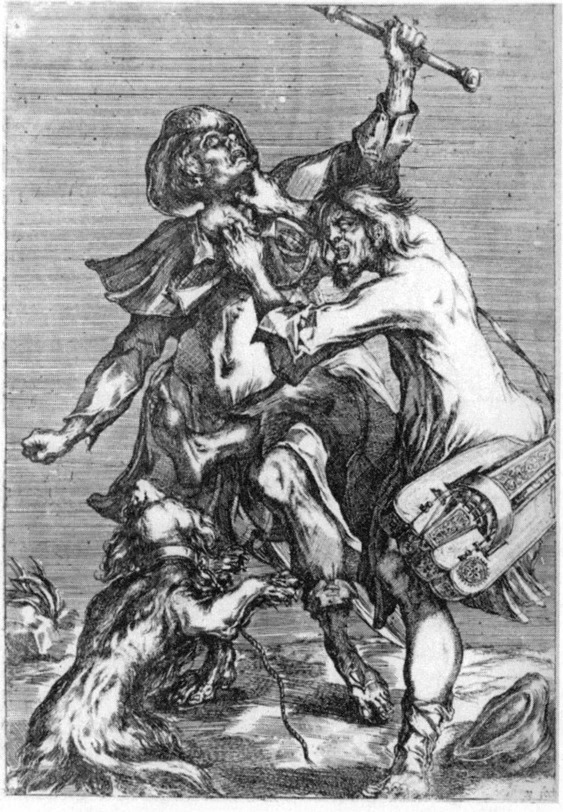

Jacques Bellange: Bettlerkampf
um 1614 · Radierung, 312 × 210 mm
(Paris, Bibliothèque nationale, Inv.-Nr. B. N. Estampes Da 30 rés)

Jacques Bellange: Bettlerkampf

Jacques Bellange (Ende 16. Jh. – 1624) war zu Lebzeiten ein hochgeschätzter Maler und Grafiker, dessen Kunst heute, da der Künstler etwas in Vergessenheit geraten ist, das Etikett »spätmanieristisch« trägt. Die handschriftliche Datierung auf einem Abzug des *Bettlerkampfes*, der sich in einer Sammlung in Nancy befindet, erlaubt die Datierung auf 1614. Die Radierung selbst ist ein Meisterwerk auf höchster und gleichzeitig niedrigster Stillage, denn sie vereint in fast schockierender Weise verschiedenste Ausdrucksformen. Auf Callot (vgl. S. 106) sollte besonders Bellanges flackernde Lichtführung höchst anregend weiterwirken. Parmigianino (vgl. S. 66), Bruegel, Goltzius (vgl. S. 88) und Caravaggio sind ihrerseits die wichtigsten Vorbilder des in jungen Jahren verstorbenen Lothringer Hofkünstlers.

Aber worin liegt die stilistische Differenz? Hart nach vorn an die Bildgrenze geschoben, findet das wüste Raufen zweier Bettler statt. Der rechte, dessen Drehleier wohl seine gesamte Habe darstellt, springt mit angewinkeltem rechtem Bein seinen Kontrahenten an, fährt ihm mit wutverzerrter Fratze an die Kehle. Der versucht, dem würgenden Zugriff nach hinten auszuweichen und gleichzeitig mit seinem Stab auf den Gegner einzuschlagen. In Rückenansicht sieht man dazu den hochspringenden Hund, der das Kampfgetümmel zu einer turmartig aufgipfelnden Komposition ergänzt. So wird der Tumult rhythmisch gegliedert, die vulgäre Wildheit des Geschehens in einen kunstvollen Figurenbau übergeführt. Ähnlich zwiespältig, genau deshalb aber fasziniert, dürfte die Reaktion des Bildbetrachters aus höfischer Perspektive ausgefallen sein. Denn die ›niedere‹, asoziale Lebenswirklichkeit der gesellschaftlichen Außenseiter bliebe für den Blick von 1614 ein kunstunwürdiges Thema, wäre da nicht der inszenierende, komponierende ›Witz‹, mit dem das animalische Chaos geistvoll gestaltet ist. Selbst im Widerwärtigen – so der denkende Blick der Zeit – finden Künstler Schönheit! Aus dieser Perspektive sind dann sogar Züge eines Heroenkampfes zu erkennen.

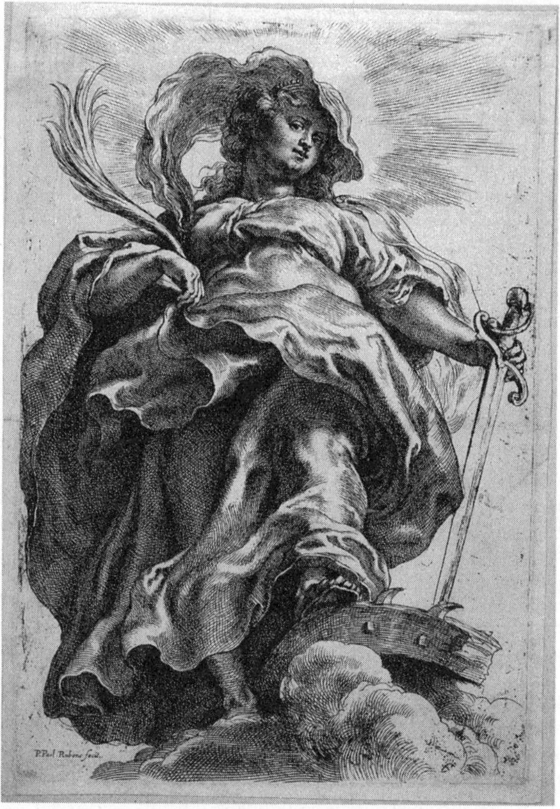

Peter Paul Rubens: Hl. Katharina
um 1620 · Radierung und Kupferstich (3. Zustand), 295 × 201 mm
(München, Graphiksammlung des Kunsthistorischen Instituts)

Peter Paul Rubens: Hl. Katharina

Peter Paul Rubens (1577–1640), leuchtender Großstern am Himmel der Kunstgeschichte, stand nach 1610 in Antwerpen einer der vornehmsten Grafik-Manufakturen des 17. Jahrhunderts vor. Eine Riege hochqualifizierter Stecher reproduzierte die zum Teil eigens für ihre Vervielfältigung angefertigten Entwürfe des weltberühmten Atelierherrn. In ganz wenigen Fällen hat Rubens aus Experimentiergründen selbst zur Radiernadel gegriffen. Wir erfahren von seinem Interesse an der Radiertechnik aus einem Brief an den Freund Peter van Veen vom 19. Juni 1622 (Zoff, S. 107).

Obwohl zuletzt verstärkt Zweifel laut wurden (Büttner, S. 77), gilt bisher immer noch Rubens' Darstellung der *Hl. Katharina* als weitgehend eigenhändige Arbeit. Sie zeigt ein figürliches Detail aus der heute nicht mehr erhaltenen Deckenmalerei der Antwerpener Jesuitenkirche. Die aus dem gravitätischen »Sotto in su« aufgenommene machtvolle Erscheinung der Märtyrerin mit Schwert, zerborstenem Wagenrad und Palmwedel ist durch Hinzufügung von Wolken für das Einzelbild kompositorisch arrondiert worden. Das Bild wurde gleichsam als werbender ›Sonderdruck‹ der Firma Rubens herausgegeben, wenn auch – in Auflage – wohl erst nach Rubens' Tod.

Katharinas Gewand ist ausschwingend gebauscht, an den Lichtkanten des welligen Saums plastisch konturiert. Raumgreifend, fest und doch locker steht sie oben auf den Wolken und blickt herab – eine üppige Siegergestalt barock-gegenreformatorischer Kunstpolitik. Eindrucksvoll aber auch, wie das flächenmäßig dominierende Netz radierter Kreuzschraffuren – sonst eher ein Sorgenkind des Bilddrucks – hier ohne Schematik, vielmehr organisch bewegt, in die glänzig-schwellenden Gitter und Verstärkungsschwünge einiger Grabsticheleinsätze (z.B. an den Wolken oder in den Gewandtälern) übergeführt sind. Der zeichnungshafte Druck bewahrt diese generöse, ganz und gar farbig empfundene Figurensinnlichkeit im Schwarzweiß seiner Abzüge.

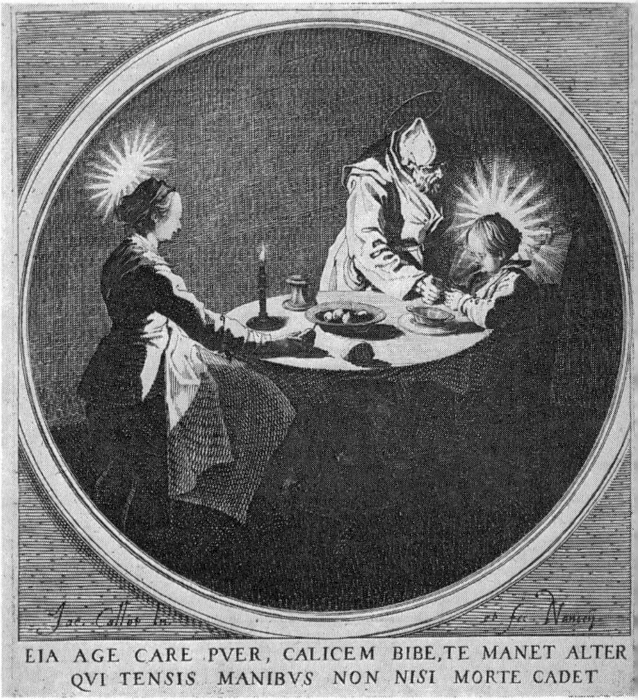

Jacques Callot: Das Nachtmahl
um 1628 · Radierung und Grabstichel (3. Zustand), 173 × 167 mm
(Coburg, Kupferstichkabinett)

Jacques Callot: Das Nachtmahl

Die Epoche zwischen etwa 1600 und 1670 gilt als das »Goldene Zeitalter« der europäischen Bildnerei. Großmeisternamen verschiedener Ausprägung (Caravaggio, Rubens, Rembrandt, Poussin, Velazquez) drängen sich in diesen Jahren, wie zuvor nur an der Zeitenwende von 1500. Auch ein bizarr-kreativer Zeichner und Radierer wie Jacques Callot (1592–1635) gehört zur Genie-Riege dieser Epoche, zumindest was grafischen Erfindungsreichtum und die Radikalität der Mediensprache betrifft. Sein Raffinement der linearen Texturen, die stets abgestimmt waren auf neuartige Themen, hat noch bis auf Goya weitergewirkt.

Wenn Callot ein traditionelles Genre wie die »Heilige Familie« (Daniel, S. 216) buchstäblich neu beleuchtet, dann verändert er mit dem Satzbau der Schraffurelemente auch gleichsam Wort und Sinn. Maria, Josef, der Jesusknabe sitzen beim Nachtmahl, nur eine Kerze im dunklen Raum und die beinahe zu empirischen Lichtquellen gewordenen Heiligenscheine leuchten das Geschehen gezielt aus. Liebevoll hilft Josef dem Kind beim Trinken aus einem Glasbecher. Die Bildunterschrift verweist auf den zweiten, den eucharistischen Sinn dieses zunächst häuslich-trivialen Vorganges: »Komm, liebes Kind, trink aus dem Glas, ein anderer Kelch wartet auf dich, den nur der Tod dir aus der Hand nehmen wird.« Schmerzlich erscheint unter diesem Licht des Wissens alles vernetzt und vergittert. Callot hat um 1617 einen neuen, härteren Ätzgrund entdeckt, worin mit verfeinerten Radierinstrumenten flexibler gearbeitet werden konnte. Die »Echoppe« (ein schräg angeschliffener Stahlstift, der beim Zeichnen gedreht wird und so den Schwelllinieneffekt der Feder imitieren kann) ist solch eine Neuerung. Grabstichelschärfen mischen sich nun unmittelbar mit Ätzeffekten. Zudem hat Callot die Zeilen- und Rautenmuster mit punzierten Punktelementen bereichert. So durchdringen sich wie verschiedene Luftschichten Nacht und Licht, kalte Muster und zärtlich-warme Gesten.

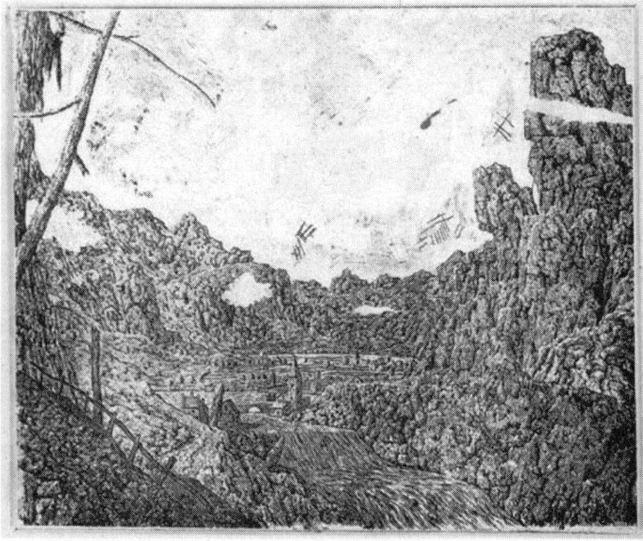

Hercules Seghers: Landschaft mit Wasserfall
um 1630 · Radierung, 155 × 192 mm
(Amsterdam, Rijksprintenkabinet, Inv.-Nr. OB 828)

Hercules Seghers: Landschaft mit Wasserfall

Meisterlichkeit und Kuriosität schließen sich gerade in der Welt der Grafik nicht aus. Der Holländer Hercules Seghers (um 1590 – 1634/38), der zu den wagemutigsten Experimentierern der Barockkunst zählt, ist denn auch beides in einem: Grenzgänger technisch-visueller Standards (Morath, S. 67) und zentraler Visionär allegorischer Landschaftskunst. Keine einzige der rund 50 ihm zuschreibbaren Radierungen ist datiert, und fast jede führt an die Ränder und Abgründe dessen heran, was Jahrhunderte später einmal als »moderner Selbstorganisationsprozess« des Bildes (etwa bei Turner, Cézanne, Max Ernst, letzterer auch stilistisch nahe!) gelten wird. Seghers' Formen erscheinen dem modernen Betrachter wie Urlandschaften der frühen Erdgeschichte oder Steinwüsten auf fernen Planeten: fragmentierte Aspekte ohne Anfang und Ende, eigentlich auch ohne menschlichen Handlungs- und Seelenbezug. Die *Landschaft mit Wasserfall* zeigt zwar Häuser, Brücken, Zäune, ist dennoch kaum ins Bekannte einzubetten. Der für holländische Kunst so wichtige Wolkenhimmel erscheint wie ausgesägt, Störspuren, Ätzdurchschläge ergeben stattdessen einen Zustand der Makulatur, von dem wir nicht wissen, wie absichtsvoll er ist, wie demonstrativ als wachsende oder vergehende Form von Welt er ins Bewusstsein treten soll. Landschaft als Vanitas des irdischen Lebens? Die Welt als unendliche Ruine? Gestaltrest ehemals komponierter Schöpfung oder »natura naturans« erst noch entstehender Form? Seghers hat fortlaufend verschiedene Phasen eines Bildesprozesses erprobt, indem er mit verschiedenen Farben, ungleichen Ein- und Auswischtechniken die Druckplatten bald zu Unikat-Abdrücken, bald zu variierten Zustandsdrucken genutzt hat. Kein Wunder, dass Rembrandt von diesem Zeitgenossen begeistert war. Er fand bei ihm die kühne Realisation von Ausdrucksformen, die so technisch und spielerisch forciert im offiziellen Aufgabenfeld der Kunst sonst nicht möglich gewesen wären.

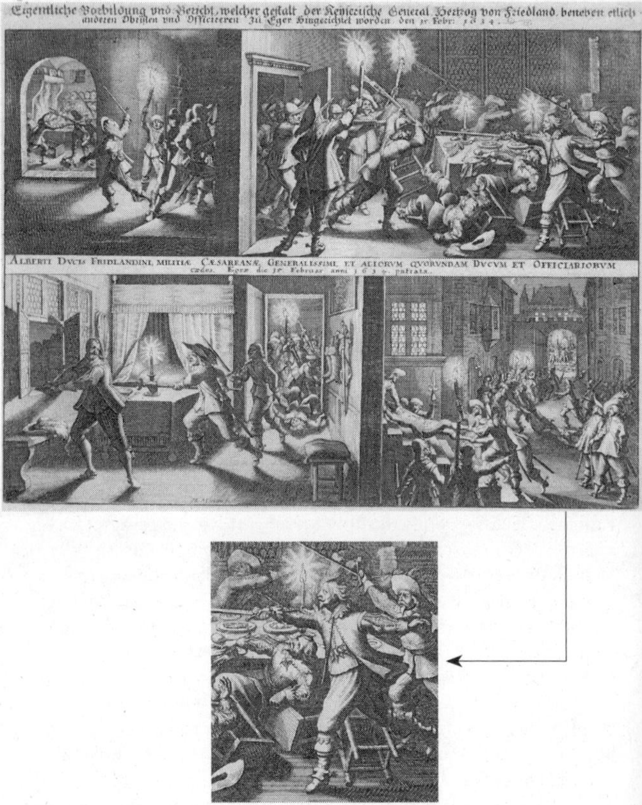

Matthäus Merian d.Ä.: Die Ermordung Wallensteins
1634 · Radierung, 267 × 339 mm
(Herzog August Bibliothek Wolfenbüttel)

Matthäus Merian d.Ä.: Die Ermordung Wallensteins

Matthäus Merian d.Ä. (1593–1650) ist auf eigene Weise ein Großer der europäischen Bildgeschichte. Aus Basel stammend, in Frankfurt am Main (1626) einen der wichtigsten Buch- und Bildverlage des 17. Jahrhunderts begründend, gilt uns heute der Zeichner, Stecher, Radierer, Händler, Sammler und Autor zugleich als Ahnherr eines bis ins 18. Jahrhundert florierenden Familienunternehmens. Berühmt noch heute ist der Name unter anderem wegen einer von Merian selbst illustrierten Bibelausgabe (*Merian-Bibel*, 1626), eines groß angelegten Geschichtswerks (*Theatrum Europaeum*, 1. Band 1629), vor allem aber wegen der vielbändigen Vedutensammlung *Topographia Germaniae* (1. Band 1642). Außerdem ist er Illustrator und Drucker einer Fülle wissenschaftlicher Veröffentlichungen in allen Fächern, so dass man Merian mit einigem Recht das ›Bildarchiv des 17. Jahrhunderts‹ nennen konnte.

Als Einzelblatt (vgl. Neue Zeitung, S. 82) gab Merian 1634 eine von ihm selbst gefertigte Radierung heraus, die ein aktuelles historisches Thema zum Inhalt hatte. Am 25. Februar 1634 war in Eger der kaiserliche Feldherr Wallenstein ermordet worden (Stoschek, S. 100). Merian schildert den Vorgang in vier zusammenhängenden Bildszenen, die – ähnlich Bühnenkulissen – durch die Zimmerwände des Tatorts voneinander abgetrennt und doch zusammengehalten sind. Zu sehen ist (obere Zone) die Ermordung der Bediensteten in der Küche, der Kampf zwischen den eindringenden Attentätern und den getreuen Anhängern (s. Detail), die Ermordung Wallensteins (unten) und der Abtransport der Leichen. Dramatische Fackelbeleuchtung, Szenenwechseln zwischen Innen- und Außenraum, Bild-Textbezüge illustrieren ein Geschehen am Ende des 30jährigen Kriegs, dessen Bildchronist Merian damit wurde. Schaurig ausschmückende Erzählung und veristisch-historischer Bericht verbinden sich. Radierung als Illustrationsgrafik nähert sich der politischen Bildreportage an, die zudem auf Unterhaltungsqualität achtet.

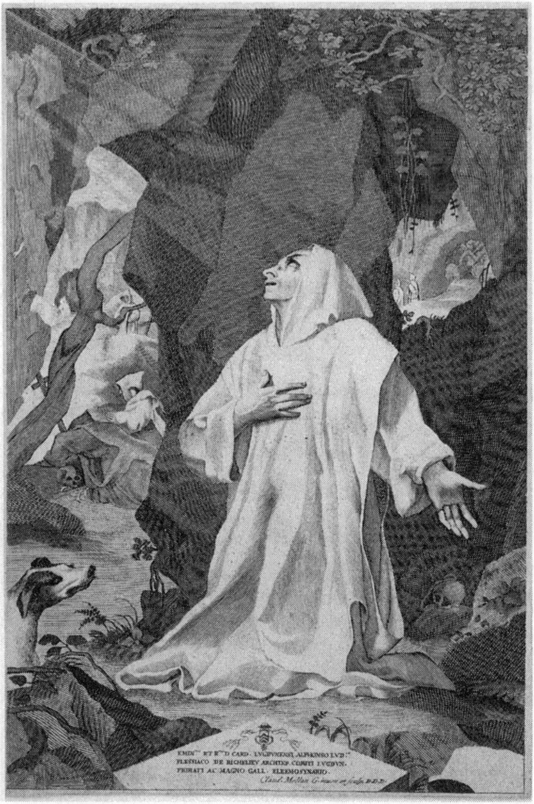

Claude Mellan: Hl. Bruno
um 1638 · Kupferstich, 454 × 298 mm
(München, Druckgraphische Sammlung
des Kunsthistorischen Instituts)

Claude Mellan: Hl. Bruno

Ab 1655 konnten Grafiker als vollberechtigte Mitglieder in die Académie royale de peinture et de sculpture aufgenommen werden, unter der Voraussetzung freilich, dass ihr technisches Lineament dem »Disegno« der Maler und Bildhauer in Geist und Kreativität entsprach. ›Geistigkeit‹ aber war für den Stecher und Radierer des 17. Jahrhunderts nur zu beweisen, wenn er in seinen Gravuren virtuose Systemintelligenz, syntaktisches Geschick mit hochrangiger Sujetwahl verband. Claude Mellan (1598–1688) konnte das. Mit seinem Spiralstich *Schweißtuch Christi* (1649) legte er ein sowohl systemisches wie akademisches Bravourstück vor (Rebel, 2009, S. 79), ein Non plus ultra der Schwelllinienkunst. Mellan erhielt 1642, wenige Jahre nach seiner Rückkehr aus Rom, im Louvre vom französischen König lebenslanges Wohn- und Atelierrecht. Seinen um 1638, also noch etwas vorher entstandenen Stich *Hl. Bruno* (Stalla, 1999, S. 136) widmete er dem mächtigen Kardinal Richelieu (1585–1642), der Brunos Orden der Kartäuser nahestand. Zu diesem Zeitpunkt war Mellan noch sehr von der Gunst der mächtigen Gönner abhängig, folglich musste er sein Linien-Genie durch möglichst großen Abstand vom bloßen Handwerk deutlich machen, musste einen neuen, französischen »Disegno« demonstrieren. Und die Kartäuser, vertreten durch ihren Ordensgründer Bruno, mussten im Bild ihrerseits Höhe der Geistigkeit illustrieren.

Mellan entwirft ein Szenario der Glaubensintensität, das gänzlich aus ›spiritueller‹ Linienbeherrschung besteht. Er lässt den Heiligen in felsiger Einsamkeit knien, zeigt ihn im Moment göttlicher Erleuchtung, glühend bleich. Hinter ihm eine Schlucht, worin andere Brüder meditieren. Felsschollen haben selber etwas Kuttenhaftes an sich, durchlichtet erscheinen noch ihre tiefsten Schattenstellen: ein schwebend gefügtes Kaleidoskop der beherrscht variierten Schraffurfelder. Nur ein Hundekopf unten links bietet handgreiflicheres Erdendasein. Zum Systemgeist gehört immer auch Witz.

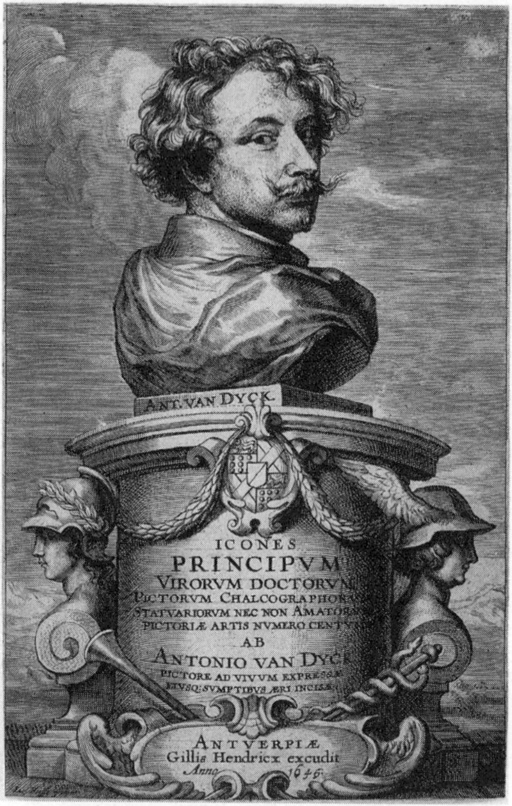

Anthonis van Dyck und Jacob Neefs:
Selbstbildnis als Titelblatt der »Iconographie«
1646 · Radierung und Kupferstich, 241 × 152 mm · (München, Druckgraphische Sammlung des Kunsthistorischen Instituts)

Anthonis van Dyck und Jacob Neefs: Selbstbildnis als Titelblatt der »Iconographie«

Erst Anthonis van Dyck (1599–1641) hat im vollen Umfang den Personentyp des »Virtuoso«, des geistreich-stilvollen und vielseitig-hochbefähigten Mannes von Welt, somit als folgenträchtigen Porträthabitus durchgesetzt. Es ist ihm in zahllosen Bildnissen, auch Selbstbildnissen, darin seinem Vorbild und Lehrer Rubens nacheifernd, gelungen, diesen Typus mit Leben zu erfüllen. Nicht zuletzt hob er mit seiner *Iconographie* die Porträtgrafik auf neues Niveau. In erster Auflage erschien zwischen 1632 und 1641 eine Folge von 80 radierten und gestochenen Porträtblättern, deren international beachtete Ausgabe van Dyck inhaltlich wie künstlerisch bestimmte; so stammen mindestens 11 Radierungen von ihm selbst. Die 80 »Virtuosi« der Sammlung kommen darin mit würdevollen Gebärden zur Darstellung. Dass sich neben Fürsten, Diplomaten und Gelehrten auch 52 Bildnisse von Künstlern (darunter Grafiker) und Kunstliebhabern einreihen, beweist die endgültige Hochschätzung künstlerischer Kompetenz, selbstverständlich immer unter der Lupe aristokratisch gefärbter Weltsicht. Erst postum, in der erweiterten, 1646 erschienenen Zweitauflage, fügte der Verleger Gillis Hendricx als Titelbild ein von Jacob Neefs (1610 – nach 1660) reproduziertes Selbstbildnis van Dycks hinzu (Stalla, 1999, S. 270). Vielleicht hat dabei auch ein weiteres Porträt aus der Hand von Rubens zur ergänzenden Vorlage gedient.

Auf einem Säulensockel (Symbol für moralische Unerschütterlichkeit) als gewanddrapiertes Bruststück aufragend, wendet der noch jugendliche Künstler sich über die Schulter seinem gebildeten Publikum zu. Gelassener Blick, Inschrift und Ornament betonen und erläutern seine Zugehörigkeit zu den geistigen Helden der Zeit. Gewandtheit und Festigkeit machen – so die Botschaft – den Weltmann aus. Zur Einzigartigkeit gehört aber auch, dass diese vervielfältigt wird (Wyss, S. 28). Porträtgrafik gibt sich insofern als dialektisches Medium von Individualität zu erkennen.

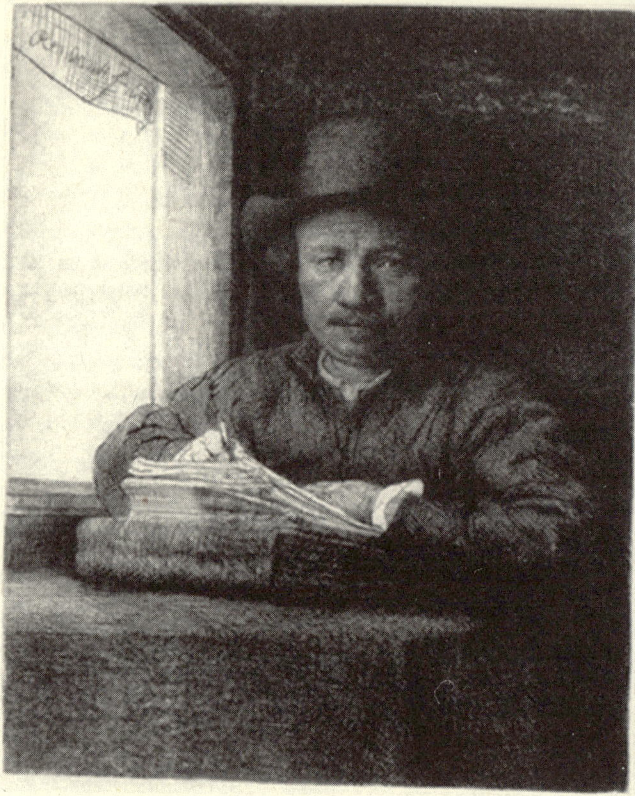

Rembrandt Harmensz van Rijn: Selbstbildnis, zeichnend am Fenster
1648 · Radierung und Kaltnadel (2. Zustand), 160 × 130 mm
(Berlin, Kupferstichkabinett)

Rembrandt Harmensz van Rijn: Selbstbildnis, zeichnend am Fenster

Rembrandt Harmensz van Rijn (1606–1669) hat die Radierkunst nach technischem Umfang und künstlerischer Tiefe ausgeschöpft wie kein anderer Künstler vor ihm. Auch die extremen Projekte des Zeitgenossen Hercules Seghers (vgl. S. 108) können da wegen ihrer engen Themenstellung und geringeren seelischen Dimension nicht mithalten. Rembrandts zwischen 1628 und 1661 entstandenen rund 300 Ätz- und Kaltnadelradierungen umfassen alle großen Themenbereiche der Zeit. Allerdings ist es schwer, ihre Anzahl genau zu beziffern. Biblische Historie, Porträt, Genre, Landschaft sind oft in mehreren Versionen (États) variiert und stehen im Œuvre qualitativ ebenbürtig neben seinen großen Malerei- und Zeichnungswerken. Wie Dürer der erste Gigant unter den »Maler-Stechern« ist, so verkörpert Rembrandt den entsprechenden Superlativ unter den »Maler-Radierern«. Während aber Dürer erstaunlicherweise keinen einzigen Selbstbildnisstich schuf, gibt es von Rembrandt viele grafische Selbstporträts, und alle sind sie, wie auch in den anderen Bildmedien, bestrebt, die eigene Person im Spiegel sich wandelnder Seelenlagen, Rollenbindungen und künstlerischer Blickproben stets neu zu entwerfen. Dabei dient die Radierung nicht nur als Teststadium für die Malerei, auch nicht bloß als Medium der Vervielfältigung, vielmehr wird sie als eigenständiges Ausdrucksmittel begriffen.

Das Blatt von 1648 (Welzel, S. 236) zeigt den Künstler zeichnend am Fenster. Er sitzt halbfigurig im dämmerigen Raumlicht, ist bescheiden gekleidet, blickt versonnen, doch auch wach-konzentriert auf den Betrachter. Inmitten der fein verstrichelnden Nadelgesten gewinnen Haltung und Blick vibrierende Präsenz. Kaltnadelstränge durchlaufen das zarte Gewebe des Bildorganismus wie Geäder, stützen und richten seine Valeurs rhythmisch aus. Alle Strichgesten, alle Massierungsakzente werden so Teil eines Dialogs mit dem Betrachter, halten den Blicktausch in beobachtender, atmender Bewegung.

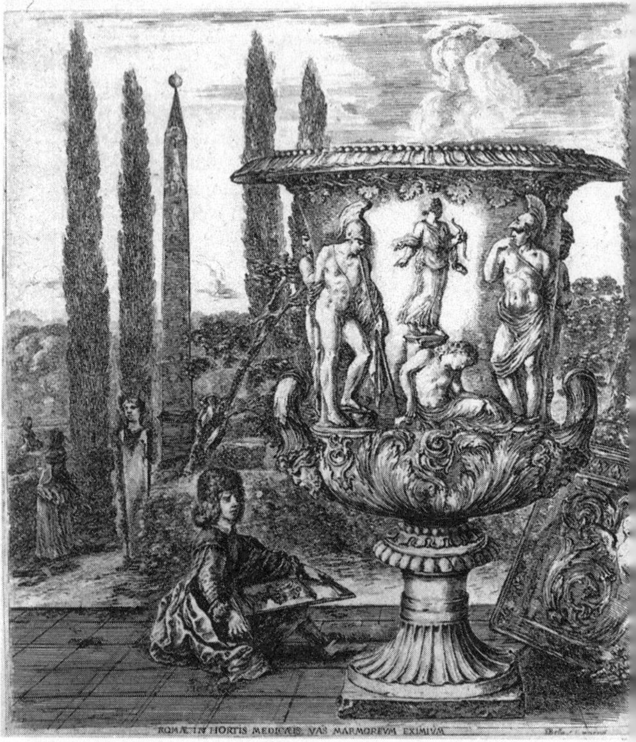

Stefano della Bella: Vase der Medici
1656 · Radierung (1. Zustand von 1650), 303 × 274 mm
(Hamburg, Kunsthalle)

STEFANO DELLA BELLA: Vase der Medici

Wie oftmals in den originalen Künsten praktiziert, erproben auch grafische Bilder immer die Möglichkeit von thematischen Überlagerungen. Die im Erstdruck von 1650 nur in einem Wiener Unikat (Albertina) aufbewahrte Radierung des Florentiners Stefano della Bella (1610–1664) zeigt solch ein reizvolles Beispiel. Es handelt sich hier um ein wahres Sujet-Konglomerat: ein *narrativ* eingekleidetes, mit *Landschafts*fond hinterfangenes *Stillleben* zweier im Vordergrund platzierter Kunstgegenstände, zugleich damit das *Porträt* eines zeichnenden Knaben. Die abgebildete antike, neu-attische *Medici-Vase* (Schaar, 1991, S. 86) neben der ornamentierten Reliefplatte zierte einst die Hausterrasse der Villa Medici auf dem Pincio-Hügel in Rom. Dass ehrwürdige Antike und aktuelle Herrschaftsrepräsentation der dort residierenden Florentiner Großherzogsfamilie vereinbar, ja für den Geist des Hauses sogar gewünscht seien, verkündet Bellas Radierung auf zweierlei Weise. Erstens steht die antik-klassizistische Prachtvase im Fokus. Ihr gehört zunächst die Aufmerksamkeit der gelehrten Antiquarii (vgl. S. 52, 92), also jener Liebhaber griechisch-römischer Kunst, die die Antikenstadt besuchten. Solche Antiquarii, die sich rastlos für Fundstücke interessierten, waren wohl auch die Hauptadressaten der Radierung. Sie konnten im Bild den reichen floralen Dekor wie das figürliche Relief der Stücke studieren. Zweitens ist die hier reproduzierte Vase Studienobjekt für den zeichnenden Knaben im Bild. Der sitzt fein gekleidet da, sinnend vertieft, ein artiger, kleiner Kenner. Wir wissen, dass es der achtjährige Erbprinz Cosimo de Medici ist, der später (1670) als Cosimo III. die Großherzogswürde übernehmen sollte.

Stefano della Bella war zum Zeitpunkt der Bildaufnahme der Zeichenlehrer des Prinzen. Er hat ihn hier also nicht nur als strebsames Kind porträtiert, sondern als bildungsbeflissenen, staatstragenden ›Nachwuchs‹ der mediceischen Kunstliebe.

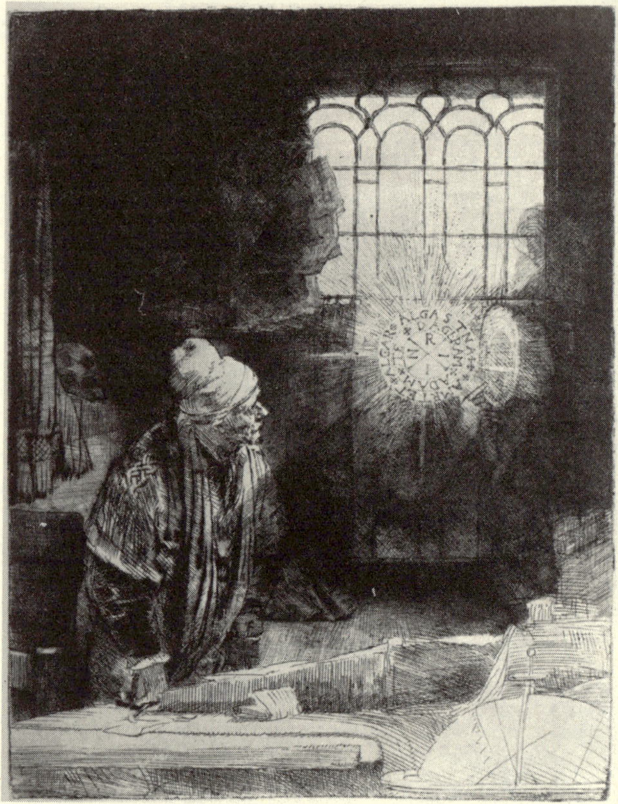

Rembrandt Harmensz van Rijn: Der Magier (»Faust«)
um 1652 · Radierung und Kaltnadel (2. Zustand), 210 × 160 mm
(Berlin, Kupferstichkabinett)

Rembrandt Harmensz van Rijn: Der Magier (»Faust«)

Seit dem 18. Jahrhundert trägt eine der berühmtesten und nach wie vor geheimnisvollsten Radierungen Rembrandts den Namen »Faust« (Welzel, S. 258). Man kennt diesen Namen aus den Volksbüchern und aus Goethes Drama, verbindet ihn mit einem zwielichtigen Magier, der zwischen Naturwissenschaft, Philosophie und Geisterbeschwörung nach den Möglichkeiten der Weisheit sucht. An all das lässt auch Rembrandts Bild denken: Ein älterer Gelehrter im Hausmantel steht arbeitend am Schreibtisch. Seine dämmerige, mit Totenkopf, Büchern und einem auffällig nach vorne gesetzten Astrolabium geheimnisvoll ausgestattete Studierstube wird gerade in diesem Augenblick, da Faust aufblickt und sich zum Fenster wendet, zum Ort einer strahlenden Erleuchtung. Im Licht des Fensters erscheint schemenhaft eine Gestalt, die einen Spiegel hochhält, auf den diese selbst mit dem Zeigefinger deutet. Mehr ist nicht erkennbar, denn die helle Erscheinung und ein in ihr schwebender, mit Lettern und fremdartigen Wortstücken umschriebener Lichtkreis überblendet alles. Bei den Schriftzeichen handelt es sich um ein Anagramm, dessen Sinn trotz angestrengter Deutungsversuche bisher nicht überzeugend aufgelöst werden konnte. Mit vergleichendem Blick auf Dürers Stich *Melencolia I* (vgl. S. 54), den Rembrandt kannte, wäre an eine Gaukelei der Fantasien zu denken. Solche Weisen des inneren Sehens, der Halluzinationen und Geistesblitze, von denen Wissenschaftler und Künstler aller Zeiten zehren, werden bei Rembrandt sonst eher in biblische oder mythologische Erzählstoffe eingekleidet. Dass in der *Faust*-Radierung ein Sonderweg gegangen, darüber hinaus hermetische Symbolik einbezogen wird, macht ihr Rätsel ebenso schwierig wie herausfordernd. Esoterische Vision (Kabbala, Mystik) kennzeichnet hier wohl ein Geschehen, das auch ohne Lösung ›einleuchtet‹, weil der Zauber inspirativer Ergriffenheit für sich selbst spricht. Prototyp solcher Ergriffenheit ist uns das Genie.

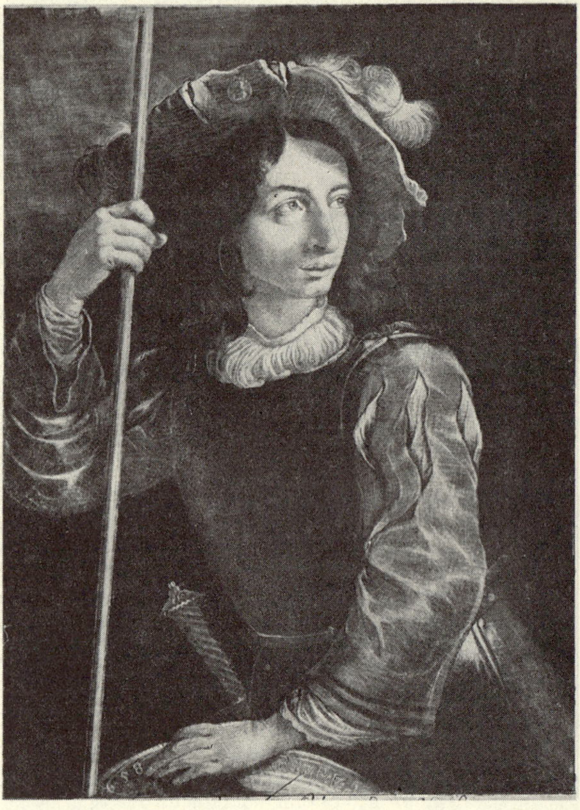

Prinz Ruprecht von der Pfalz: Der Fahnenträger
1658 · Schabkunst, 277 × 199 mm · (Coburg, Kupferstichkabinett)

Prinz Ruprecht von der Pfalz: Der Fahnenträger

Grafik wird nicht nur von den berufsmäßigen Fachleuten hergestellt.

Nach 1620 treten vermehrt Amateure auf, die dem Adel angehören und künstlerische Praxis zum Element standesgemäßer Lebensführung und Freizeitgestaltung erheben. Druckgrafik genießt bei diesen vornehmen Laien besondere Wertschätzung, weil sie demonstratives Können mit jener technischen Zwischeninstanz verbindet, die schöpferisches Tun ermöglicht, ohne dass daran der Makel bürgerlichen Schweißvergießens haften muss. Prinz Ruprecht von der Pfalz (1619–1682) war solch ein »Virtuoso«, Sohn des »Winterkönigs« Kurfürst Friedrich von der Pfalz und seiner Gemahlin Elisabeth, der Tochter des englischen Königs Jakob I. Was war dieser Mann nicht alles! Herzog von Cumberland, Großadmiral von England, Heerführer auch in holländischen, französischen und deutschen Diensten, grausamer Freibeuter und zartsinnig-melancholischer Poet. Und Erfinder – zumindest beinahe. Er führte nämlich 1657 in England ein völlig neues Druckverfahren ein, dessen Geheimnis ihm in Brüssel (1654) sein eigentlicher Erfinder, der deutsche Adlige Ludwig von Siegen (1609 – um 1680), verraten hatte. Im Schabkunstverfahren (Mezzotinto-Technik) wird die Kupferplatte mittels eines Wiegemessers gleichmäßig aufgeraut, so dass ein Abdruck tiefes Schwarz ergäbe. Alle Lichter und gleitenden Tonverläufe – es sind die ersten ›echten‹ Halbtöne der Grafikgeschichte – werden dann mit dem Schabmesser und Polierstahl erzeugt. Diese tragen die Aufrauungen entsprechend übergangsreich ab, glätten sie bis zum blanken Metall. Das Bild ›wächst‹ so vom Dunkeln ins Helle. Dieser sensationelle Effekt ist im frühen *Fahnenträger* schon verblüffend präsent. Ein eleganter jugendlicher Krieger stützt sich auf den Schaft. Licht fällt in das samten ausmodellierte Gesicht, umspielt die Krempe des Baretts. Eher gemalt als gezeichnet steht der Feinschattierte da, sein Blick träumt in die Ferne. Alles besteht ganz aus ›halben‹ Tönen.

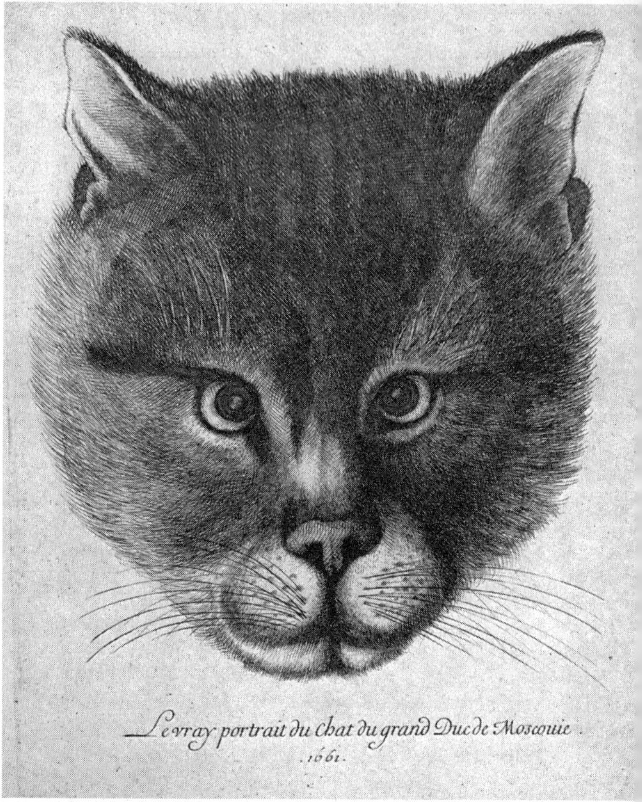

Wenzel Hollar: Der große Katzenkopf
1661 · Radierung 242 × 186 mm · (Coburg, Kupferstichkabinett)

Wenzel Hollar: Der große Katzenkopf

Der Katzenkopf blickt wach und angespannt auf den Betrachter. In der Frontalität des Gesichts begegnet seine reinstmögliche Fläche, ohne verkürzende Tiefenstaffelung. Licht und Schatten, Hebungen und Senkungen dienen einer Plastizität, deren symmetrische Verteilung jedes Detail umso schärfer nebeneinander studieren lässt. Die Weichheit des Fells, die elastische Spannung der einzelnen Bart- und Brauengrannen, wechselnde Längen und Dichten der Haare – alles ist Muster radierter, schier stufenlos gleitend geätzter Striche. Darunter geschrieben steht der erstaunliche Hinweis, man habe es mit einem »vray portrait« einer Katze des Moskauer Großfürsten zu tun. Kopf und Blatt ergäben damit – wenn man den Begriff in seiner ursprünglichen Bedeutung versteht – eines der wenigen verbürgten Tierporträts der Kunstgeschichte.

Der Böhme Wenzel Hollar (1607–1677), der das fürstliche Haustier in seinem Londoner Atelier konterfeite, stellte so unter Beweis, wie sehr ihm Felle, Pelze, Haare aller Art gelegen kamen, Spezialistentum auf breiter Produktionspalette zu zeigen (Desch, S. 12). Um 1630 bei Matthäus Merian (vgl. S. 110) mit allen Effekten des grafischen Metiers ausgerüstet, wanderte Hollar mit seiner Werkstatt quer durch Europa. Seit 1636 in Diensten des Thomas H. Earl of Arundel (1585–1646), des mächtigsten, kundigsten und reichsten Sammlers im England des 17. Jahrhunderts, wurde er gleichsam zum Spezialisten für alles. Rund 2800 Drucke fertigte er an für die Fächer Kartografie, Topografie, Buchillustration, Kostümbild, Allegorie. Nicht zuletzt reproduzierte er Meisterzeichnungen aus den Arundelschen Mappen, und zwar nicht in der normalen Weise der »idealen Nachahmung« (vgl. S. 52, 74), vielmehr in der auf Form- und Sachtreue achtenden Methode der »materialen Nachbildung« (vgl. S. 64). Unterschiede in Feder- und Pinselhandschrift zu kennzeichnen, war ihm dabei ebenso wichtig wie die »Portraiture« von Seidenkrägen, Hutkrempen, Muschelschalen oder Katzenhaaren.

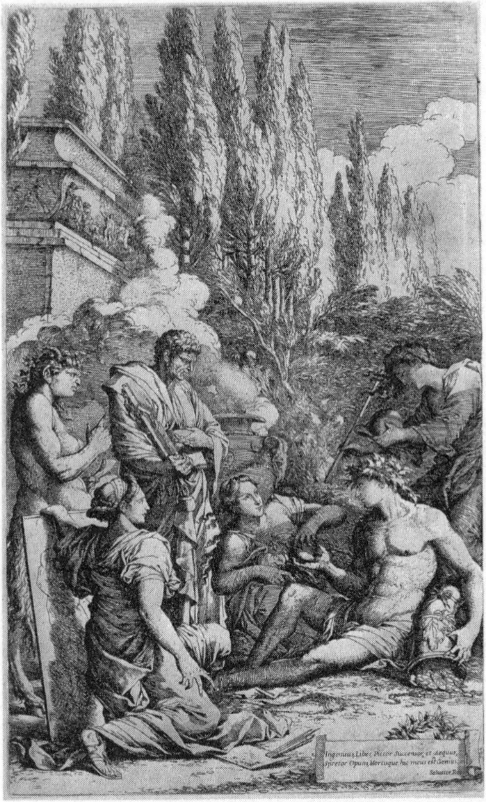

Salvator Rosa: Il Genio di Rosa
um 1662 · Radierung, 457 × 275 mm · (Passau, Privatbesitz)

Salvator Rosa: Il Genio di Rosa

Salvator Rosa (1615–1673) zählt zu den stolzen Vorkämpfern freier Künstlerschaft. Er wollte sich nicht der bis dahin geltenden Konvention fügen, wonach Maler und Bildhauer in ihrer Arbeit von fürstlichen, großbürgerlichen oder kirchlichen Aufträgen abhängig sind. Nicht zuletzt von der Radierkunst, mit welcher er den bürgerlichen Sammlermarkt erreichen wollte, erhoffte Rosa sich freien Dialog zwischen dem Künstler als ungebundenem, geistvollem Produzenten und seinem gebildet-respektvollen Publikum. So wird man die um 1662 entstandene Radierung *Il Genio di Rosa* sowohl als allegorisches Selbstbildnis (Leuschner, 2003, S. 124) wie auch als frühes Beispiel eines gewerblichen Reklamebildes (vgl. S. 84) verstehen dürfen.

Vor dem Hintergrund einer antikischen Landschaft mit Zypressenreihe und machtvoll aufragendem Sarkophag haben sich allegorische Gestalten mitsamt ihren Attributen rund um den »Geist« Rosas versammelt. Unten rechts lagert auf einem Füllhorn (woraus reichlich Münzen rollen) der efeubekränzte »Genius« selbst. Die »Freiheit« setzt ihm den Hut der Wanderschaft auf, reicht ihm den Stab. Neben dem »Genius« sitzt die »Reinheit« (mit Taube), sie gibt ihm ihr Herz. Am auffälligsten, mit nachdenklich gesenktem Haupt, der stehende Philosoph. Er deutet mit seiner Linken auf die im rechten Arm gehaltene Waage, womit stoische Ausgeglichenheit bezeichnet ist. Hinter ihm die Satyrin – Rosa tat sich auch als Theaterdichter hervor! – und links unten schließlich die kniende »Pictura«, gestützt auf das Tafelbild zu ihrer Linken. So hat sich der Kunstfreund, also der qualitätsbewusste, Grafik sammelnde Kunde, das produktive und charakterliche Genie des so ambitionierten Künstlers vorzustellen: mehrdimensional, viel facettiert, universal interessiert: als Inbegriff vielseitig begabter, insgesamt todesverachtender Weisheit, als Schöpferkraft, die mittels radierter Linien für malerische Fantasie, philosophische Intelligenz wirbt und sich dabei ihres zwangsläufig daraus folgenden Ruhmes gewiss ist.

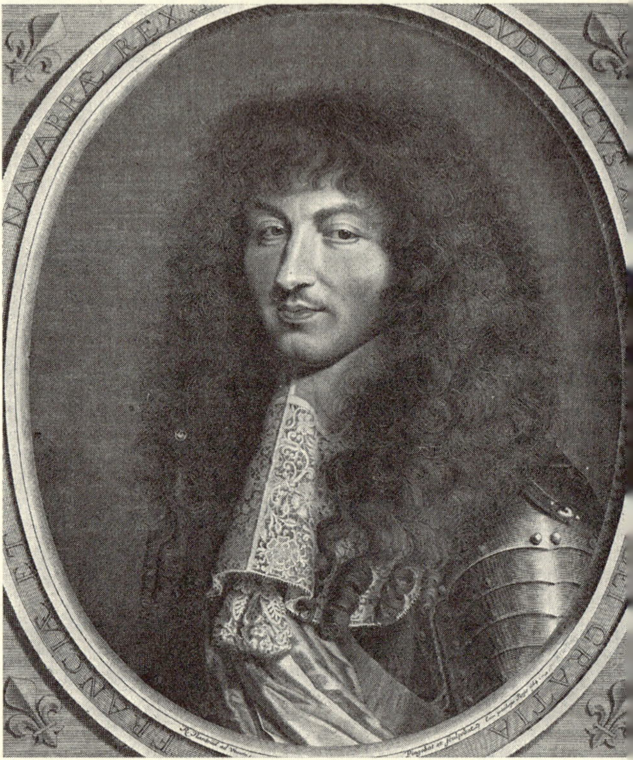

Robert Nanteuil: Ludwig XIV.
1664 · Kupferstich, 490 × 415 mm
(Coburg, Kupferstichkabinett, Inv.-Nr. IX, 138, 84)

Robert Nanteuil: Ludwig XIV.

1658 ernannte König Ludwig XIV. (1638–1715) den Kupferstecher und Pastellmaler Robert Nanteuil (1623–1678) zum »Dessinateur et graveur ordinaire du Roi« und stattete ihn mit Privilegien aus. Er honorierte einmal damit die persönliche Leistung des bedeutendsten Hofkupferstechers im Frankreich des 17. Jahrhunderts, nicht minder aber auch die seit 1650 zu akademischen Ehren aufgestiegene Stecherkunst. Denn seit Claude Mellan (vgl. S. 112) in Frankreich das Kupferstichhandwerk mit der Exzellenz vollkommener Regelhaftigkeit geadelt hatte, erreichte grafische Handarbeit die größte geistvolle Nähe zu Systematik und Logik. Insbesondere die Widerspruchsfreiheit in den komplex-linearen Schemata zwischen Figur und Grund erschien den Cartesianern an Hof und Akademie als notwendiges Gebot von Ordnung und Klarheit. (Gleichwohl verblieb der Kupferstich immer auf unterster Ebene der akademischen Hierarchie, denn trotz aller Regelungen ›bestach‹ doch immer das Hand*werk* als *Hand*werk!)

Innerhalb seines Œuvres von insgesamt 216 Bildnisstichen hat Nanteuil den Monarchen elfmal porträtiert, sehr zu dessen Wohlgefallen. Die Coburger Version zeigt den »Sonnenkönig« beinahe in Lebensgröße, gerahmt von einem schlichten, seitlich angeschnittenen Oval. Inschriften und Signatur steuern nur das Nötigste zur klassischen Wirkungsregie bei. Alle Konzentration gehört dem Gesicht, das sich inmitten der Rahmungen als vollendet beherrschtes Leben behauptet. Nanteuil hatte den König zunächst im raschen Pastell »ad vivum« porträtiert, später die tönungsreiche Vorlage ins technische Linienwerk übersetzt. Zwei Leistungsgipfel gibt es nun zu bewundern. Erstens, dass keine Lücke in der Gestaltlogik des Systems besteht (das Perückenornament dringt fugenlos ins hauchzarte Gitter des Ovalgrundes ein) – alles ist vollkommen modelliert. Zweitens, Auge und Mund des Königs sind zu einer unendlich fein schwebenden Lebendigkeit des Lächelns hin ausbalanciert. Der König selbst ist das System.

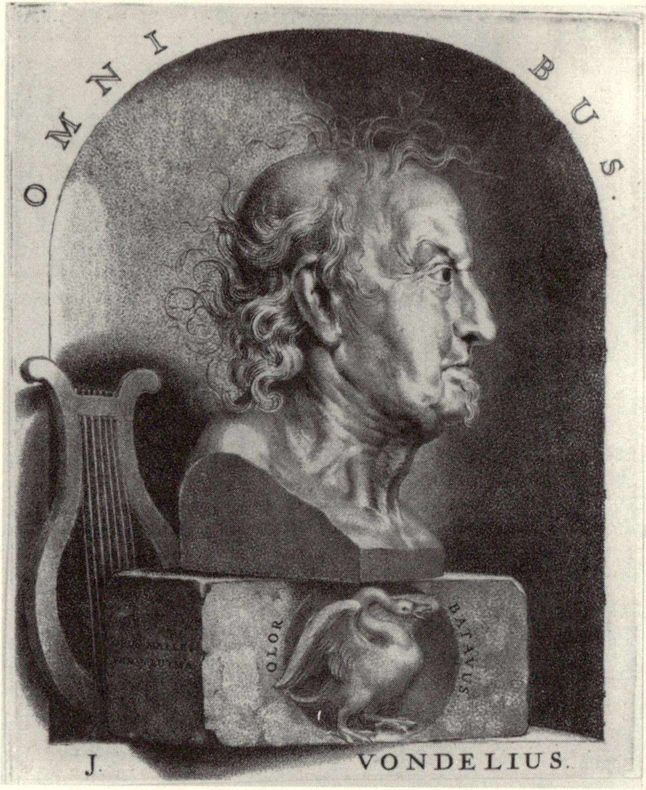

Jan Lutma d. J.: Bildnisbüste Vondelius
um 1680 · Punzenstich, 268 × 215 mm · (München, Staatliche Graphische Sammlung, Inv.-Nr. 43630 · Originalaufnahme)

Jan Lutma d.J.: Bildnisbüste Vondelius

Neben »Linie« und »Fläche« ist der »Punkt« die dritte elementare Formkategorie. Praktisch, unter der Lupe betrachtet, gibt es allerdings weder Linien noch Punkte. »Linien« sind entweder geometrisch strenge Umrisse oder gestische Spuren, »Punkte« winzige mehr oder weniger undeutlich umgrenzte Flächen oder Massen, die nur wegen ihrer minimalen Größe dem Auge als Punktformen erscheinen und erst in der Ballung mit anderen »Punkten« zu gestalterischer Wirkung kommen. Aus dem Goldschmiede- und Rüstungshandwerk drangen die Punkte als »opus mallei« (»Hammerwerk«) auch in die grafischen Künste ein. Das geschah mit dem »Schrotschnitt« schon um 1480, zunächst noch als Hochdruckform, dann mit dem italienischen Punzierstich (um 1510) auch im Tiefdruck (Landau/Parshall, S. 262). Jan Lutma d.J. (1624–1689) ist im 17. Jahrhundert der Hauptmeister der punktierenden Tiefdrucktechnik. Mit Punzen und Hammer gestaltete der Amsterdamer Stecher und Goldschmied seine Bilder so, dass sie – abgesehen von wenigen stützenden Linien – nur aus Füllung, Streuung und Dichte senkrechter Einstiche aufgebaut sind. Er bewies damit, dass auch in dieser grafischen Sonderform Meisterwerke von Plastizität und Tonigkeit gelingen konnten.

Wohl erst um 1680, kurz nach dem Tod des holländischen Dramatikers und Lyrikers Joost van den Vondel (1587–1679), entstand Lutmas Porträtstich auf den »Batavischen Schwan«. Vondels vaterländische Dramen und religiöse Lehrgedichte, die er seinen holländischen Mitbürgern (»Omnibus«) widmete, hatten ihn zur geistigen Elite Amsterdams aufsteigen lassen, auch wenn er zeitlebens eher im Schatten materieller Erfolge stand. Durch eine Denkmalbüste »all'antica« wurde dem Dichter dafür umso ruhmvolleres Nachleben zugesprochen. Neben der Lyra in einer Rundnische platziert, erscheint seine Steinbüste als Ballung und Lichtung von »Punkten«. Nur die Haarsträhnen ringeln sich »linear« ab – ganz und gar nicht bildhauerisch.

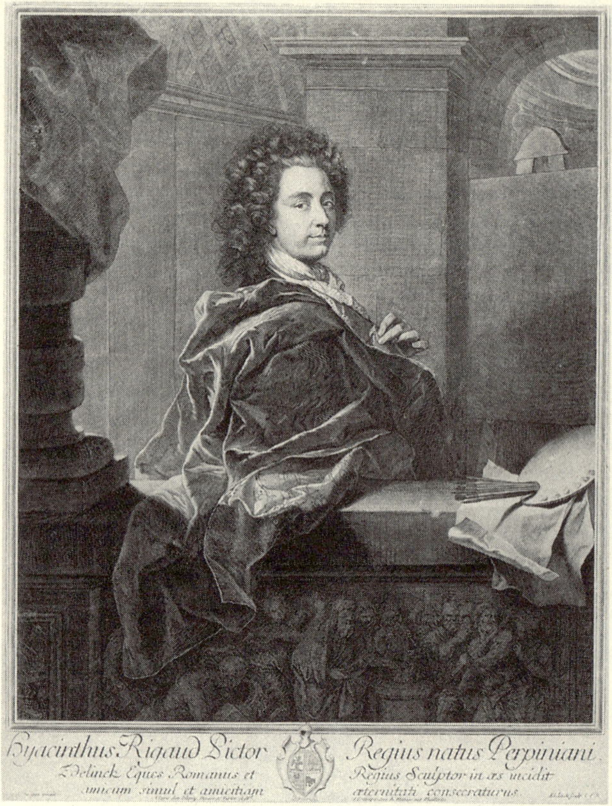

Gérard Edelinck: Porträt des Hyacinthe Rigaud
1698 · Kupferstich, 474 × 360 mm · (München,
Druckgraphische Sammlung des Kunsthistorischen Instituts;
Abdruck aus dem 18. Jahrhundert)

Gérard Edelinck: Porträt des Hyacinthe Rigaud

Nach einem Selbstbildnis von Hyacinthe Rigaud (1659–1743), des höchstrangigen Porträtmalers am Hof des französischen Sonnenkönigs, fertigte Gérard Edelinck (1640–1707), seinerseits »erster Grafiker im Kabinett des Königs«, den Reproduktionsstich an. Wie die Bildunterschrift besagt, begegneten sich damit gleichberechtigt zwei Meister ihres Fachs (Edelinck war ebenfalls Porträt-Spezialist). Maler und Stecher waren zudem auch persönlich befreundet. So tauschten Malerei und Grafik auf höchstem Niveau und auf Basis der Elemente Linie und Punkt ihre gemeinsamen »malerischen« und »plastischen« Qualitäten. Als klassisch darf gelten, wie gattungsübergreifende Formeigenschaften (gebaute Ordnung, plastische Spannung, malerischer Schwung, zeichnerische Präzision) hier ihre akademisch demonstrative Einigkeit, ja Freundschaft feiern konnten. Das zeigt sich auch darin, dass Edelinck sich gegenüber der gemalten Vorlage einige Freiheiten herausnehmen durfte, Proportionen änderte, einzelne Stellen erfinderisch abwandelte (Stalla, 1999, S. 274).

Rigaud sitzt hinter einer mächtigen, mit mythologischem Relief geschmückten Brüstung. Links, am Bildrand, erhebt sich darauf eine mit Vorhangbausch drapierte Säule. Während der noble Maler, selber gleichsam ein Fürst, über die abgewendete Schulter zum Betrachter blickt, fällt sein Mantel faltenreich und lichtbesprüht über die Brüstungsbarriere. So wird zum Betrachter hin jenes Raumgefüge spielerisch geöffnet, das nach hinten über Pfeiler, Gurten und Tonnen fortgesetzt, jedoch verriegelt ist. Denn eine Staffelei mit noch leerer Leinwand verstellt und verflächigt teilweise diese Räumlichkeit, kennzeichnet sie gleichzeitig als distanzierten Ort des künstlerischen Schaffens, das Atelier als Ort zwischen den Realitäten. Die Palette rechts auf der Brüstung wird zum Pendant des geistvoll-hochmütigen, von einer Perücke gekrönten Künstlergesichts. Beide Brennpunkte der Künstlerschaft, Geist und Handwerk (vgl. S. 126), haben dieselbe Helligkeit.

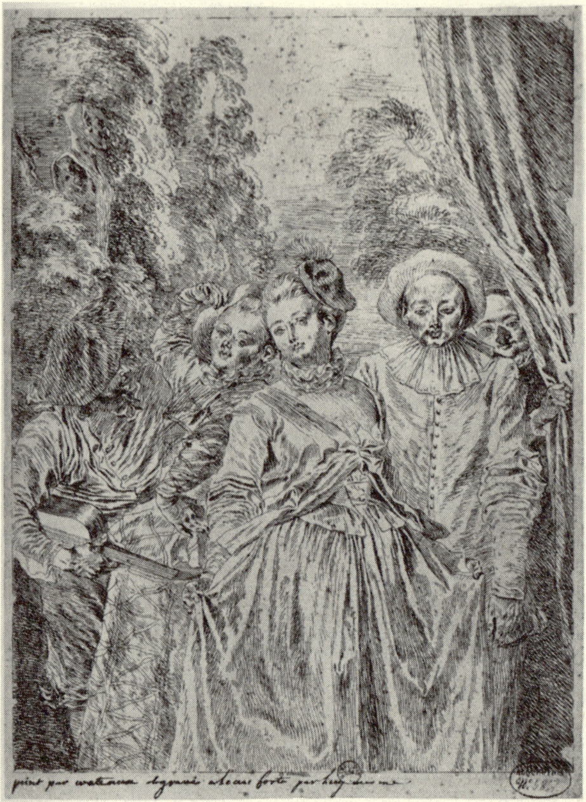

Antoine Watteau: Schauspieler der Commedia dell'Arte
um 1710 · Radierung, 175 × 199 mm
(Paris, Bibliothèque Nationale, Inv.-Nr. B. N. Estampes Db 15 g rés.,
1. Druckzustand)

Antoine Watteau:
Schauspieler der Commedia dell'Arte

Antoine Watteau (1684–1721) griff selten selber zur Radiernadel. Eines der wenigen Beispiele ist die nur in zwei Exemplaren des ersten Druckzustandes überlieferte Darstellung einer Commedia dell'Arte-Truppe. Watteau hat das Bild wohl deshalb eigenhändig radiert, um den noch frischen Entwurf eines Gemäldekonzepts (das Gemälde ist heute nicht mehr erhalten) für einen kleinen Umkreis von Sammlern, Händlern und Freunden parat zu haben, für Geschenk-, Werbe- oder Diskussionszwecke. Allerdings wusste er, dass die Pariser Händler und Sammler planten, einen Großteil seiner Gemälde und Zeichnungen in Stichreproduktionen, elegant aufgemachten Mappenwerken herauszugeben (Adhémar, S. 19). So geschah es denn auch mit diesem Blatt aus der Pariser Nationalbibliothek, das Jahre später in einer zweiten, mit dem Grabstichel gesättigten und abgerundeten Druckversion im *Recueil de Jullienne* erschien.

Wie in flirrend silbrigem Licht steht die Schauspieltruppe vor ihrem Publikum. Dass der Auftritt mit dem linkisch-steifen »Pierrot« (»Gilles«) – er ist bei Watteau immer wieder als Symbolgestalt tragischer Lebenskomik zu sehen – und den anderen Spaßmachern (wie »Arlecchino«, »Colombina«) in Mischwelten von Ausgelassenheit und Ernst, Bühne und Natur vor sich geht, gehört zum grundsätzlichen Konzept dieses großen Künstlers. Die arkadisch-cytherisch ausfüllende Hintergrundlandschaft demonstriert in Verbindung mit dem rahmenden Vorhangbausch rechts, dass Leben und Spiel als übergängige Sphären zu sehen sind. Und während der Maler Watteau derlei traumtänzerische Übergangswelten sonst in kreidig-zarten Farbvaleurs zum Ausdruck bringt, findet er hier – als Radierer – zu grafischen Analogien: Atmend, in lichtvollen Abständen nebeneinandergesetzt, ergeben die geätzten Strichmuster ein nur gering plastisches Relief. Umso mehr wirkt die Atmosphäre. Entschwert und schwebend, wie bloße Spiegelungen, greifen Figuren, Bühne und Landschaft ineinander.

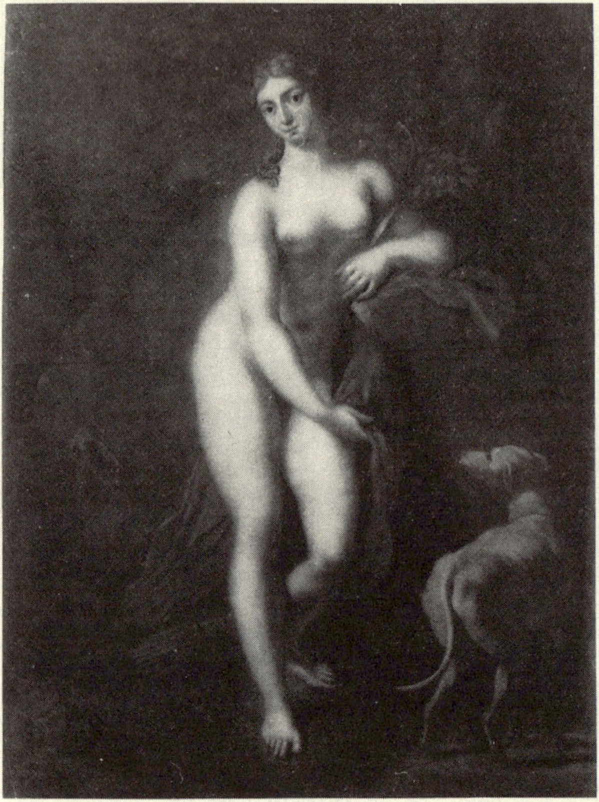

Christoffel Jakob Le Blon: Diana
um 1720 · nach Correggio, Schabkunst in drei Farben,
564 × 423 mm · (Hamburg, Kunsthalle, Inv.-Nr. 14236)

Christoffel Jakob Le Blon: Diana

Der Miniaturmaler Christoffel Jakob Le Blon (1667–1741) ist nachweislich der Erfinder des Drei- bzw. Vierfarbendrucks im Tiefdruckverfahren der Schabkunst (Singer, 1901, Nr. 24). Um 1710 entwickelte er in Amsterdam den faszinierenden, technisch allerdings noch beschränkten Vorläufer des modernen industriellen Farbendrucks. Gestützt auf die um 1700 brandaktuelle Farbenlehre Newtons, wonach sich das Licht in sein prismatisches Kontinuum rund um die drei Hauptfarben Blau, Rot, Gelb zerlegen lässt, verfiel Le Blon auf die kuriose, dennoch naheliegende Idee, jeder der drei Hauptfarben eine eigene Platte zuzuteilen, die dann insgesamt, in Anteilsmischung, Transparenz und Reihenfolge richtig übereinander gedruckt, das zu erreichende Farbenspektrum gleichsam von alleine entstehen lassen mussten. Bedingung hierfür war die verschieden tiefe Aufrauung der Platten nach dem Mezzotinto-Prinzip (vgl. S. 122), denn nur über die von Wiegemesser und Polierstahl geschabten Zähnungsraster war es möglich, standardisierbare Flächentöne im gewünschten chromatischen Verlauf und Transparenzgrad herzustellen. 1720–1723 brachte Le Blon in London das Verfahren patentiert zur Anwendung. Nach nur geringen Erfolgen, dann sogar geschäftlichen Bankrotten ging er nach Paris, wo er 1738 ein königliches Privileg mit Leibrente erhielt. In dieser letzten Lebens- und Arbeitsphase fügte der ruhelose Erfinder seiner Methode eine entscheidende Ergänzung hinzu. Er begann den Druckverlauf mit einer vierten, schwarzen Platte, erreichte so mehr Tonstabilität.

Der frei nach Correggio (London, Nat. Gal.) gearbeitete Dreifarbendruck (Schaar, 1991, S. 102) aus Hamburgs Kupferstichkabinett gehört noch der älteren technologischen Stufe an. Da hier statt Schwarz die Rotplatte den Bass des Akkords bilden muss, erscheint die Gesamtwirkung noch etwas kontrastarm. Ein Meisterwerk ist das Blatt gleichwohl: Markstein des grafischen Erfindungsgeistes auf dem Weg zum modernen Mehrfarbendruck.

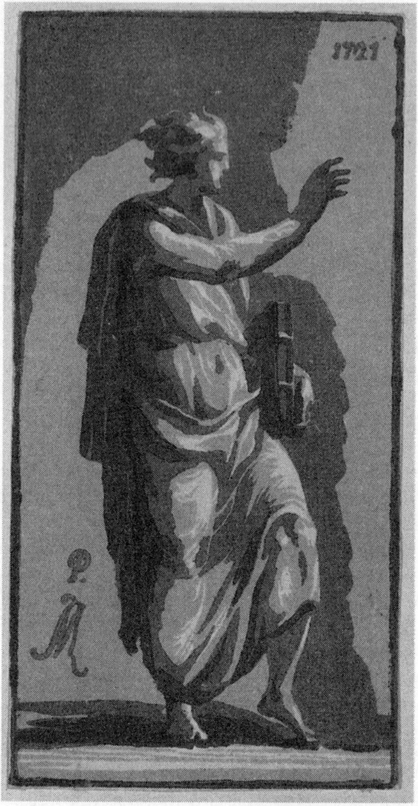

Antonio Maria Zanetti: Predigender Apostel
1721 · nach Parmigianino, Farbholzschnitt mit 3 Platten,
158 × 80 mm · (Weimar, Kunstsammlungen)

ANTONIO MARIA ZANETTI: Predigender Apostel

Die seit dem frühen 16. Jahrhundert unternommenen Versuche, das Schwarzweißprinzip der Grafik gleichsam über den eigenen Schatten springen zu lassen und so in die Welt der Buntfarbigkeit hinein zu erweitern (vgl. S. 50, 60, 64), fanden zeitgleich zu den Mezzotinten Le Blons (vgl. S. 136) auch anderswo ihre Pioniere. In Venedig griff der Edelmann und Versicherungsunternehmer Antonio Maria Zanetti (1680–1757) die in Vergessenheit geratene Tradition der italienischen Clairobscur-Schnitte wieder auf. Er wendete die alte Technik in einem neuen zwischen aristokratischer Kennerschaftlichkeit und bürgerlichem Erwerbssinn changierenden Kunstinteresse auf die nun modisch werdenden Bestrebungen der Handzeichnungsreproduktion an. 1720 war er nach Paris und London gereist, hatte in diesen Metropolen wahre Grafikschätze (Dürer-Stiche, Rembrandt-Radierungen), insbesondere in London aus dem alten Arundel-Besitz (vgl. S. 125) 130 Feder- und Pinselzeichnungen von Parmigianino erworben. Vor allem die geistvoll-raffinierten Blätter des Frühmanieristen sollten zuhause in Venedig von ihm, Zanetti selbst, reproduziert und so den eleganten Kreisen der Gesellschaft zugänglich werden. Kunst sammeln und über deren Werte diskutieren wurde jetzt auch für Bürger immer mehr zum Ausweis weltmännischer Bildung.

Der frühe, kurz nach der Rückkehr angefertigte Tonschnitt ist auf 1721 datiert (Walther, S. 216) und trägt die Monogramme Parmigianinos wie Zanettis. Dieser hatte die Originalzeichnung zu einem eigenen Entwurf umkopiert und dann auf die Druckstöcke durchgepaust (Graf, S. 191). Dabei wurden die Figurenumrisse und die lavierenden Tonmassen des *Predigenden Apostels* auf drei Tonplatten verteilt und übereinander gedruckt. Es kam im Ganzen zu dekorativen Vereinfachungen der Form, aber auch zu teilweise kühnen Umwertungen in der Farbigkeit. Von einem »Faksimiledruck« (vgl. S. 163, 167) im engeren Sinne kann man hier noch nicht sprechen, doch geht die deutliche Tendenz dahin.

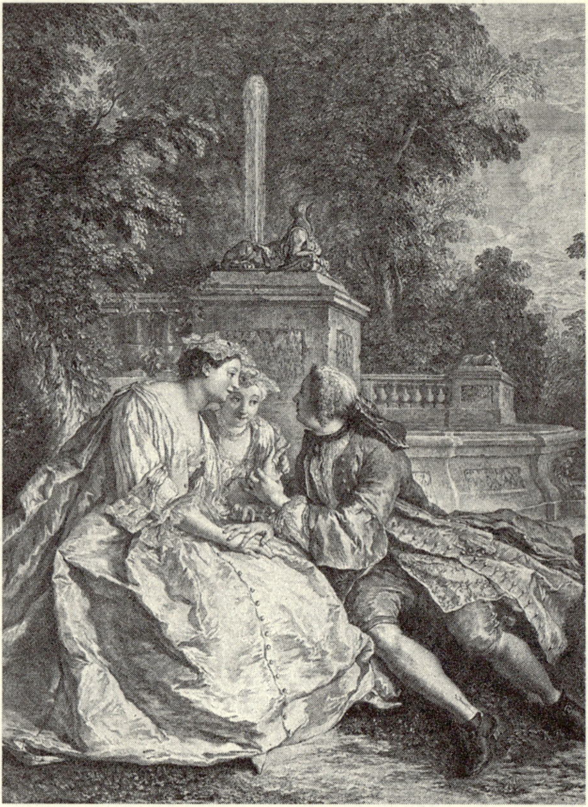

Charles Nicolas Cochin d. Ä.: Le Jeu du Pied-de-Bœuf
um 1735 · nach Jean-François de Troy, Radierung und Kupferstich,
338 × 270 mm · (Coburg, Kupferstichkabinett)

Charles Nicolas Cochin d. Ä.: Le Jeu du Pied-de-Bœuf

Ch. N. Cochin der Ältere (1688–1754), Vater des berühmteren und erfolgreicheren gleichnamigen Sohnes, war seit 1731 Mitglied der »Académie royale«. Mit seinen Radierungen zu höfisch-tagespolitischen Ereignissen sowie mit Reproduktionsstichen (u. a. nach Watteau und Chardin) zählte der Rokokokünstler zu den besten Vertretern seines Fachs. Die für die Zeit charakteristische Verquickung von Strichätzung und ergänzender Grabstichelarbeit erbrachte im vorliegenden Beispiel (»Das Spiel der Schweinshaxe«), das nach einer zeitgenössischen Vorlage von Jean-François de Troy (1679–1752) entstand, ein Meisterwerk der zweifachen Art. Erstens begegnet uns handwerkliche Qualität auf hohem, niemals bloß schematischem Routineniveau, zweitens wird uns Zeitgeist, aktuelles Lebensgefühl dokumentiert: als Weltblick von spätbarocker Fülle. Denn anders als bei Watteau (vgl. S. 134), der aus der Warte des die aristokratische Verhaltenssicherheit bereits anzweifelnden Künstlers eine Welt reflektiert, deren Brüche zwischen Natur und Konvention nur noch überspielt erscheinen – anders als dort wird hier noch ganz selbstverständlich die affirmierende Perspektive der hofkünstlerischen Inszenierung eingenommen.

Zu sehen ist eine galante Szene, in der ein junger, eleganter Kavalier eindringlich zwei aufmerksam zuhörenden Damen ein damals bekanntes Gesellschaftsspiel (Maedebach, S. 95) erklärt oder sie zu diesem auffordert. Schauplatz ist einer der arkadischen Schlossgärten bei Paris. Alles in diesem Bild sprüht von Leben und Geist: die Baumkronen voller Sonnenlicht, die aufsteigende Fontäne, das feierliche Gemäuer des Brunnens, die fein davor und genau dazu komponierte pyramidale Neigung der Körper, die feurig-zart ineinander und aufeinander gelegten Hände, die wach-vergnügten Gesichter, das Schillern der seidigen Gewänder … Cochin übersetzt all das aus der sommerlichen Buntfülle des Vorlagengemäldes in den atmend bewegten Schwarzweiß-Flor seiner Reproduktion.

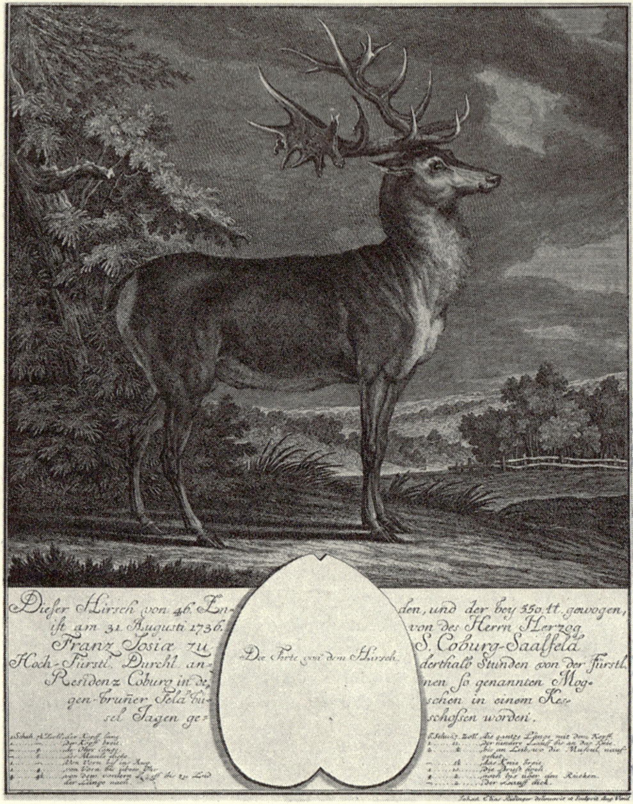

Johann Elias Ridinger: Hirsch von 46 Enden
um 1736 · Kupferstich und Radierung, 350 × 275 mm
(Coburg, Kupferstichkabinett)

Johann Elias Ridinger: Hirsch von 46 Enden

Der schwäbische Tiermaler, Radierer und Verleger Johann Elias Ridinger (1698–1767) ist bis weit ins 19. Jahrhundert hinein einer der bekanntesten deutschen Grafiker gewesen. Dass er heute eher nur Freunden der Jagddarstellung noch ein geläufiger Name ist, hat mit dem Wandel von Geschichte, verändertem Weltblick und deren begleitenden kunsthistorischen Orientierungen zu tun, gewiss nicht mit dem Leistungsstandard von Ridingers rund 1600 Radierungen, Stichen und Schabblättern. Weil er zwischen 1717 und 1720 in Diensten des Grafen Metternich an adligen Hetzjagden teilnahm, Reitschulen und Menagerien besichtigte und so Gelegenheit fand, die Präsentation, Dressur und Jagd von Tieren zu dokumentieren, machte Ridinger auch für die Zeiten danach ein einträgliches Geschäft daraus. Vor allem Pferde und Hirsche waren seine Spezialität. 1723 gründete er in Augsburg eine eigene Kunsthandlung. 1759 wurde der technisch versierte, fleißige und geschäftstüchtige Mann Direktor der Augsburger Stadtakademie.

Sein *Hirsch mit 46 Enden* (Maedebach, Nr. 355) muss um 1736 datiert werden, denn die – wie meist – bei Ridinger sehr ausführliche Bildinschrift berichtet davon, dass der Herzog von Coburg-Saalfeld das im Bild vorgeführte stolze Tier eben in diesem Jahr erlegt habe. Genaueste Angaben zur Größenvermessung und Fleischqualität finden sich im fußnotenhaften Anhang. Kurz nach diesem Zeitpunkt wird die »Historia« und Trophäe des fürstlichen Jagdglücks veröffentlicht worden sein. Sie übernimmt in mehrfacher Bildfunktion, ist Hofnachricht, waidmännisches Dokument, grafisches Sammlungsstück in einem. Die Aufmachung erscheint ebenso professionell gekonnt wie serienmäßig routiniert. Streng im Profil, das gekrönte Haupt standbildhaft gereckt, so steht das Prachtstück da, wie soeben aus der Lichtung ausgetreten. Baumschlag, Feld und Himmel schaffen Raum und Rahmen, und es sind speziell die Mikrotexturen der Form (Blätter, Fellhaare), denen des Radierers Interesse gilt.

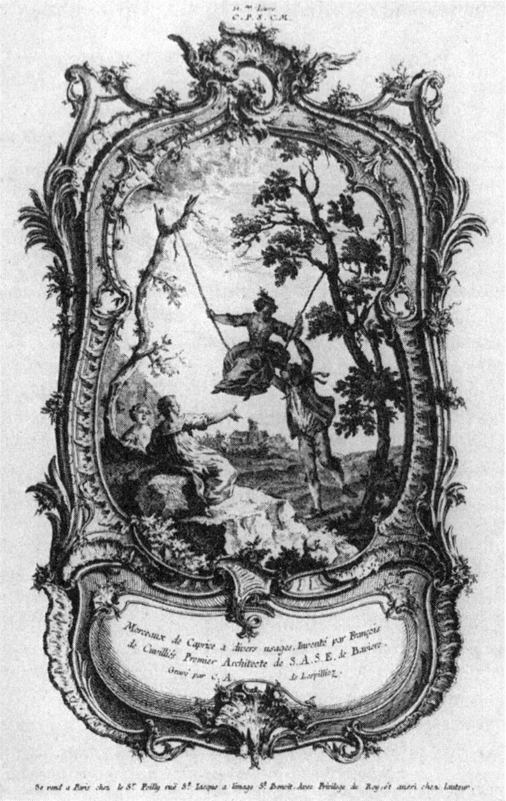

François Cuvilliés d. Ä.: Ornamentstich (Entwurf)
1738–56 · gestochen von Carl Albrecht von Lespilliez,
Format Folio, hier Blatt 182
(München, Bayerische Staatsbibliothek, Rar. 555)

François Cuvilliés d. Ä.: Ornamentstich (Entwurf)

Mit dem Ornamentstich erlangt Grafik früh schon, etwa seit 1500, die Funktion eines Ideenspeichers und Vermittlungsmediums dekorativer Schönheit. Damit wird ein Grundstock gelegt für all das, was später »Kunstindustrie«, »Kunstgewerbe«, »Angewandte Kunst«, letztlich »Industrial Design« heißen wird. Denn Ornament ist ein grundsätzlich eigenes Formsystem, das teils mit den ›freien Künsten‹ verbunden, teils auch selbständig neben ihm für die Ästhetisierung von Alltagsdingen, Lebenswelten und Kunstsphären sorgt. Wie tief verzahnt das Ornamentale mit dem Bildlichen sein kann, beweisen gerade die grafischen Dekorentwürfe des 18. Jahrhunderts. Sie zeigen sich besonders inspiriert für Wechselbezüge (vgl. S. 240, 248) zwischen Selbstzweck und Funktionalität. 1738 begann in diesem Sinne François Cuvilliés d. Ä. (1695–1768), seit 1725 bayerisch kurfürstlicher Hofbaumeister, mit der Herausgabe einer in mehreren Serien immer wieder erweiterten Ornamentstichsammlung. In ihrer motivischen Vielfalt und stilistischen Neuerung ist sie die vielleicht einflussreichste Mustermappe des Spätbarocks, maßgeblich insbesondere für das süddeutsche Rokoko. Denn nicht nur Zierformen im engeren Sinne, sondern ganze Dekorationssysteme und Raumgestaltungen (Rahmen, Buchvignetten, Lüster, Möbel, Türpaneele, Supraporten, Wandvertäfelungen, einschließlich passender Gemäldeeinsätze) sind hier im Großen wie im Kleinen zusammengetragen, anwendbar gemacht für repräsentative Zwecke. Der mit Cuvilliés kooperierende Architekt und Stecher Carl Albrecht von Lespilliez (1723–1796) hat im vorliegenden Beispiel den Cuvilliés-Entwurf eines kartuschenförmigen Bildrahmens kongenial ins Stichsystem übertragen. Die sonst übliche zweidimensionale Geometrie der Rahmengrenze hat sich hier in muschelig schwingende Raumform verwandelt. Ihre Bildfüllung entstammt dem galanten Genre: Eine junge Dame schaukelt zwischen den helfenden Händen und entzückten Augen ihrer Begleiter hin und her.

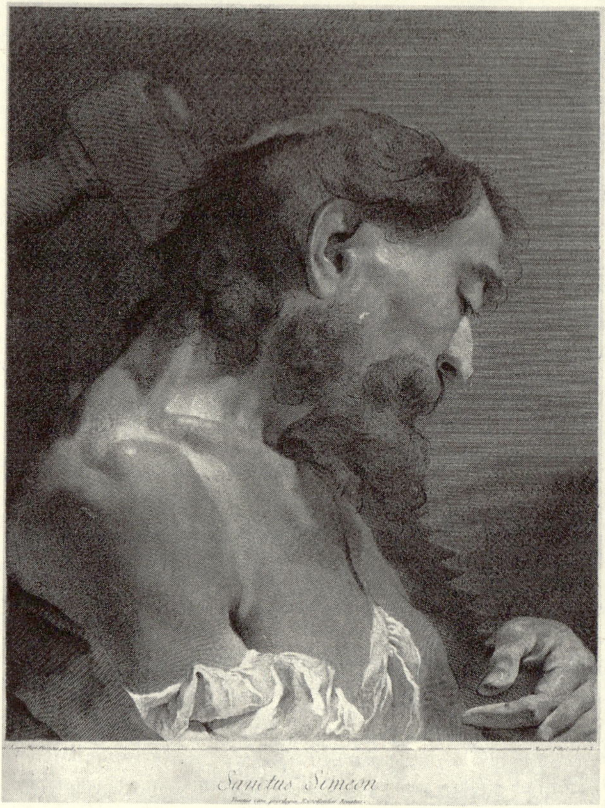

Marco Alvise Pitteri: Der Apostel Simon
1742 · nach Piazetta, Kupferstich, 428 × 324 mm · (Passau, Graphische Sammlung des Bistums, Alter Bestand, Inv.-Nr. 22921)

Marco Alvise Pitteri: Der Apostel Simon

Mit der Grabstichelbravour des Marco Alvise Pitteri (1702–1786) gelangt die Tradition des Kupferstichs an einen Endpunkt der künstlerischen Entwicklung. Gestützt auf die Schwelllinientechnik von Cort und Mellan (vgl. S. 87, 113) und diese noch einmal gezielt verfeinernd, erreicht der Venezianer Pitteri um die Mitte des 18. Jahrhunderts Schraffureffekte, die uns heute an die rund 100 Jahre jüngeren Meisterleistungen des schematisch präzisen Stahlstichs, ja gelegentlich sogar an die gerasterte Klarheit des industriellen Holzstichs denken lassen. Es ist, als ob das Medium Kupferstich nochmals bis an die Grenzen des Möglichen alle Register habe ziehen wollen. Wie die Zahl der Pitteri-Kopien zeigt, bewerteten die Grafiker und Sammler bis ins 19. Jahrhundert hinein dieses späte Können sehr hoch (Leuschner 2003, S. 152).

Wahrscheinlich bestand die Vorlage – sie stammt von Giovanni Battista Piazetta (1682–1754) – für Pitteris Reproduktion aus einer Kreidezeichnung. Allein dass man das vermuten kann, spricht für die besondere, materialimitative Faktur des Stichs und macht diesen gar interessanter als die Vorlage. Der »Heilige Simon« ist als Bruststück gegeben, sein gesenkter Kopf wendet sich mit niedergeschlagenen Augen ins »verlorene Profil«. Über die nackte Schulter trägt der Apostel links sein Märtyrerinstrument, die Säge, während er demütig mit der linken Hand die Zacken dieser Säge zu prüfen scheint. Teil der spärlichen Bekleidung stehen wie weiß gehöht über der Inschriftzeile. Hier kommen nun die grafischen Besonderheiten zur Wirkung: Während der überwiegende Teil der Bildfläche aus der nahezu grenzenlosen Verschmelzung von Kreuz-, Punktierungs-, Parallel- und Schwelllinienlagen besteht, finden sich nur an den Haarbildungen einzelne Kontursträhnen, die an bekräftigende Kohle- oder Kreidestriche erinnern. ›Malerische‹ Massen und ›zeichnerische‹ Pointen treffen hier erregend zusammen, frisch und genau. Es sieht ähnlich aus wie bei den entsprechend gezeichneten und getönten Kartons.

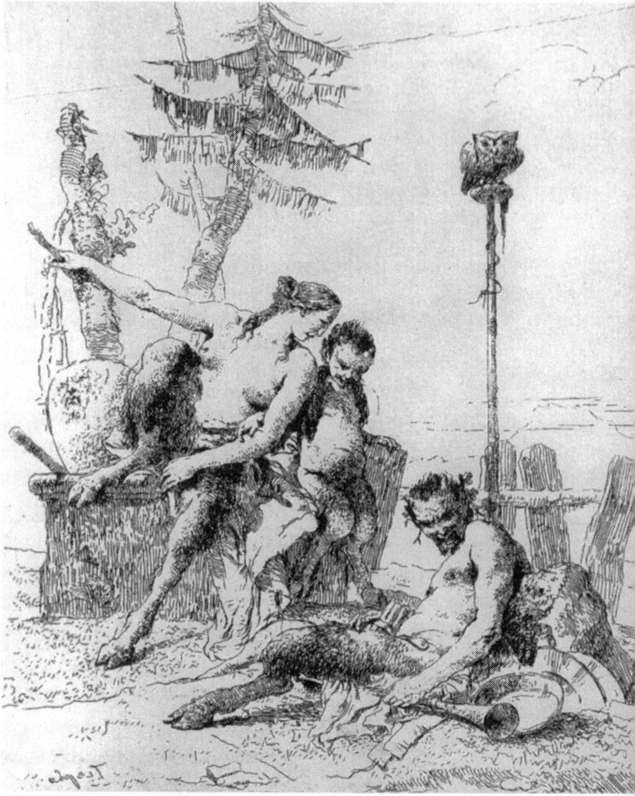

Giovanni Battista Tiepolo: Scherzi di Fantasia, Satyrenfamilie
um 1743 · Radierung, 227 × 177 mm
(Dresden, Kupferstichkabinett, Inv.-Nr. A 106954)

Giovanni Battista Tiepolo: Scherzi di Fantasia, Satyrenfamilie

Der Venezianer Giovanni Battista Tiepolo (1696–1770) zählt zu jenen Genies der Kunstgeschichte, die ihre an den großen Gemälden entwickelte Bildintelligenz höchst anspruchsvoll auch im grafischen Kleinformat anzuwenden wussten. Seine eigenhändig radierten *Vari Capricci* (10 Blätter) und *Scherzi di Fantasia* (23 Blätter) sind reine Ätzkunst, kommen also ohne Beiklänge stabilisierender Grabstichelarbeit aus. Sie entstanden jenseits von bloßen Reproduktionszwecken, auch weitgehend frei von ›Zweitverwertungsabsichten‹. Ihr Zweck lag allein im lustvollen Experiment des zeichnerischen Ingeniums, das auf die Beachtung durch die Kenner drängte. Über alle Vorgänger hinausgehend, entfaltete Tiepolo mit seiner grafischen Kunstform einen Erfindungsreichtum (Holler, S. 95), worin pikanter Kombinationswitz, provozierende Andeutungen, gelassenes Spiel und absichtsvolle Ungereimtheiten einander froh die Bälle zuwerfen. So entstanden Bilder, die den Strukturen des Traumes verwandt scheinen.

Unter den zwischen 1743/45 entstandenen *Scherzi* ist die *Satyrenfamilie* zwar keines der berühmteren Blätter, wohl aber ein typisches. Es entwirft und illustriert beinahe wörtlich, was an launischer Sprunghaftigkeit, krausen Rätseln und fröhlicher Obszönität alles in der kapriziösen Kunstform enthalten sein kann. Eine Gruppe von Satyrn, Mann, Frau, Kind, es ist wohl eine Familie, haben sich neben einem Pfahl zusammengefunden, auf dem oben eine den Betrachter anstarrende Eule hockt. Während der grinsende Mann unten seine Syrinx-Flöte zwischen die Schenkel gestellt hat, greift die Satyrin an einen phallisch abstehenden Ast, hält ihrerseits eine Flöte zweideutig-eindeutig zwischen den gespreizten Ziegenbeinen. Das Kind lacht. Bizarre Versatzstücke stehen, hängen, liegen in ihrem bedeutungs- und handlungslogisch ungewissen Kontext herum, frei und fremd. Sie werden zu Chiffren einer wilden, dabei durchaus friedlichen und heiteren Idylle.

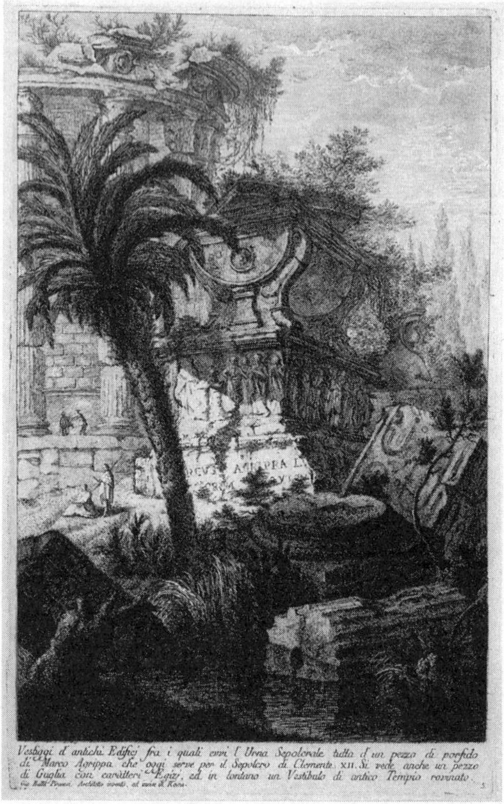

Giovanni Battista Piranesi: Stätten antiker Gebäude
nach 1747 · Radierung, 387 × 237 mm · (München,
Druckgraphische Sammlung des Kunsthistorischen Instituts)

Giovanni Battista Piranesi: Stätten antiker Gebäude

Kapriziöses Eigenleben wie bei Tiepolo (vgl. S. 148) entfalten auch die Radierungen des Landsmanns und Zeitgenossen Giovanni Battista Piranesi (1720–1778). Während aber bei Tiepolo leichthändig verteilte Tageshelle den Formcharakter bestimmt, dominiert bei Piranesi meist ein düsteres »Impasto«, die massive Verdichtung und Überlagerung grafischer Schwärzen. Der Architekt, Bühnenmaler, Perspektive- und Vedutenzeichner Piranesi übertrug auf seine Gegenstände weniger den schwebenden Tagtraum der Mythologie als vielmehr das Stoffschwere, Nächtliche, Verfallende und Naturüberwucherte der geschichtlichen Zeit. Er tat es mit den Mitteln der Radierung, mit »verätzt«-verwachsenen Strichfeldern, satt ausgedruckten Schatten. Auch Piranesi entwarf einen Zauber des Ungereimten, doch sind die Brüche und Risse seiner Architekturfantasien stets bezogen auf steinerne, archäologische Tatsachen, auf machtvolle Prospekte und präzise Details namhafter Monumente. Nach seinem ersten Romaufenthalt (1740) erlernte Piranesi die Ätzkunst und erhob diese in mehreren, immer wieder erweiterten, umgruppierten und überarbeiteten Bildfolgen zu seiner Hauptprofession. Architekt, Träumer, historisierender Fantast war und wurde er vollends mit den Mitteln der Druckgrafik. Seine Schauplätze sind römische Gemäuer aller Art, griechische und altägyptische Figurenrelikte. Auf dieser Bühne der aufgefundenen und neu hinzuerfundenen Überreste stehen neben Bäumen und Buschwerk nur wenige, meist winzig kleine Menschengestalten herum – eher Zubehör als Subjekte der Geschichte.

Das Grabmal des Marcus Agrippa (Stalla, 1999, S. 200) aus der Folge *Vestiggi d'antichi Edifici* ist ganz in diesem Sinne ein wunderliches Monstrum der Anhäufung. Zwischen Sonnenlicht und sumpfigen Untiefen dicht zusammengedrängt, vergeht und verwittert all das, was an Monumenten vergänglich ist. Das Grabmal stellt den Verfall, den es beherbergt, an seinem Umfeld selbst zur Schau.

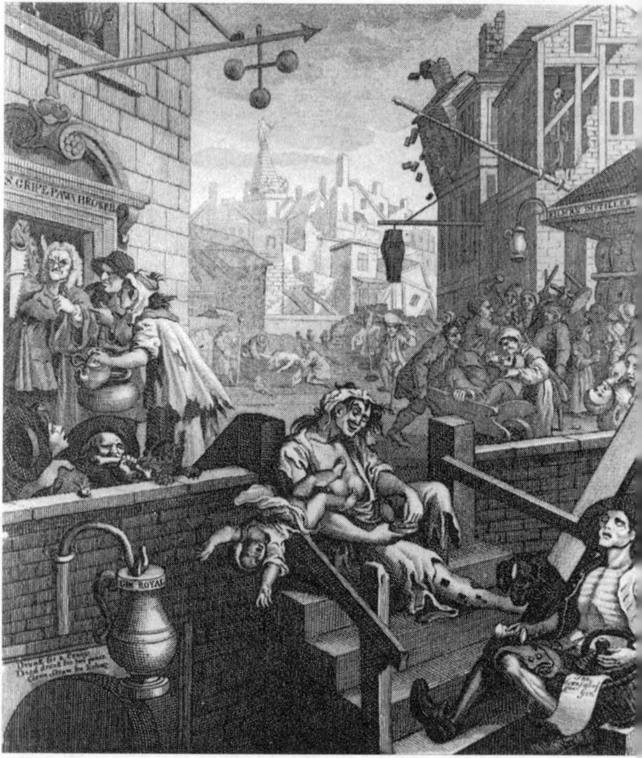

William Hogarth: Gin Lane
1751 · Radierung und Kupferstich, 359 × 302 mm

William Hogarth: Gin Lane

Die bedrängend dichte und in ihrem Erzählungsreichtum erregend vielfältige Straßenszene spielt im Londoner Slumquartier St. Gile's Parish in Westminster. Vorne auf einer Treppe, geradezu bühnenhaft präsentiert, ist eine abgerissen-verwahrloste, halbnackte Trinkerin zusammengesunken. Während sie vom Alkohol delirierend in die Schnupftabaksdose greift, stürzt das Kind aus ihren Armen in den Tod. Vor ihr liegt, bereits skelettiert, ein Balladenverkäufer, aus dessen Korb ein bedruckter Zettel heraushängt, dessen Titel für das ganze Bild gelten kann: »Der Untergang von Madam Gin« (Hinz, S. 13). Um Untergang, Verfall, Armut, Hass und Tod geht es auch sonst überall. Vom Schnaps zerstört, malträtieren sich die Menschen, sie verkommen, verhungern, nehmen sich das Leben. Häuser stürzen ein, nur links vorne sieht man stattliches, intaktes Mauerwerk. Hier residiert der als einziger immer reicher werdende gierige Pfandleiher (namens »Gripe«), der gerade dabei ist, verarmten Bürgern noch die letzten Habseligkeiten ›abzugreifen‹.

William Hogarth (1697–1764) (vgl. S. 158) veröffentlichte die *Gin Lane* (»Schnapsgasse«) 1751 zusammen mit einem programmatisch ergänzenden Blatt (*Beer Street*) zum Preis von je einem Shilling. Es handelt sich hier wohl um einen der frühesten Versuche eines bildenden Künstlers, mit seinen Werken politischen Einfluss auf das Tagesgeschehen zu nehmen. Dünkel, Dummheit, Gewalt, Sucht sind Missstände, an denen Hogarths Kunst, vor allem eben seine Grafik, vehement und stets mit galligem Humor Kritik übte. Am offiziellen akademischen Kunstbetrieb vorbei wollte Hogarth mit seinen Kupferstichen ein neues Bildfach, das aus Sozialkritik, Moralsatire und karikierender Formensprache gemischte ›moderne‹ Belehrungs- und Unterhaltungsgenre, konstituieren. Der ›nüchterne‹ Grabstichelstil lädt sich dabei ebenso witzig wie bitter mit dem Ernst der Themen auf. Die Tendenz ist klar: Grafik wird nun im vollen Umfang politisches Medium. Sie reagiert anklagend oder verteidigend auf das Geschehen der Zeit.

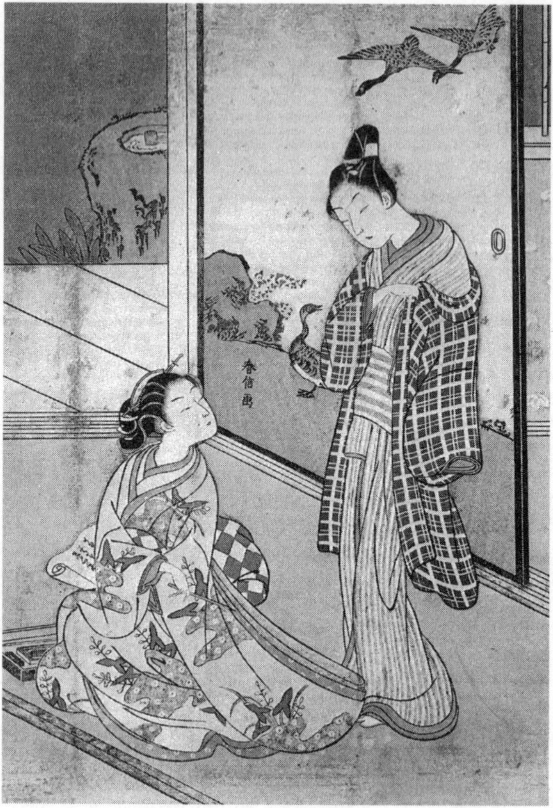

Suzuki Harunobu: Mädchen im Gespräch mit scheidendem Jüngling
um 1765 · Farbholzschnitt in mehreren Strich- und Tonplatten,
268 × 206 mm

Suzuki Harunobu: Mädchen im Gespräch mit scheidendem Jüngling

Meisterschaft ist nicht nur in der Grafik hiesiger Sphären zuhause. Wir begegnen ihr nicht weniger kunstvoll, nicht weniger traditionsbildend (mit Blick auch auf die modernen europäischen Bildauffassungen!) im japanischen Farbholzschnitt (vgl. S. 176, 196, 198). Allerdings sind, trotz vieler Ähnlichkeiten im grafischen Element und im arbeitsteiligen Herstellungsprozess, die ostasiatischen Bilddrucke prinzipiell anders stilisiert als diejenigen der europäisch-westlichen Welt. Ein prägnantes Beispiel für solche Differenz bietet die Szene eines Liebespaares von Suzuki Harunobu (1725–1770) im neuen Mehrplattendruck der Zeit um 1765. Harunobu kann als der erste Großmeister des stilistisch reich entwickelten Farbendrucks im Japan der mittleren Edo-Zeit (1603–1867) gelten, mithin als künstlerischer Pionier des sogenannten »Ukiyo-e« (Fahr-Becker, S. 13). Die Bildgattung des Ukiyo-e (»fließende Bilder«) umfasst Themen des bürgerlichen Alltags, der Liebe und Naturschönheiten, des anekdotischen und bühnenhaften Geschehens. In ihnen wird die Welt der fließend-flüchtigen Phänomene von Leben, Kunst und Sitte gezeichnet, von großen wie kleinen Gefühlen, Vergnügungen und Nachdenklichkeiten. Fließend sind aber nicht nur die Bildfolgen in ihrem szenischen Wechsel, auch nicht nur die Vergänglichkeiten von Tag und Nacht, von Jahreszeiten, fließend sind insbesondere die Figuren im Kontrast zu ihrer Umgebung. Unser Beispiel zeigt ein sitzendes Mädchen, das gerade – einen Brief schreibend – sich umwendet zu ihrem Geliebten, der von ihr Abschied nimmt. Zart und fein stilisiert ist hier alles: die im Linienornament verschwindende Geschlechtlichkeit der Protagonisten, die Haltungen des Neigens und Wendens, die Muster der Textilien, dazu die Tonspiele der Teilflächen innerhalb streng gefügter Raumachsen. Kurvolinearität und Axialität sind die Grenzkräfte einer grazilen Figürlichkeit und Farbigkeit, die so dem europäischen Auge völlig neu waren. Doch sollte es noch 100 Jahre dauern, bis dieses Neue importiert war.

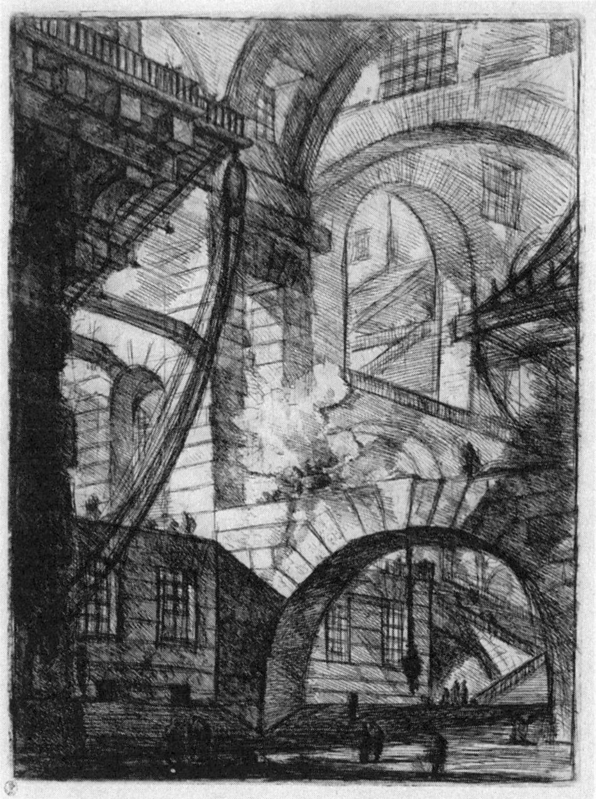

Giovanni Battista Piranesi: Carceri d'Invenzione
um 1750 · Radierung (1. Zustand), 550 × 410 mm
(München, Staatliche Graphische Sammlung)

Giovanni Battista Piranesi: Carceri d'Invenzione

Piranesi (vgl. S. 150) hat die Serie seiner *Carceri d'Invenzione* zwischen 1745 und 1761 in zwei Zuständen radiert. Des Titels Doppelsinn ist immer bemerkt und unter den Vorzeichen jeweils aktueller Theorien leidenschaftlich diskutiert worden (Bredekamp, S. 31). »Kerker« *aus* der Fantasie und *für* die Fantasie, dazwischen bewegen sich die meisten Deutungen.

Zu sehen sind mehr oder weniger abstrakte Raumgebilde, in denen der vielfachen Durchdringung und Ausleuchtung von Mauern, Bögen, Tonnen, Emporen und Treppenanlagen gefrönt wird, dies durchaus im Sog abgründiger, albtraumhafter Visionen. Die Elemente und Strukturen sind einerseits qualvoll überdichtet, andererseits in sich zerrissen und monströs zusammengestückt. Requisiten (Ketten, Flaschenzüge, Leitern) der zweifellos unterirdischen Stätten erinnern an Bergbau, Kanalisation oder Kasematten, aber auch an gigantische Folterkammern und Höllenverliese, sie rüsten ein Szenario des Schreckens, von düsterer Zuständlichkeit und Betriebsamkeit aus, wie sie eher nur in den Nachtbildern des Angsttraums oder des in Verworrenheit gefangenen Unbewussten existieren. Menschliche Figuren, die in diese Riesenkerker wie Insekten hineingesetzt sind, erscheinen eher als Opfer dieser Zustände denn als steuernde Vernunft- und Willenskräfte. Und doch unterliegt die gesamte Bildanlage der planenden Intelligenz des Subjekts, eben dessen, der hier in freier Erfindung die Fäden der Gestaltung zieht, der entwirft und herrscht. Somit werden die »Kerker« ebenso gebaut wie ständig auch gesprengt. Piranesi, der Architektur, Fantasie, Unbewusstes und Geschichte metaphorisch in eins zu setzen vermochte, hat Radiernadel und Säure für seine Formzwecke adäquat eingesetzt. Indem alle Strichform im gestuften Ätzgang bald verdeutlichend geklärt, bald wie ›verrottend‹ ineinander gedrängt ist, gelingt es, das Gleichnis von Freiheit und Zwang schon auf der Ebene des Lineaments anschaulich zu machen.

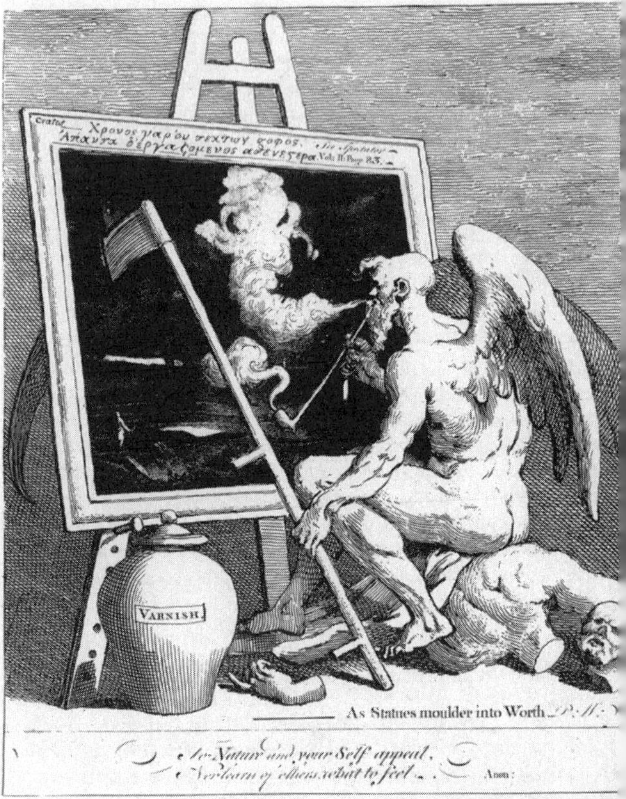

William Hogarth: Time smoking a Picture
1761 · Radierung und Mezzotinto, 202 × 172 mm

William Hogarth: Time smoking a Picture

Hogarth (vgl. S. 152) war nicht nur einer der ersten politisch engagierten Karikaturisten der Grafikgeschichte, er hat mit seinen Blättern auch in die Kunstdebatten seiner Zeit eingegriffen. Als ›Allrounder‹, der zunächst (ab 1720) gebrauchsgrafische Kleinarbeiten und erzählerisch kritische Bildzyklen in Angriff nahm, seit 1733 als Sittenmaler, ab 1740 auch als diagnostisch zupackender Porträtist tätig war und schließlich mit seinem kunsttheoretischen Traktat *Analysis of Beauty* (1753) hervortrat, kannte er alle Ebenen des Kunstschaffens. Er bekämpfte deshalb auch die beiden Hauptgegner seines Modernisierungswillens: akademische Traditionsstarre und ›verdunkelnde‹ Kennerschaftsattitüde der Modeschriftsteller. Gegen beide zog er grafisch zu Felde, forderte dabei die Besinnung auf Natur und künstlerisches Selbstgefühl (Hinz, 1980, S. 201). In diesem Sinn zu verstehen ist auch sein 1761 herausgegebenes Subskriptionsticket für einen Kupferstich, ein herzhaft karikierendes Bildchen, das ebenso witzig wie gedanklich komplex ein kunsttheoretisches Manifest der Zeit liefert.

Chronos, der Gott der Zeit, sitzt Pfeife rauchend als geflügelter und nackter Greis an der Staffelei. Er bläst den Rauch auf das Bild vor ihm, wobei das modische Mezzotinto (vgl. S. 122) des Gemäldedunkels einen absichtsvoll witzigen Sprung innerhalb der Logik des grafischen Systems bedeutet. Sein Attribut, die Sense (›Zahn der Zeit‹), hat die verräucherte Leinwand durchschnitten. Nicht nur das patinierte Bild ist beschädigt, auch Trümmer der antiken Plastik, worauf Chronos sitzt, und das Gefäß mit dem »Galerieton« (»Varnish«) daneben zeigen an, dass hier Blindheit und die Vergänglichkeit selbst am Werke sind. Mehrere Inschriften kommentieren den Vorgang gelehrt und mit gewisser Häme. Hogarth verspottet so die falsche Autorität der Kunst, die Tradition veralteter Doktrinen. Stattdessen appelliert er an die Originalität und Wahrheit echter Subjektivität.

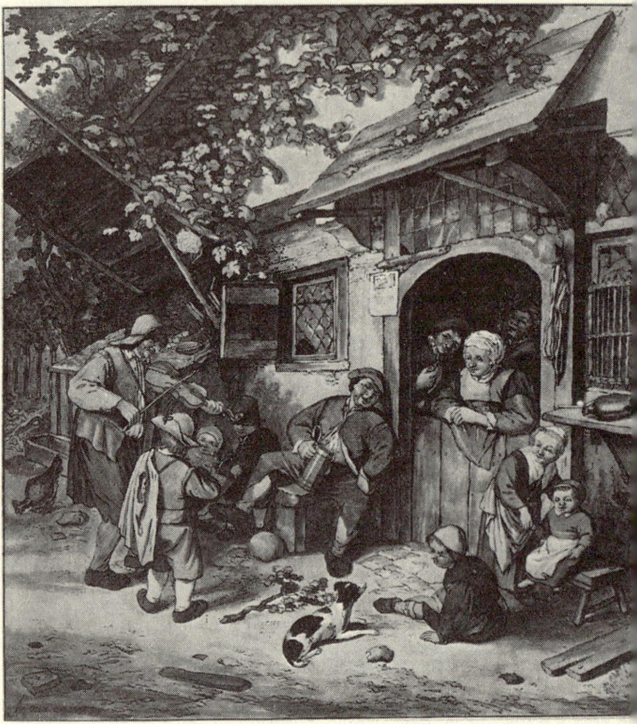

Cornelis Ploos van Amstel: Der Fiedler vor dem Bauernhof
1769 · nach Ostade, Radierung, Schabkunst und Aquatinta,
305 × 299 mm · (Coburg, Kupferstichkabinett)

Cornelis Ploos van Amstel: Der Fiedler vor dem Bauernhof

Um 1760/70 war eine Komplexität der grafischen Formgebung und Funktionsbeziehung erreicht, die gleichsam keinen ›toten Winkel‹ mehr in der Palette der Produktionen und Rezeptionen zuließ. Bilddruck hatte in jeder Art die expandierenden Märkte, Ansprüche, Erfindungen und Diskurse einer nun sich modernisierenden Öffentlichkeit zu bedienen. Unablässig wandelten sich dabei Angebot und Nachfrage. Zu den symptomatischen Neuerungen dieses Geschehens zählten die Faksimiledrucke (vgl. S. 162, 164, 166, 190, 208). Es sind dies spezialisierte Verfahren des Tiefdrucks, später auch des Flachdrucks, welche die »materiale Nachbildung« (Rebel, 1981, S. 14), also die augentäuscherische Reproduktion von Handzeichnungsvorlagen zum Zweck erhoben. Cornelis Ploos van Amstel (1726–1798) heißt hier einer der ersten und experimentierfreudigsten Meister (Wiebel, S. 103). Der Amsterdamer Kaufmann, Sammler und Grafiker veröffentlichte 1765 eine Sammlung von »Prentteekeningen« (Zeichnungsdrucke), deren technischer Modus sehr kompliziert ist. Mittels Ätzkunst, Schabtechnik (vgl. S. 122, 136) und eines sogenannten Sandkorn-Durchdrückverfahrens gelang es ihm, lavierte und bunt aquarellierte Zeichnungen so zu reproduzieren, dass Vorlagen und Drucke verblüffend übereinstimmen. Der Clou dabei: Die den Tuschformen entsprechenden Sandkornflächen mussten so in den Ätzgrund gepresst werden, dass ein der Aquatinta vergleichbarer Effekt gelang. Nadel, Wiegemesser, Schabeisen und Säure rundeten dann mit gestuften Ätzgängen das Imitat malerisch ab. Ploos van Amstel hielt sich zumeist an niederländische Originale des 17. Jahrhunderts. Unsere Genredarstellung eines rührseligen Stücks idyllischen Landlebens stammt in ihrem Original von Adriaen van Ostade (1616–1685). Lebhaft, figuren- und anekdotenreich, wie diese Bilder sind, musste der Ehrgeiz des Faksimilisten darin bestehen, Farbtuschen, Strichformen, Lichter, alles über mehrere Platten verteilt, effekt- und formatgleich zusammenzudrucken.

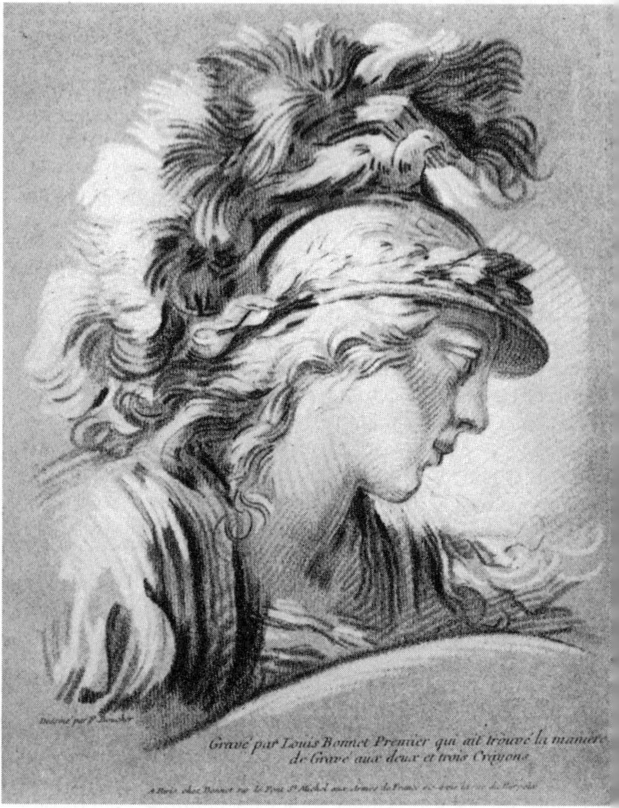

Louis Marin Bonnet: Kopf der Athene
um 1773 · Crayonradierung in zwei Platten, 310 × 237 mm
(Wien, Albertina, Inv.-Nr. 28724)

Louis Marin Bonnet: Kopf der Athene

Noch vor Erfindung der Aquatinta (vgl. S. 164, 182, 184) gelang es den französischen Grafikern, die Faksimiletechnik der »Crayonmanier« zu vervollkommnen. Seit etwa 1750 war es damit möglich, Kreide- und Pastellzeichnungen mit zwei bis drei Farbplatten augentäuscherisch zu reproduzieren. Die entscheidende Idee lag darin, dass die körnige Struktur der Rötel-, Kohle- oder Pastellstriche durch gezähnte Rädchen und Walzen (»Roulette«, »Moulette«), zudem mittels zahnbesetzter Kugelhämmer (»Mattoir«) in den Ätzgrund der Platten eingetieft wurde. Roll- und Tupfspuren dieser Crayon-Instrumente entsprachen dem Gestus und der porösen Strichform der Originalzeichnungen sehr genau, wobei Ätzarbeit und trocken punzierende Nachbesserung (vgl. S. 131, 173) im Herstellungsprozess sich ergänzen mussten. Besonderes Spezialistentum darin erreichte der geschäftstüchtige Pariser Verleger und Grafiker Louis Marin Bonnet (1736–1793). Erstmals 1767 legte dieser eine Mappe mit sogenannten »Pastelldrucken« vor. Das sind Radierungen, die sich dadurch auszeichnen, dass erstens auf getöntem Papier, zweitens mit einer dem höhenden Deckweiß entsprechenden, nicht gilbenden weißen Druckfarbe gearbeitet wurde. 1774 steigerte Bonnet sein Verfahren ins Raffiniert-Luxuriöse, indem er sogar die Goldbronzefarbe von modischen Bilderrahmen mit reproduzierte, also den Materialcharakter der Drucke dekorativ und verkaufsträchtig ›aufschönte‹. Druckgrafik stellte sich damit in den Dienst des sich selbst ästhetisierenden Surrogats.

Kurz vorher, um 1773, entstand Bonnets *Kopf der Athene* nach einer Vorlage von François Boucher (1703–1770). Schwarz- und Weißplatte sind auf blaues Papier gedruckt. Die Inschrift verrät nicht ohne Stolz, dass er – Bonnet – der Erfinder im »Zwei- und Dreifarbenkreidedruck« sei, jener neuen »Manier« also, die auf den Erwerb vor allem durch Handzeichnungssammler schielte. Denn wer solche Drucke kaufte, erwarb ja gewissermaßen ›Zeichnungen‹.

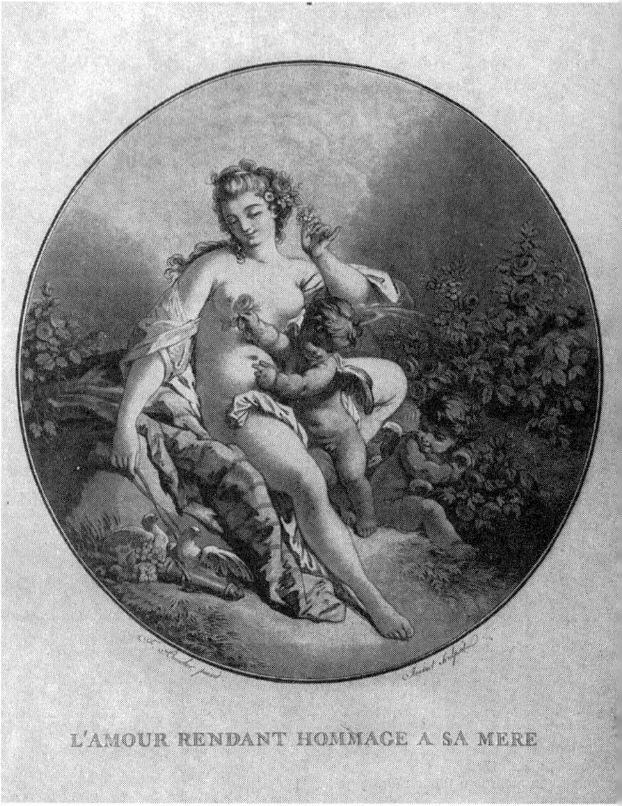

Jean François Janinet: L'amour rendant hommage à sa mère
um 1775 · Farbaquatinta von mehreren Platten, 283 × 259 mm
(Kunstsammlungen Veste Coburg)

Jean François Janinet: L'amour rendant hommage à sa mère

Der galante französische Bilddruck nimmt um 1770 manches von dem vorweg, was heute ›erotische Unterhaltung‹ heißt. Angesiedelt sind die Stoffe mit aller Kunstfertigkeit irgendwo zwischen akademischer Formelbildung, Kitsch und Pornografie. Soweit Faksimiletechniken (vgl. S. 162) dabei im Spiel sind, tendiert der Charakter dieser Bildware durchaus auch zum akademischen Ernst des Studierens und Sammelns. Eine elegante Mitte zwischen den Fächern hält Jean François Janinet (1752–1814). Er hat als erster das Vierfarbendruckprinzip von Le Blon (vgl. S. 136) auf die Möglichkeiten der Aquatintatechnik (vgl. S. 182, 184) hin angewendet. Dieses zwischen 1750 und 1768 in Frankreich erfundene Flächenätzverfahren basiert darauf, dass Harzkörner auf die Druckplatte aufgestäubt und angeschmolzen werden. Im Ätzprozess kann die Säure nur die winzigen freien Metallstellen innerhalb des Harznetzes angreifen. So wird im Abdruck für das Auge eine zart gerasterte Tonfläche erzeugt, die bei weiterer Bearbeitung den zu reproduzierenden Aquarell- und Pinseleffekten dienlich ist (Wiebel, S. 179). Janinet hat die Gelb-, Rot-, Blau- und Schwarzplatte in ihren verschiedenen Anteilen von Strich- und Flächenformen so übereinander gedruckt, dass schließlich das Aussehen einer farbig getuschten Pinsel- und Federzeichnung zustande kam. Um den Anschein von ›Originalzeichnung‹ zu bekräftigen, wurden mit Punzen und Wiegemesser zusätzliche farbtragende Elemente eingetieft.

Das Blatt *Amor überreicht seiner Mutter ein Zeichen seiner Ehrerbietung* (Farbstiche, S. 49), reproduziert nach einer Vorlage von Boucher, gehört zu den frühen, um 1775 entstandenen Arbeiten des Pariser Modegrafikers. Gezeigt ist die fast nackte und sich genüsslich räkelnde Liebesgöttin Venus, die von ihrem kleinen geflügelten Sohn Amor eine Blüte überreicht bekommt. Kunst für ›Liebhaber‹: Neckische Niedlichkeit und augenzwinkernde Pikanterie trafen in der Hülle virtuosen Handwerks den Geschmack der Zeit.

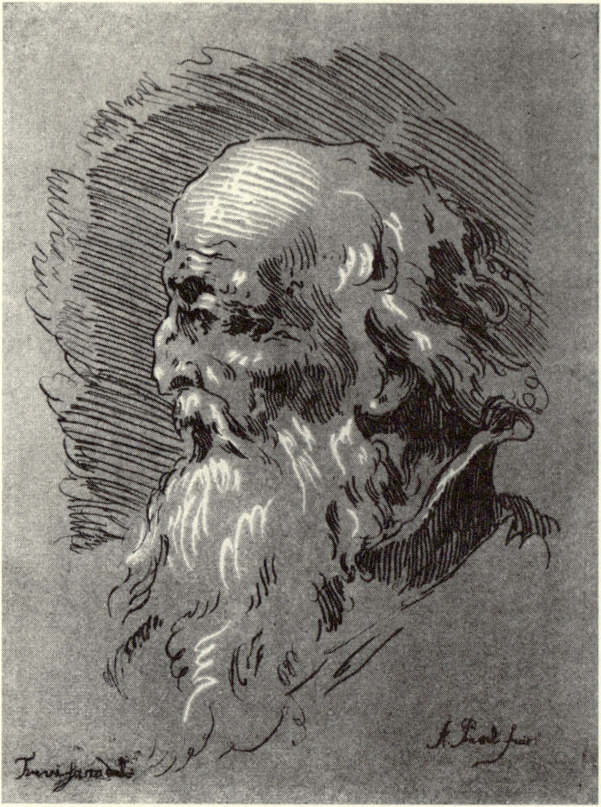

Johann Gottlieb Prestel: Studie nach Trevisani
um 1775 · Radierung und Holzschnitt (Tonplatte), 345 × 252 mm
(München, Staatliche Graphische Sammlung, Inv.-Nr. 113055)

Johann Gottlieb Prestel: Studie nach Trevisani

Niemand hat in Deutschland zwischen 1775 und 1800 die Kunst der faksimilierenden Reproduktion vielseitiger und ambitionierter ausgeübt als der Allgäuer Johann Gottlieb Prestel (1739–1808). Zusammen mit seiner Ehefrau Maria Katharina (geb. Höll; 1747–1794) praktizierte er sämtliche Arten der »Handzeichnungsmanier« (Kiermeier-Debre / Vogel). Feder-, Stift- und Pinselzeichnungen von italienischen, holländischen, deutschen Meistern aller Epochen reproduzierte er technisch versiert, wobei die Mehrplatten-Farbaquatinta im Zentrum seines Repertoires steht. Prestels Werk markiert noch in der vorindustriellen Epoche die Anfänge des Surrogatgeschäfts in der technisch expandierenden Bildindustrie.

Als eine der frühen Arbeiten entstand um 1775 die Serie der Zweiplattendrucke nach Kopfstudien von Francesco Trevisani (1656–1746). Unser Beispiel (Rebel, 1981, S. 86) zeigt auf getöntem Grund das Profil eines alten bärtigen Mannes. Breitkielige schwarze Federstriche und einige wenige ausgestreute Weißhöhungen dazwischen ergeben ein flüchtig-nervöses Bildmuster, das bis in die doppelte Signatur hinab die Frische und Spontaneität handschriftlicher Form behauptet. Doch ist alles eben nur Reproduktion, ›Fälschung‹ – wenn auch Fälschung ohne Betrug! Nach Abdruck der Holzplatte, die für die Papierfarbe steht und worin die Weißhöhungsformen ausgespart sind, druckte Prestel darüber im zweiten Gang eine Radierplatte mit faksimilierten Federstrichformen. Derlei gratige Freihandgesten konnten mit einer zweiendigen Radiernadel treffend nachgeahmt werden. Während also die Schwarzform dem Tiefdruckprinzip der Radierung angehört, kommt mit der weißhöhenden Tonplatte das Hochdruckprinzip des Holzschnittes zum Einsatz. Diese interessante, wenn auch nicht ganz werkgerechte Kombination der Drucksysteme steht im Dienst der Augentäuschung. Sie dient einem Bildungsstreben, das auf die Aura des künstlerischen Originalzustandes nicht verzichten will.

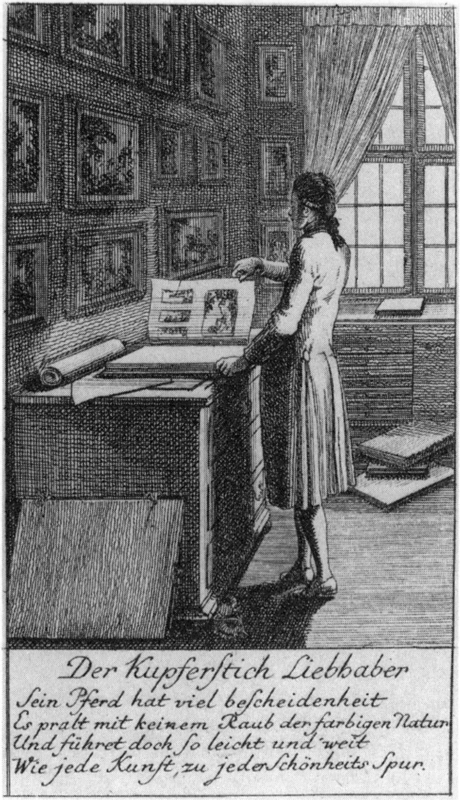

Daniel Chodowiecki: Der Kupferstich Liebhaber
1780 · Radierung, 89 × 50 mm · (London, Britisches Museum)

Daniel Chodowiecki: Der Kupferstich Liebhaber

Ein jugendlicher Mann steht respektvoll-gesammelt an einer Kommode seines häuslichen Grafikkabinetts (Griffiths/Carey, S. 62). Er blättert konzentriert in einem Album. Einige am Boden liegende Mappen sind die einzigen ›leger‹ wirkenden Objekte im ansonsten pedantisch geordneten Raum. Die Wand ist von Bildern wie vertäfelt; Schubladen, Fenstersprossen, Rock- und Vorhangfalten – alles ergibt im spröden Licht-Schattenspiel eine streng geordnete Fülle. Der aufrecht Stehende mit der ordentlichen Schleife im Zopf verkörpert darin den wohlanständigen Lebensstil des gehobenen und gebildeten Bürgertums. Sammeln und Studieren von Grafik gehört hier zur Klarheit des Geisteslebens, so ähnlich selbstverständlich wie das private Glück zum Erfolg der Geschäfte, wie zur Tinte das Papier oder wie das blanke Metall der Radierplatte zum säuberlichen Muster der geätzten Striche. Kurzum: Leben im sortierten Schwarzweiß. Das Gedicht darunter gibt uns die Quintessenz. Mit »Bescheidenheit« und doch »leicht und weit« bewege sich der *Kupferstich Liebhaber* in »jeder Schönheits Spur«. Sammeln und Ordnen der erworbenen Blätter garantiere also das Gleichgewicht aus Bildung und Genuss.

Entwerfer und Radierer dieser kleinen, stillen Szene konzentrierter Bildbetrachtung ist Daniel Chodowiecki (1726–1801). Zwischen 1760 und 1797 etwa, da er Direktor der Berliner Akademie wurde, schuf er eines der umfangreichsten Radierungs-Œuvres der deutschen Grafikgeschichte. Man zählt heute über 2000 Drucke aus seiner Hand, wobei es sich in der Hauptsache um Roman-, Kalender- und Almanachillustrationen handelt. Doch auch selbständige Bildfolgen sind darunter, sie erinnern in ihrem nicht selten trockenen, gelegentlich auch etwas steifen Humor entfernt an Hogarths Sittenschilderungen (vgl. S. 152, 158). Der vorliegende Druck ist einer von 12 Radierungen zum Thema »Steckenpferdreiterei« und wurde 1781 im *Lauenburger Genealogischen Calender* veröffentlicht.

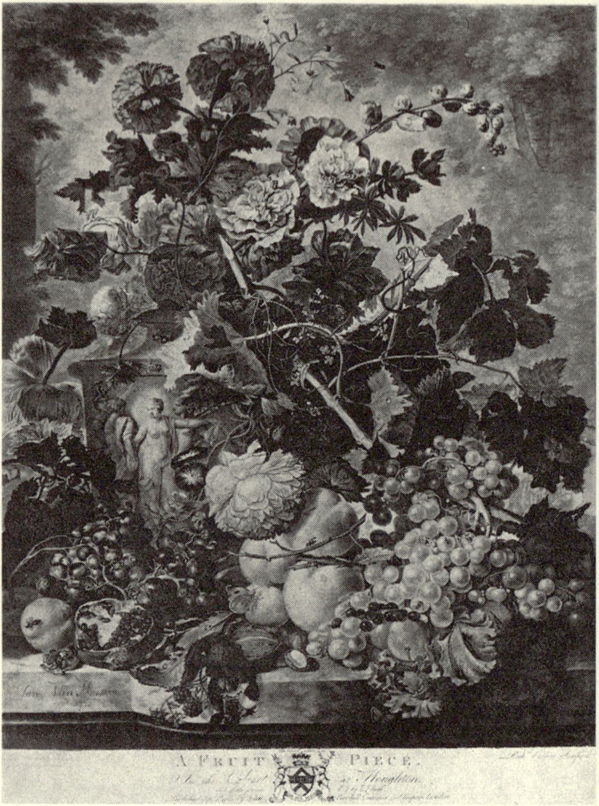

Richard Earlom: Früchtestillleben (nach van Huysum)
1782 · farbiges Mezzotinto, 503 × 392 mm
(Coburg, Kupferstichkabinett)

Richard Earlom: Früchtestillleben (nach van Huysum)

Grafiksammler sind ebenso Normalisten wie Extremisten. Qualitätvoll jeweils, ›gekonnt‹, ›stilvoll‹ müssen die Sammlungsstücke sein, das ist das beide Pole verbindende Kriterium. Richard Earlom (1743–1822), der wohl größte Könner in der Geschichte der Schabkunst, bediente die Interessen beider Sammlertypen. Der einen Seite nach reproduzierte er ab 1767 Meisterzeichnungen (etwa nach Claude Lorrain), lieferte somit jenen Handzeichnungssammlern, die in Lorrain den klassischen Gipfel der Landschaftsmalerei sahen, exquisites Vergleichsmaterial. Auf der anderen Seite präsentierte Earlom auf Basis der nämlichen Schabtechnik (vgl. S. 122, 136) virtuos vielfarbige Buntdrucke, die in mehreren Färbungsschritten ein und derselben Druckplatte entstammten. Letztere Arbeiten stehen der Monotypie (vgl. S. 94) nahe, gehören also eher in den kuriosen Randbereich des Grafikfachs. Ob klassisch oder kurios, immer konnten bei Earlom nach Bedarf Elemente der Linien- und Roulettradierung (vgl. S. 163) ergänzend zum Mezzotinto hinzutreten.

Das *Fruit Piece* von 1782 (Lambert, S. 103) rivalisiert schon im Format mit der Farbpracht von Ölmalerei. Nach einer Vorlage des Früchte- und Blumen-Spezialisten Jan van Huysum (1682–1749) legte Earlom ein Meisterwerk der Gemäldereproduktion vor. Nur wenige Abdrücke waren bei derart subtilen Zahnrastergrundierungen überhaupt möglich, außerdem fiel jedes Blatt wegen der polychromen Einfärbungen zwangsläufig etwas anders aus. Jeder Abzug also quasi ein Gemälde-Original! Entsprechend hoch konnte der viel gefragte Londoner Schabkünstler seine Preise veranschlagen. Sein in Coburg befindliches *Fruchtstück* verwöhnt denn auch seine Liebhaber mit erstaunlichem Nuancenreichtum. Früchte, Blüten, Stengel, Blätter, Insekten, Wassertropfen, Nussschalen, Marmor- und Alabasterarbeiten, alles vor atmosphärischem Naturraum, verschmelzen zu einem großen und unendlich feingetönten Akkord von (beinahe!) originaler Stilllebenmalerei.

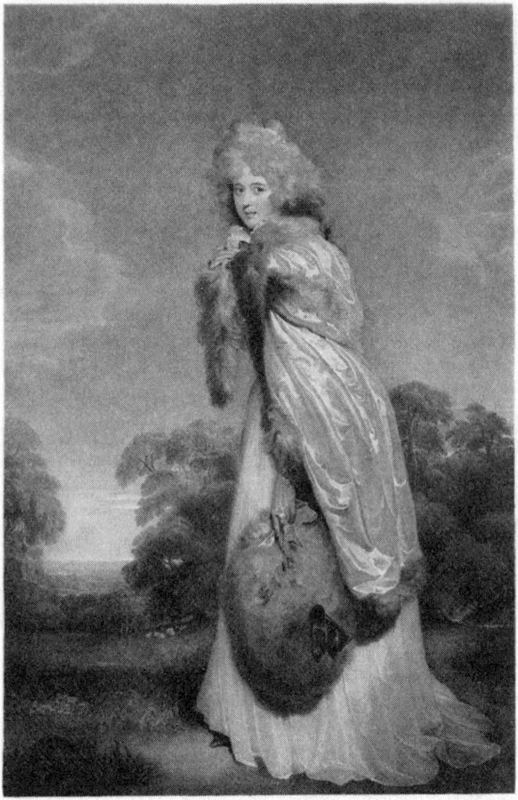

Francesco Bartolozzi: Bildnis Miss Farren
1792 · Farbpunktierstich und Radierung nach Thomas Lawrence, 555 × 355 mm · (Wien, Albertina, Inv.-Nr. 1930/567)

Francesco Bartolozzi: Bildnis Miss Farren

Auch Reproduktionsgrafiker können ›Stars‹, Spitzenverdiener ihres Metiers sein, im Einkommen manchmal über denen, deren Vorlagen sie vervielfältigen. Ein glanzvolles Beispiel dafür gibt der Florentiner Francesco Bartolozzi (1727–1815). 1764 siedelte der Sohn eines Goldschmieds nach London über, wo er sofort bestbezahlte Arbeit beim Verleger John Boydell (1719–1804) bekam. 1768 gehörte er dann als königlicher Hofkupferstecher zu den Gründungsmitgliedern der Royal Academy. Was machte ihn so erfolgreich? Die Tatsache wohl, dass er seine in Italien erworbene Handwerksvirtuosität in eine dem Pastell verwandte, den Zeitgeschmack genau treffende Bildmode, die »English manner« (auch »stipple work«), zu investieren verstand. Auf Grundlage der älteren Technik des Punzenstichs (vgl. S. 128) entwickelte Bartolozzi das punktierende Element für die Radierung weiter. Das Prinzip: In den harten Ätzgrund wird mit dem »Mattoir« (einem gezähnten Kugelkopfhammer) jener hauchzarte Punkteflor eingedrückt, der dann nach mehreren Ätzbädern das modisch so begehrte Puder-Flair ergibt. In der Regel wurden verschiedene Farbmassen in nur eine Platte eingerieben (ähnlich Earloms Mezzotinten vgl. S. 170), damit im Abdruck das erhalten gebliebene Papierweiß zwischen den geätzten »Stipples« für schwebend-duftige Valeurs sorgen kann. Vor allem Damenporträts profitierten von diesem atmosphärischen ›Make Up‹ der geätzten Punktierung. Das 1792 nach einer Vorlage von Thomas Lawrence (1769–1830) radierte Ganzfigurenbildnis der Schauspielerin *Miss Farren* macht den Image-Gewinn offenkundig. Die elegante Dame (sie stieg später noch zur Countess of Derby auf) wendet sich in Seiden und Pelzen schelmisch lächelnd dem Betrachter zu, während Wiesenpartie, Baumgruppen und zarter Wolkenhimmel atmende Kontraste schaffen. Naturfrische und Formenschmelz stimmen meisterlich überein. Zunehmend propagiert Grafik nun auch Gefühlslagen dessen, was wir heute ›Lifestyle‹ nennen.

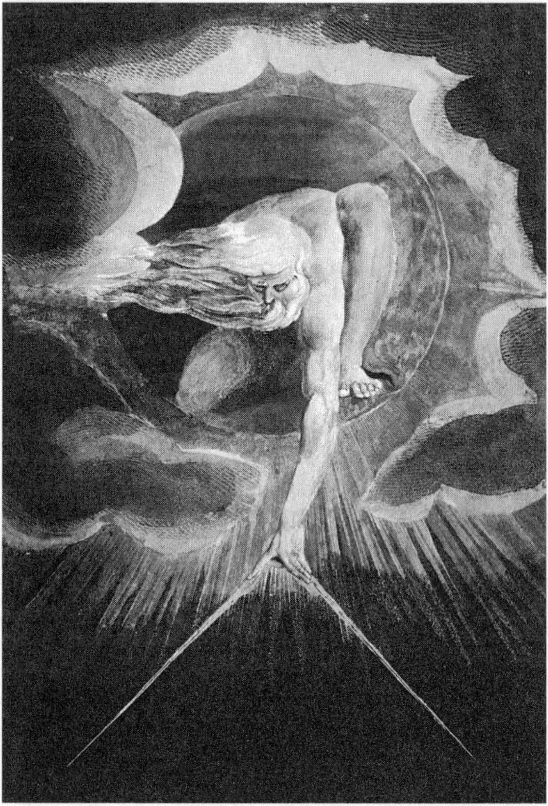

William Blake: Der Alte der Tage
1794 (handkoloriert 1821) · aus *Europe: A Prophecy*,
Reliefätzung, 304 × 236 mm

William Blake: Der Alte der Tage

William Blake (1757–1827) ist einer der Sonderlinge in der europäischen Kunstgeschichte, den meisten seiner Zeitgenossen galt er schlicht als ›verrückt‹. Zeitweise kommerzieller Zeichner und Stecher, unter anderem tätig für die Wedgewood-Keramikmanufaktur, arbeitete Blake auch als Dichter, sozialutopistischer Philosoph, religiöser Phantast. Nicht zuletzt ist er Erfinder einer neuen Drucktechnik. Seine sogenannte »Reliefätzung« kam 1793/94 erstmals zum Einsatz, als Blake mit zwei romantisch-visionären Bildergeschichten, *Book of Urizen* und *Europe: A Prophecy*, figürliche Zeichnungen und handschriftlichen Text von gleicher Platte druckte. Er schrieb und zeichnete mit Asphaltlack direkt auf die Metallplatte und ätzte alle nicht gedeckten Partien tief, so dass ein Relief aus hochdruckender Positivform und tiefgeätzter Negativform entstand. Dem Effekt nach Hochdruck, bezieht das eigenwillige Verfahren die Hauptkomponente seiner Herstellung aus dem Tiefdruck (Ätzung). Blake zog diese Figuren-Schrift-Reliefs dann im monotypischen Sinne buntfarbig ab, bzw. kolorierte sie mit Aquarellfarben per Hand nach. Jeder farbige Abdruck geriet so zum Unikat.

Das Frontispiz aus *Europe* zeigt ein im Thema zunächst vertrautes Bild: Gottvater beim Schöpfungsakt, die Welt aus der Maßlogik seines göttlichen Zirkels entwerfend. Doch schon die düster zuckenden Farben, vollends dann die schriftlichen Zusammenhänge verdeutlichen, dass hier das ehrwürdig biblische Motiv pessimistisch uminterpretiert ist. Gottvater (*Der Alte der Tage*), Blake nennt ihn auch *Urizen*, ist kein guter Schöpfer, vielmehr ein blindwütiger Tyrann. Sein Zirkel, der als jupiterhafter Blitz das Dunkel des Weltenraums durchsticht, ist nichts als ein Zeichen von Gewalt und Schrecken. Liebe und Barmherzigkeit fehlen diesem alttestamentlichen Schöpfer und Strafer. Blake fordert anstelle des alten ein neues Schöpfungs- und Ordnungswesen. Als Einheit von Jesus Christus, Imagination und verbrüdernder Liebe müsse es das Projekt der Zukunft sein.

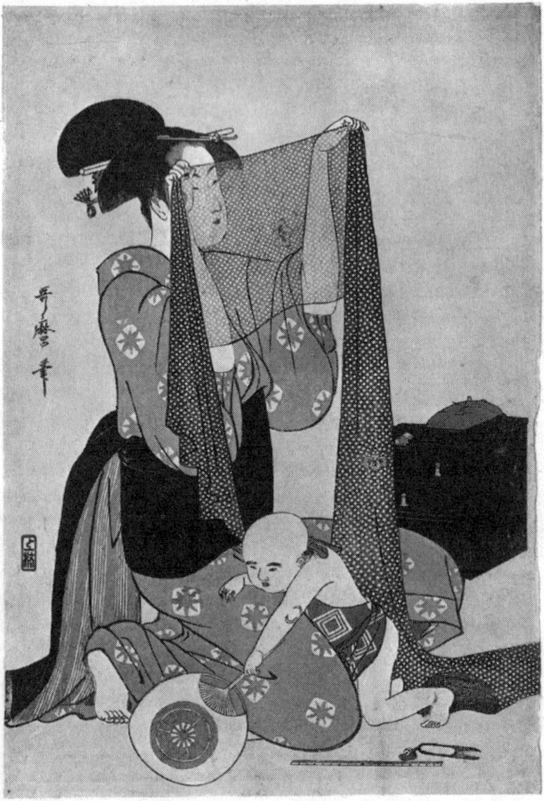

Kitagawa Utamaro: Mutter und Kind
um 1795 · Farbholzschnitt, 385 × 255 mm
(Wien, Albertina, Inv.-Nr. 1904/133)

Kitagawa Utamaro: Mutter und Kind

Am Ende des 18. Jahrhunderts (westlicher Zeit) schuf Kitagawa Utamaro (1753–1806) seine schönsten Farbholzschnitte. Der technisch vielleicht raffinierteste aller »Ukiyo-e«-Grafiker (vgl. S. 154) verfügte auch thematisch über ein reiches Spektrum. Neben Buchillustrationen, erotischen Figuren, Landschaftsalben interessierten ihn charakteristische Frauentypen und häusliche Szenen, worin die Schönheit der Frauen als ideale Verkörperungen anmutiger Schlichtheit gefeiert wird.

Die Mutter-und-Kindszene (Fahr-Becker, S. 174) bildet den linken Teil eines Triptychons, welches bürgerliches Alltagsleben in Edo (heutiges Tokio) zeigt. Will man verstehen, weshalb etwa Toulouse-Lautrec (vgl. S. 242) hundert Jahre später sich so sehr am Japaner Utamaro begeisterte, muss man das melodisch gezeichnete Spiel der Verdeckungen studieren, das hier im Verhältnis der Figuren zueinander und zum Raumgrund erzählt, inszeniert, komponiert ist. Eine junge Mutter hat ihr kleines Kind schützend zwischen die Schenkel eingefasst, weil dieses verspielt seinem Entdeckungsdrang folgt. Während so das Kind halbwegs beaufsichtigt bleibt, prüft die Mutter gleichzeitig ein Stück Seide. Sie hält deren fast durchsichtiges Punktemuster gestrafft so vor das Auge, dass wir unsererseits das Frauengesicht darin verdeckt, durchscheinend und ornamentiert sehen. Aufrechter Kniesitz, Kinderbändigung, Haushaltsarbeit fügen sich zu einer Gesamtfigur, die zwar einen Ort (Schere und Maßstab liegen vorne am Boden, ein Lackmöbel mit Nadelkissen steht blockhaft seitlich hinter der Mutter), aber keinen Raum im linearperspektivischen Sinne besitzt. Statt Grenzen, Achsen und Fluchten umgibt ein hellfarbiger Flächenton die Konfiguration. Auf ihn beziehen sich andere teils kräftig kontrastierende, teils zart gestufte Flächenteile. Figuren und Dinge, Ausfüllungen und Anschnitte bewahren im Verhältnis zum Grundton atmende Balance. Alltagsleben erscheint im sublimierenden Wohlklang der Form. Wir sehen, die Verkehrung des Niederen zum Hohen ist nicht allein Sache der Europäer.

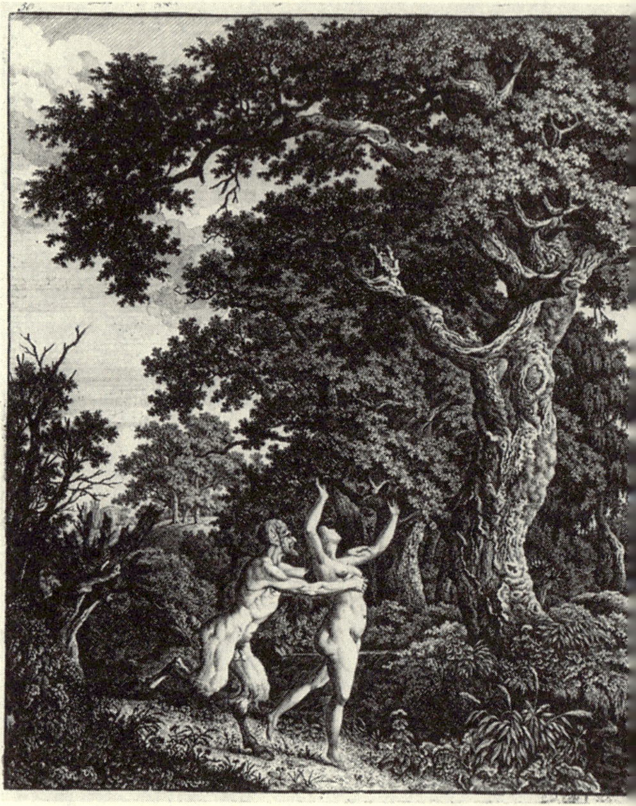

Carl Wilhelm Kolbe: Satyr verfolgt Nymphe
1796 · Radierung, 363 × 291 mm
(London, Britisches Museum)

Carl Wilhelm Kolbe: Satyr verfolgt Nymphe

Grafische Bilder sind immer auch Lesestoff. Nicht nur, dass sie oft Inschriften enthalten und illustrativ zur Veranschaulichung von Texten beitragen, oft genug zeigt die grafische Bildform selber eine dem Leseprozess verwandte »Textur«. Auch Buchstaben sind ja lineare Gebilde. Wenn etwa der Schweizer Dichter und Radierer Salomon Geßner (1730–1788) seine *Idyllen* als Einheit von Dichtkunst und Radierkunst auf den Buchmarkt brachte, so bot er damit dem Publikum Lese- und Augenschmaus zugleich.

Ein Anhänger Geßners war der Dessauer Philologe, Pädagoge, Zeichner und Radierer Carl Wilhelm Kolbe (1759–1835). Dieser vertrat die Auffassung, dass Deutsch und Griechisch die beiden poesiestärksten Sprachen der Welt seien, ganz so, wie die deutschen und die arkadischen Eichen das gemeinsame Ursymbol für Wachstum und Freiheit schlechthin bildeten – eine gewiss kühne, aber durchaus zeittypische Vorstellung. 1796 erschien sein erster Radierzyklus *49 Blaetter groestentheils Landschaftlichen Inhalts,* worin Kolbe etwas regellos (Martens, S. 16), doch enthusiastisch Begeisterung zum Ausdruck bringt: patriotische Liebe zur sächsischen Heimat, vor allem zu ihren Eichenwäldern, und seine Verehrung antiker Hirtendichtung, insbesondere Theokrits und Vergils Arkadien-Poesie. In *Satyr, eine Nymphe verfolgend* kommen diese Gedanken zur bildlichen und buchstäblich bedrängenden Einheit. Unter einem mächtigen Eichenbaum versucht der tierische Hirtengott sich einer fliehenden Nymphe zu bemächtigen. Links, aus der Hintergrundferne, grüßt zart umrissen ein Rundtempel. Doch Kolbes Bild von der Einheit aus Antike, Natur und Sinnenlust trägt keineswegs nur literarisches Gepräge. Die fein gestufte Ätzung der knorrigen Baumstämme, gerippten Blätter, buschigen Kräuter, hell belichteten Menschenkörper, garantiert eine klar ›leserliche‹ und zum Greifen (!) nah vors Auge gebrachte Bildform. Vom Ätzen und Auswischen hängt ab, wie »nervös« die Fülle der Kleinteiligkeit ausfällt.

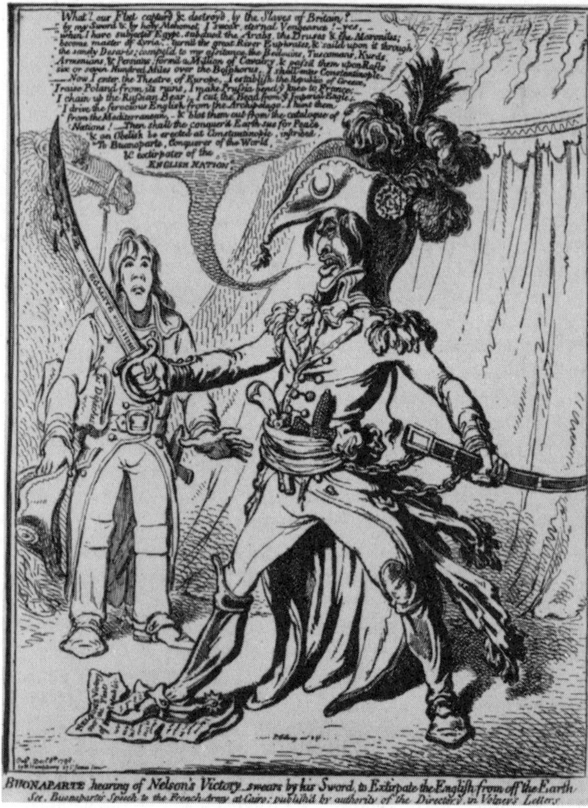

James Gillray: Bonaparte Hearing of Nelson's Victory
1798 · Radierung, 383 × 288 mm · (Hamburg, Kunsthalle)

James Gillray: Bonaparte Hearing of Nelson's Victory

Packendster ›Bildlesestoff‹ ist seit je die gedruckte Karikatur. Ihre Anfänge mag man entweder schon ins frühe 16. Jahrhundert oder erst ins mittlere 18. Jahrhundert (vgl. S. 158) verlegen, immer aber sind ihre Kriterien im mehrfachen Wortsinn von ›Verzerrung‹ begründet: Tagesaktuelle Geschehnisse werden – meist in personalisierter Kürzelgestalt – spöttisch oder aggressiv so auf den zeichnerischen Nenner gebracht, dass darin das ›Typische‹ eines Themas belacht werden kann. Letztlich soll die Verzerrung einem Entlarvungs- oder Agitationszweck dienen. Zum Spaß wie zur politischen Pointe gehört allerdings auch, dass drucktechnisch ein breites Publikum erreicht wird.

Der Engländer James Gillray (1757–1815) ist um 1800 einer der schlagkräftigsten Spezialisten dieses auf politische Öffentlichkeit drängenden Bildfachs. Seine in derben Schwüngen hingezeichnete Radierung (Bild als Waffe, S. 175) trägt die Unterschrift »Buonaparte, wie er gerade von Nelsons Sieg benachrichtigt wird«, dazu das Datum »8. Dezember 1798«. Das welthistorische Ereignis selbst, auf das Gillray sich hier bezieht, liegt einige Monate zurück. Am 1. August 1798 hatte Admiral Nelson Napoleons Flotte bei Abukir im Nildelta besiegt. Das Bild zeigt Napoleons Reaktion auf die Nachricht. Ein Bote nebst Kamel hat im Heerlager von Kairo die Depesche überbracht, die nun zerfetzt unter dem Fuß des tobenden Tyrannen liegt. Dieser füllt mit seinem Wutausbruch, seiner prahlerischen Uniform, dem blutbefleckten Säbel das Bild nach Höhe und Breite aus. Eine gewaltige mit Racheschwüren und größenwahnsinnigem Wortschwall gefüllte Sprechblase entsteigt dem hässlich zerfurchten Piratengesicht, das kaum noch Ähnlichkeit mit der historischen Person hat. Dass die Figur mit ihren heftig verätzten Strichbündeln und Schattenschlünden letztlich nur eine lächerliche Fratzengestalt ist, ließ das Bild zum Instrument des Zeitgeists werden, zur imaginären Waffe gegen den realen Feind.

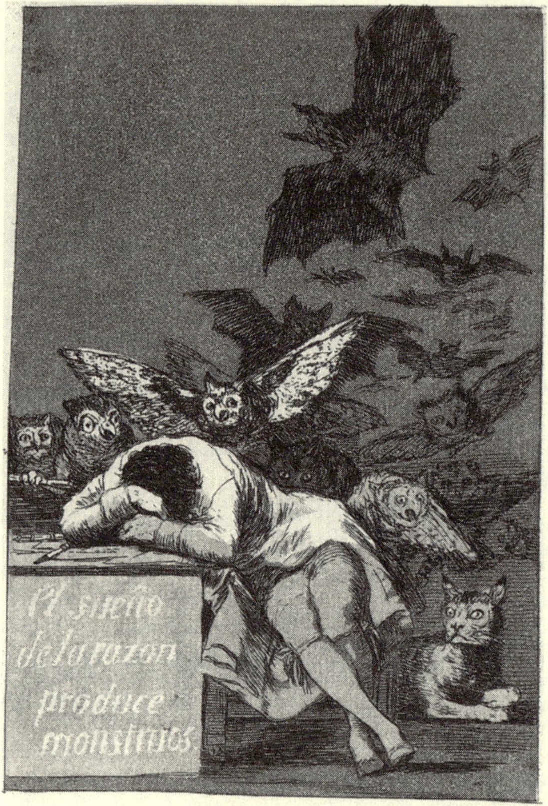

Francisco de Goya: Der Schlaf/Traum der Vernunft gebiert Ungeheuer
1799 · *Los Caprichos*, Bl. 43, Radierung und Aquatinta,
215 × 149 mm · (München, Staatliche Graphische Sammlung,
Inv.-Nr. 191776 D)

Francisco de Goya: Der Schlaf/Traum der Vernunft gebiert Ungeheuer

Francisco de Goya (1746–1828) hat die Aquatinta zum Gipfel ihrer Möglichkeiten geführt, dabei über alles Reproduktive hinaus in ihrer künstlerischen Potenz sichtbar gemacht (Rebel, 2001, S. 103). Während bisher (vgl. S. 164) der Kornraster möglichst unsichtbar gehalten wurde, tat Goya nun mit ihm gerade das Gegenteil. Er kehrte die amorphe Rasterstruktur hervor, wendete ihre schupppig-flimmernde Chaosform auf die Charakterisierung räumlicher wie figürlicher Bildformen an. Dazu variierte er Korngrößen, benutzte Schabmesser und Polierstahl, um Massierungen und Ränderungen der Flächen vom zartesten Grau bis zum Tiefschwarz abzuwandeln, und selbstverständlich kombinierte er in wechselnden Anteilen Flächenton mit Strichzeichnung.

Im berühmten Blatt 43 des 1799 erschienenen Radierzyklus *Los Caprichos* legte Goya zudem ein Manifest für seine radikal neue Kunstauffassung vor. Ursprünglich als Titelblatt der Folge vorgesehen, geriet es nun mitten in der Serie zum heimlich-unheimlichen Selbstbild eines zweiflerischen Bewusstseins. Alles darin ist auf Mehrdeutigkeit und Zwischenwirklichkeiten angelegt. »El sueño«: »Schläft« oder »träumt« der am Arbeitstisch niedergesunkene Mann? Steigen die »Monstruos« um ihn herum auf, weil die »Razon« schläft, oder gerade, weil sie die Ungeheuer im Traum »produziert«? Das aquatintierte Dunkel, das ihn griesig flimmernd umgibt und worin Tiergesichter, geflügelte Wesen seinen Geist bedrängen – ist es die Nacht des Albtraums oder die wahnhaft zerfallende Innenwelt eines sensiblen Menschen, der die Schrecken der Geschichte, die Zeichen eines verworrenen Lebens kaum noch ertragen kann? Goya hat den alten heterogenen Bildtyp des »Capriccio« (vgl. S. 102, 148, 156) für das quälerische ›Zwischen‹ von subjektiver Fantasie und Zeitkritik neu belebt. Doch erst mit der abgründigen Unendlichkeit des Aquatintagrunds (gleichsam als Form der Nichtform) erhält das Gespensterdunkel sein eigentliches Ausdruckselement.

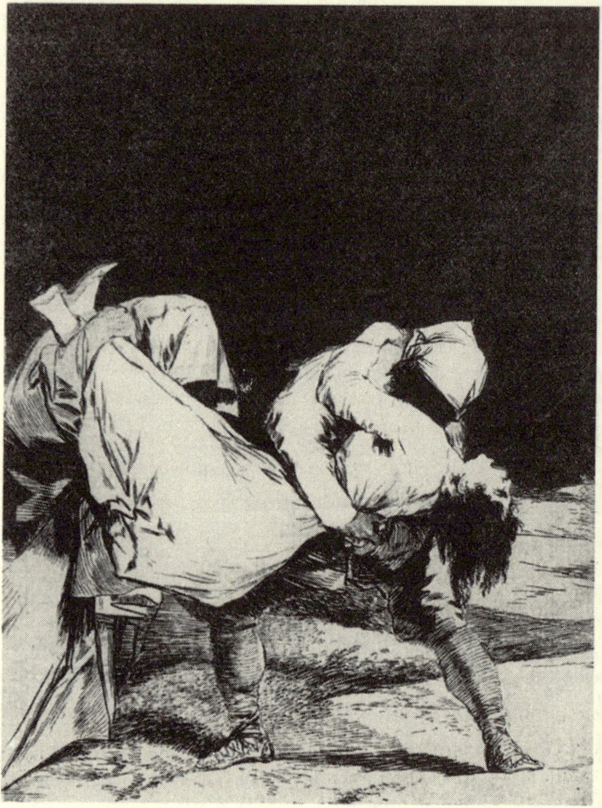

Francisco de Goya: Que se la llevaron
1799 · *Los Caprichos*, Bl. 8,
Radierung und Aquatinta, 217 × 152 mm

Francisco de Goya: Que se la llevaron

Den 80 Radierungen von Goyas Serie der *Caprichos* (vgl. S. 182), entworfen seit 1797, erschienen 1799, war kein Verkaufserfolg beschieden. Zu irritierend neuartig, zu verstörend im Programm war das ganze Unternehmen, als dass es dem Publikum – ohnehin nur kleine aufgeklärt-bürgerliche Kreise – hätte gefallen können. Auch den launischen Künstler selbst befielen ob der tückischen Subversivität seines Werks Zweifel, so dass er 1803 alle Druckplatten an die »Calcographia Real« abgab. Goyas Sujets hatten ihn nach 1792 mehr und mehr zum Außenseiter der Gesellschaft werden lassen. Sie fanden dann gerade in den *Caprichos* ihr künstlerisches Experimentierfeld. Wie besessen arbeitete Goya hier mit rein grafischen Mitteln an seinen Hauptthemen: Lasterhaftigkeit von Adel und Kirche, allgemeine Dummheit der Menschen, insbesondere Aberglaube und Rohheit des niederen Volkes. Gewalt heißt immer wieder sein zentrales Motiv, manchmal durchsetzt mit bizarrer Komik. In Goyas Bildern findet sich kaum noch Hoffnung auf eine humane Welt, wie sie die Geister der Aufklärung zunächst projektiert hatten. Dabei hatten 1799 die schrecklichsten historischen Ereignisse Spanien noch gar nicht erreicht: die napoleonische Invasion, die Gräuel des Kriegs.

Blatt 8 der Serie trägt die wie immer mehrdeutige, vom Künstler selbst verfasste Bildunterschrift (übersetzt): »So hat man sie fortgeschleppt«. Das düstere Geschehen ist so unklar wie sein Kommentar. Eine Frau wird von zwei Männern, deren Gesichter man nicht sieht, hochgehoben. Oder wird sie gerade von ihnen niedergedrückt? Wenn sie weggetragen wird, wohin? Die Frau schreit gellend in eine Welt hinaus, die nur aus Leere besteht. Hart herausgeleuchtete Teile der Dreiergruppe ergeben miteinander zackenhaft zerrissene Bewegung von Licht und Dunkel. Heben, Zerren, Drücken, Schreien liegen als Strichgebilde in der drückenden Unendlichkeit der zwei übereinandergesetzten Aquatintaflächen. Plötzlich versteht man, dass Bilder Gewalt nicht nur zeigen, sondern selbst sein können.

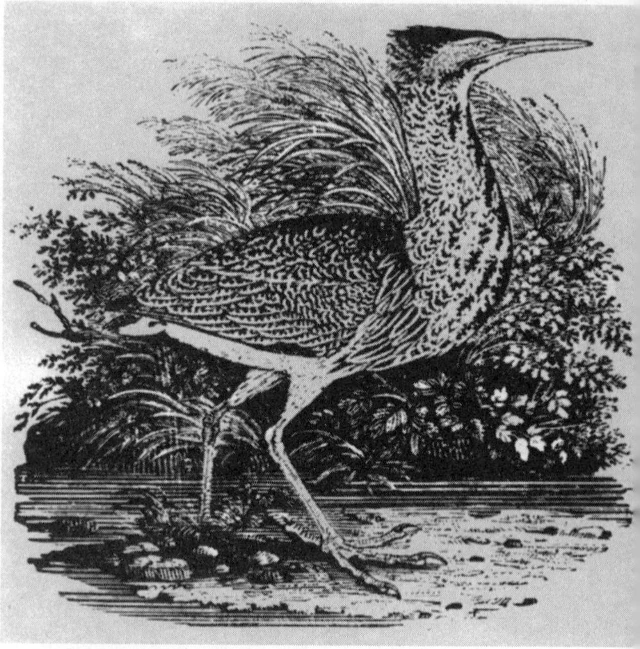

Thomas Bewick: Rohrdommel
1804 · *History of British Birds*, Bd. 2, Holzstich

Thomas Bewick: Rohrdommel

Grafische Meisterwerke genügen nicht immer nur rein künstlerischen Ansprüchen. Mindestens genauso signifikant bewahrheiten sie sich in Fragen der Nützlichkeit. »Meisterlich« sind sie dann, wenn diese Nützlichkeit (etwa illustrative Sachgerechtigkeit, originelle Unterhaltung, ideenreiche Öffentlichkeitswirkung) in Leistungen aufgeht, die so zur selben Zeit weder in anderen Medien noch mit anderen Methoden zu erbringen wären. Als um 1790 der englische Graveur und Formschneider Thomas Bewick (1753–1828) nach jahrelangen Versuchen den alten Holzschnitt revolutionierte, erwies er sich als Meister der originellen Nützlichkeit. Zum Ende des 18. Jahrhunderts hin waren die Auflagen bei Büchern und Zeitschriften so enorm gestiegen, dass Bild- und Schriftdruck darauf reagieren mussten. Bewick war nicht der Erfinder, aber der vielleicht wichtigste Propagator des Verfahrens, das darin bestand, dass man die hölzernen Druckstöcke quer zur Faser schnitt und dieses weit härtere »Hirnholz« (meist aus Buchsbaum) mit einem dem Grabstichel ähnlichen Sticheisen bearbeitete (Bilderlust, S. 47). So ließ sich ein äußerst feinzelliges, zwischen Schwarz- und Weißlinienmuster changierendes Hochdruckprofil erreichen, das auch komplizierte Kreuzschraffuren zuließ. Anders als früher konnte man jetzt Bild- und Schriftdruck in gleicher Dauerhaftigkeit kombinieren, somit Auflagenhöhe wie Abbildleistung erheblich verbessern.

Bewick legte in diesem »Holzstich« (Xylografie; vgl. S. 202, 204) die ersten Standards vor, so etwa sein zweibändiges Werk *History of British Birds* (1797/1804). Über die Textkapitel sind hier die behandelten Land- und Wasservögel Englands gesetzt und nach Gestalt, Gefieder und arttypischer Umgebung präzise xylografiert. Bücher solcher Art und in gleichbleibender Qualität konnten nun in über 100 000 Druckexemplaren auf den Markt kommen. Mit Kupferstichtafeln war in selber filigraner Brillanz kaum mehr als ein Hundertstel davon zu erreichen.

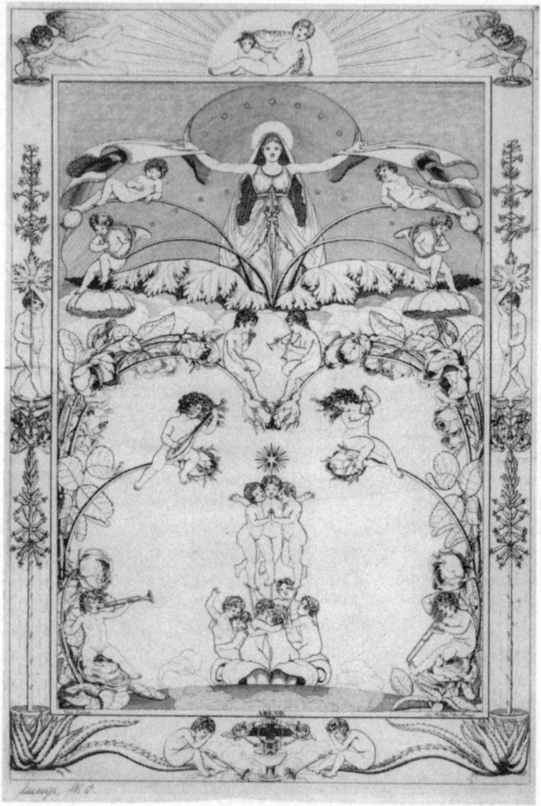

Philipp Otto Runge: Der Abend
1807 (2. Aufl.) · Radierung und Kupferstich, 705 × 476 mm
(München, Staatliche Graphische Sammlung, Inv.-Nr. 1954:248)

Philipp Otto Runge: Der Abend

Kaum ein anderes grafisches Werk der deutschen Romantik hat das neue symbolische Unendlichkeitsdenken der Zeit prägnanter zum Ausdruck gebracht als der Stich- und Radierzyklus *Die vier Zeiten* des Hamburgers Philipp Otto Runge (1777–1810). 1803 entworfen, 1805 in erster, 1807 dann in zweiter vergrößerter Auflage erschienen, bietet er ein kompliziertes, zugleich auf umfassende Anschaulichkeit hin konzipiertes Modell naturreligiöser Weltanschauung (Hohl, S. 188). Dass die vier einander ergänzenden großformatigen Bilder des Zyklus ausschließlich in strengen Linienzeichnungen gestochen bzw. radiert sind, somit wohl auf heutige Augen etwas streng und konstruiert wirken, widerspricht der intendierten Anschaulichkeit keineswegs. Allerdings muss man bereit sein, in die Symmetrie und geometrische Geschlossenheit von Komposition und Umrissen farbiges Leben, überhaupt Vorstellungen von Werden und Vergehen hineinzudenken, ganz so, wie das eben im Sinn der romantischen Theorie lag. Diese träumerisch-schweifende Theorie war ja bemüht, an den Grenzen des Sichtbaren das unsichtbare Unendliche stets mitzureflektieren.

Das Beispiel *Abend* präsentiert solches ›Denksehen‹ unter den Aspekten von ›Schlaf‹ und ›Rückkehr zu Gott‹: Unten, in der Sockelleiste, trauern zwei Knaben, hingewendet zum Passions- und Erlösungskelch Christi in der Mitte. Aus der Lichtlilie des Tages darüber, die gerade hinter dem Erdball hinabsinkt, ist die Nacht heraufgestiegen und hat ihren Sternenmantel geöffnet. Die Kinderfiguren zu ihren Seiten und darunter verkörpern die Geister der wahrnehmenden Gemütskräfte sowie des Werdens und Vergehens zwischen irdischem und himmlischem Leben. An den Seitenbordüren halten kindliche Genien den Rittersporn von Leid und Tapferkeit hoch, bekommen dafür von oben aus der Engelsregion herab die Sonnenblume der göttlichen Gnade gereicht. Man sieht, ahnt, man ›hört‹: Die Poesie der Figuren will aus der Reinheit ihrer Linien ›herausklingen‹ – wie Musik aus gedruckten Noten.

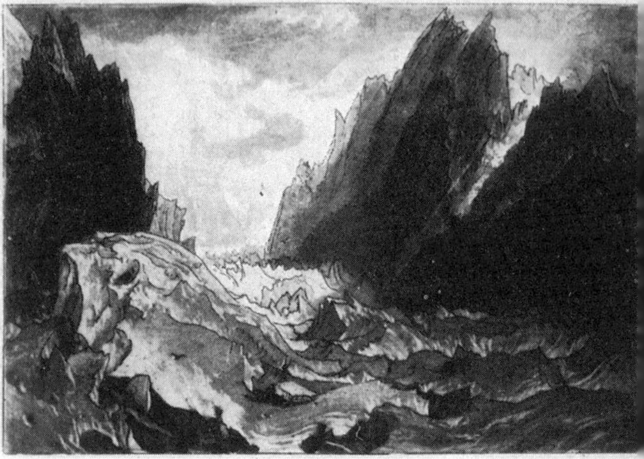

William Turner: Mer de Glace, Chamonix
1812 · Radierung und Schabkunst, 179 × 255 mm
(Hamburg, Kunsthalle, Kupferstichkabinett, Inv.-Nr. 1976/104)

William Turner: Mer de Glace, Chamonix

William Turner (1775–1851) hat die Malereigeschichte des 19. Jahrhunderts grundlegend beeinflusst. Unter anderem gelang es ihm, das akademisch bisher missachtete Landschaftsfach im Ansehen aufzuwerten. Landschaft avancierte nun zum selbständigen Thema künstlerischer Weltanschauung. Geschult vor allem an Claude Lorrain (1600–1682) und Salvator Rosa (1615–1673), suchte Turner auf seinen Kunstreisen und Naturexpeditionen nach Aspekten, woran Gefühls- und Geistesleben neuartig imaginiert werden konnten. 1807 erschienen die ersten topografischen Drucke seines Mappenwerks *Liber studiorum*, das bis 1819 auf insgesamt 81 Blätter anwachsen sollte. Der einzelne Druck kostete eine Guinee. Es war dies eine an Richard Earloms Reproduktionen von Lorrains *Liber veritatis* orientierte Musterkollektion, die neue Schichten des Kunstpublikums erschließen sollte (Wilton, S. 110).

Nr. 50 darin zeigt die von Turner eigenhändig gestochene und radierte Ansicht des Gletschers von Chamonix. Herausgegeben 1812, gehen ihre vorbereitenden Studien auf eine erste Schweizreise im Jahr 1802 zurück. Turner hatte für die grafische Ausfertigung zunächst eine Aquatintaversion vorgesehen, dann aber sich an Earloms Vorbild (vgl. S. 170) der Schabkunst von 1777 gehalten. Er radierte zunächst in konventioneller Strichätzung die bizarren Umrisse der Komposition vor, raute die Platte überall dort mit dem Wiegemesser auf, wo Aquarelleffekte nachzubilden waren (Felsflanken, Eisschollen, Teile des Wolkenhimmels), glättete mit dem Polierstahl schließlich in einigen Partien den Schabgrund so weit, dass im Abdruck beinahe das Papierweiß stehen blieb. Ein bestürzend unmittelbarer Natureindruck von wilder ›Erhabenheit‹ entstand. Darauf aber kam es Turner an: In Gestalt der übermächtigen Gebirgslandschaft sollte die Kleinlichkeit menschlicher Bedeutungssucht – hingegen erschauernd die neue wahre Größe der Landschaftsmalerei erfahren werden!

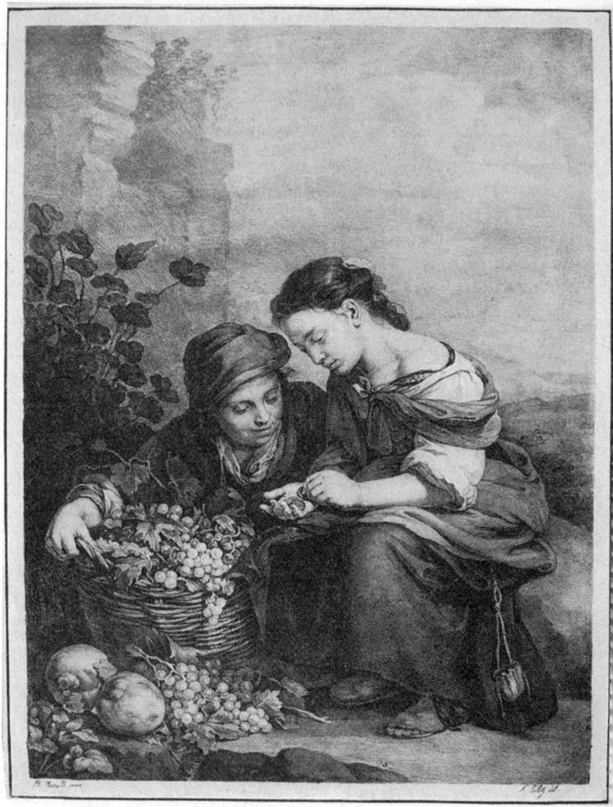

Ferdinand Piloty: Die kleine Obsthändlerin
1817 · nach Murillo, Lithografie, 590 × 452 mm
(Düsseldorf, Kunstmuseum)

Ferdinand Piloty: Die kleine Obsthändlerin

Alois Senefelder (1771–1834) erfand 1796/98 das Druckverfahren der Lithografie (vgl. S. 194, 200, 208, 216). Er begründete damit eine neue, bis heute aktuelle Technologie, die »Flachdruck« deshalb heißt, weil druckende und nicht druckende Teile der Platte nicht als ›tief‹ oder ›hoch‹ voneinander reliefartig getrennt sind, vielmehr in ein und derselben Fläche nebeneinander liegen. Entscheidend für die Formgebung ist im Kern allein der Umstand, dass gefettete Stellen dieser Fläche Wasser abstoßend sind, umgekehrt wasserfeuchte Stellen keine lithografisch-fette Druckfarbe annehmen. Da diese rein chemische Technik auch perfekte Anschlussfähigkeit an maschinelle Neuerungen der Druckpressen mit sich bringt, läutete die Lithografie um 1830 auch die Epoche des industriellen Bilddrucks ein.

Zunächst fand die Lithografie im Musiknoten- und Schriftdruck Verwendung, bald aber kam sie höchst erfolgreich auch im reproduktiven wie künstlerischen Bilddruck zum Einsatz. Ein signifikantes, noch mit der Münchner Werkstatt Senefelders in Berührung stehendes Beispiel ist die mit Lithokreide gezeichnete Reproduktion nach Murillos Genrebild *Die kleine Obsthändlerin* (Alte Pinakothek, München). 1816 zeichnete sie Ferdinand Piloty (1786–1844) auf eine Platte feinporigen, kohlesauren Kalkschiefers aus dem bayerischen Solnhofen. Zwar noch seitenverkehrt und als Schwarzweißzeichnung, jedoch im Ergebnis verblüffend nuancenreich, demonstriert die Gemäldekopie, was das neue Verfahren ›konnte‹. Bei leichter und rascher Handhabung des Zeichnungsauftrages, fast unbegrenzter und qualitativ gleichbleibender Vervielfältigung (deshalb auch entsprechend preisgünstiger Kalkulation!) konnte nun in jeder beliebigen Stift-, Feder- oder Pinselmanier gedruckt werden. Pilotys Blatt ist Bestandteil eines von Fachleuten begeistert aufgenommenen Mappenwerks (*Königlich Baierischer Gemälde-Saal zu München und Schleißheim*), das 1817/21 in zwei Bänden mit zusammen 200 Blättern erschien. Mit der Ausgabe sollte zugleich das Interesse am Bau der Alten Pinakothek geweckt werden.

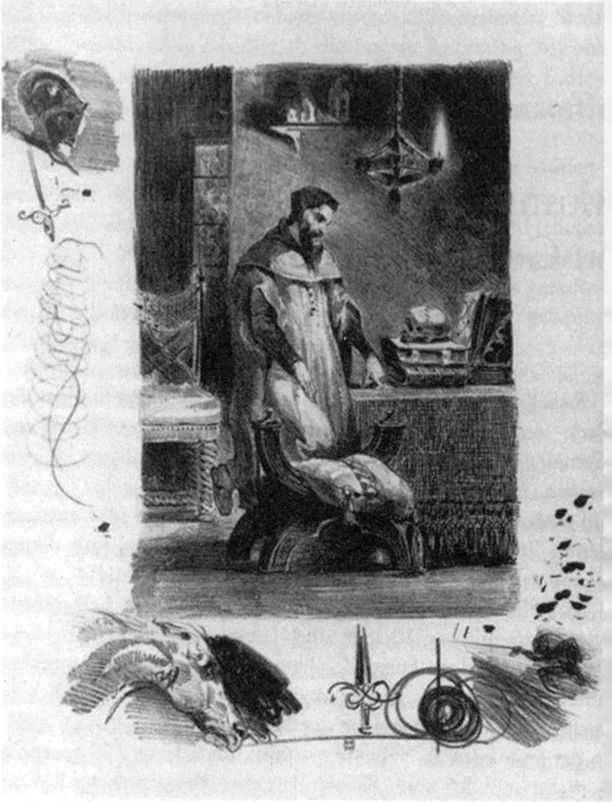

Eugène Delacroix: Faust in der Studierstube
um 1828 · Lithografie (1. Zustand), 250 × 170 mm
(Paris, Bibliothèque nationale, Cabinet des Estampes,
Inv.-Nr. Dc 183 n rés, tIII, Nr. 59.1)

Eugène Delacroix: Faust in der Studierstube

Eugène Delacroix (1798–1863) eröffnet um 1826 zusammen mit Goya die stolze Reihe jener Großmeister, die sich im 19. Jahrhundert mit der neuen ›Wundertechnik‹ Lithografie, stets auf hohem Niveau, beschäftigt haben; Menzel, Daumier, Manet gehören hierzu.

Das technische Faszinosum bestand für sie alle darin, dass in der Lithografie künstlerische und reproduktive Formhandlung zusammenfallen. Lithografie ist, was sie vervielfältigt: Stift-, Feder- oder Pinselzeichnung. Auf dem Lithostein (mit oder ohne Zwischenstadium des Umdrucks, den es bereits ab 1820 gibt) wird immer eine Form aufgebracht, die als solche nicht erst – wie bei den Hochdruck- und Tiefdrucktechniken – ins Druckmedium übersetzt werden muss. Lithografie ist technisch immer sofort ›am Ziel‹, das macht sie so unmittelbar, so selbständig.

Zwischen 1825 und 1827 entstanden, veröffentlicht dann 1828, sind Delacroix' 17 Illustrationsblätter zu Goethes *Faust* ein früher Meilenstein in der Geschichte der Künstlerlithografie. (Als der alte Dichter in Weimar noch erste Probedrucke des jungen französischen Romantikers vorgelegt bekam, hat er sich begeistert geäußert. Überhaupt war der neue »Steyndruck« für Goethe eine späte und beglückende Offenbarung!) Delacroix kam die Unmittelbarkeit des neuen Mediums auch deshalb sehr zustatten, weil er so in jedem darzustellenden Drama den inneren seelischen Vorgängen rasch und spontan nachgehen konnte. Die Szene *Studierstube* (Stuffmann, S. 120) bietet in einem der ersten Probedrucke, die sich in der Bibliothèque nationale befinden, noch unretuschierte Randzeichnungen. Ein Kommentar auf die Psyche des Wahrheitssuchers wird so, buchstäblich im Nebenbei, gegeben. Während Faust unter dem Lampenlicht darüber grübelt, was das rechte Leben und der Sinn des Daseins sei, umgarnen ihn die Wünsche nach ritterlichen Abenteuern, nach Pferd und Schwert: nach einer Lebensbuntheit, die nicht grau ist wie ›alle Theorie‹.

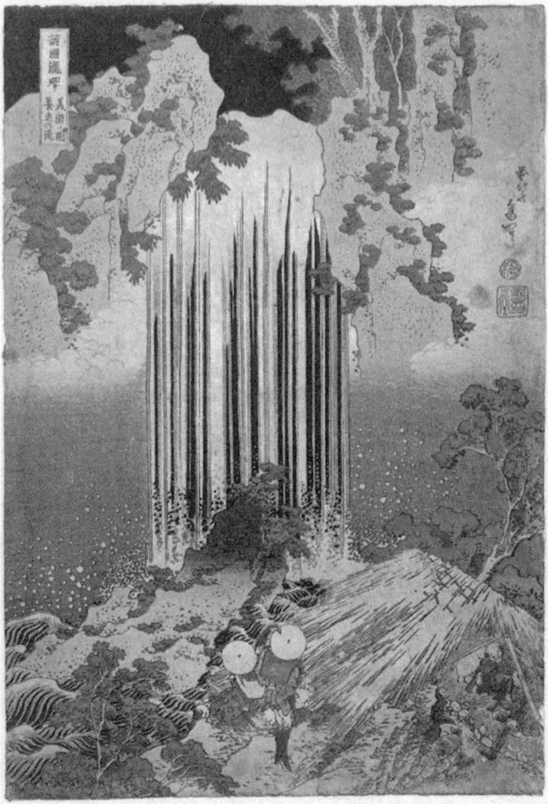

Katsuhika Hokusai: Der Wasserfall von Yoro
um 1833 · Farbholzschnitt, 370 × 250 mm
(Wien, Albertina, Inv.-Nr. 1906/271)

Katsuhika Hokusai: Der Wasserfall von Yoro

Dass der Japaner Katsuhika Hokusai (1760–1849) nach der politischen und wirtschaftlichen Öffnung Japans (1854) mit seinen Bildserien, Buchillustrationen und vor allem seinem 15bändigen Karikaturenwerk *Hokusai manga* im Westen neue Maßstäbe für die Kunst setzte, und zwar keineswegs nur für die Gewerbe des Bilddrucks, das liegt an der bezaubernden Synthetik seiner Figurenerfindungen und Erzählwelten. Für westliche Blicke ist es zudem die Einbindung vertrauter, eigener Gestaltungsprinzipien (Momente der Zentralperspektivik, der figürlichen Satire), die Hokusai so inspirierend und zitierfähig machten. Dazu gehört auch, dass er wie keiner seiner Landsleute vor ihm das Landschaftsmotiv in das narrative Bildfach der »Ukiyo-e« eingeführt hat (vgl. S. 154).

Um 1833 ist in solchem Zusammenhang die berühmte achtteilige Farbholzschnittserie *Wallfahrten zu den Wasserfällen in den verschiedenen Provinzen* entstanden. Unser Beispiel zeigt den Wasserfall von Yoro in der Provinz Mino. Hokusai kombiniert hier wie auch in den anderen Versionen das bizarre Naturereignis mit kulissenhaften Komponenten. Über Felsvorsprünge stürzt Wasser in die Tiefe, erzeugt unten im Aufprall ein Gewölk aus Tropfenflug und Nebel. Baumgruppen vor und hinter dem Katarakt sorgen für ruckartige Annäherungen an das eigentlich auf Fernwirkung tendierende, geometrisch strenge Axialmuster der Wasserkaskaden. Diese lassen in ihrer betonten Linienstrenge an einen Vorhang aus Eis denken. Rechts vorne, in den Bildraum hinein geschnitten, sieht man eine Bambushütte, daneben von rechts her, der japanischen Bildleserichtung folgend, einen Weg, auf dem Wallfahrer und Lastenträger dem Wasserfall entgegenstreben. Arbeitsame Einfachheit des Lebens berührt sich hier mit meditativer Gefasstheit des Blicks. Im Zentrum stürzt ab, ragt auf, zerstäubt – je nach Perspektive des gleichniswilligen Sehens – die selbständig sich stilisierende und ornamentierende Naturkraft des Wassers.

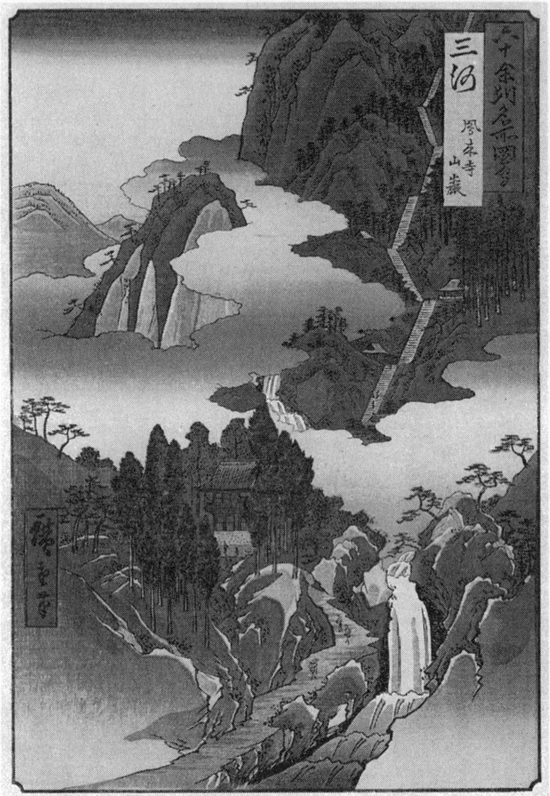

Ando Hiroshige: Horai-Tempel in der Provinz Mikawa
um 1853 · Farbholzschnitt, 271 × 182 mm

Ando Hiroshige: Horai-Tempel in der Provinz Mikawa

Ando (Utagawa) Hiroshige (1797–1858) hat Hokusais (vgl. S. 196) symbolische Landschaftskunst noch einmal gesteigert, indem er, geschult an älteren, auch westlichen Meistern, die Naturaspekte mit technischer Raffinesse ins Lyrisch-Erlesene verfeinerte. Hiroshiges Kunst markiert insofern einen Endpunkt in der großen Geschichte des japanischen Farbholzschnitts. Die Entwicklung atmosphärischer Reize auf Basis von farbigen Halbtonwerten, die – obwohl Holzschnitt – den westlichen Bewunderer an geschabte Aquatinten erinnern können, bringt auch die Eigenschaften des Hochdrucks in den Grenzbereich seiner Effektmöglichkeiten.

Hiroshige hatte vom Vater das Amt eines »Inspektors der Flussläufe und der Feuerwehr« ererbt, er bereiste deshalb schon in jungen Jahren das Land und erkundete es zeichnerisch. Mehr als 5000 Holzschnitte, zum großen Teil im farbigen Mehrplattendruck, stammen aus seiner Werkstatt. 1833 legte er die erste bedeutende Serie von Landschaftsbildern vor (*53 Stationen der Ostmeerstraße*), die ihn berühmt machten. Hierbei wurden topografische Skizzen vor Ort angefertigt, die der Künstler in seinen späteren Serien motivisch aufgriff. So entstanden noch ab 1853 mit Rückgriff auf frühe Reisenotizen hochformatige Blätter von hohem dekorativem Rang, die manchmal freilich bei aller Poesie auch in formelhafter Routine verflachten. Das Blatt *Horai-Tempel in der Provinz Mikawa* entstammt der 70teiligen Serie *Bilder berühmter Orte aus über 60 Provinzen*. Auch hier bewährt sich Hiroshiges Kunst, den Wechsel von Jahres- und Tageszeiten sowie Wetterumschwüngen in buntfarbige Tonverläufe zu übersetzen, dabei diese auch mit linearen Elementen (kurvigen Wolkenrändern, zackigen Brücken und Treppen etc.) zu kreuzen. Soghafte Tiefenblicke in Gebirgslandschaft verraten die Kenntnis westlich-perspektivischer Raumillusion, kehren aber über Nebel- und Lichtströme in eine ›asiatische‹ Silhouette delikat gefügter Flächenmodule zurück.

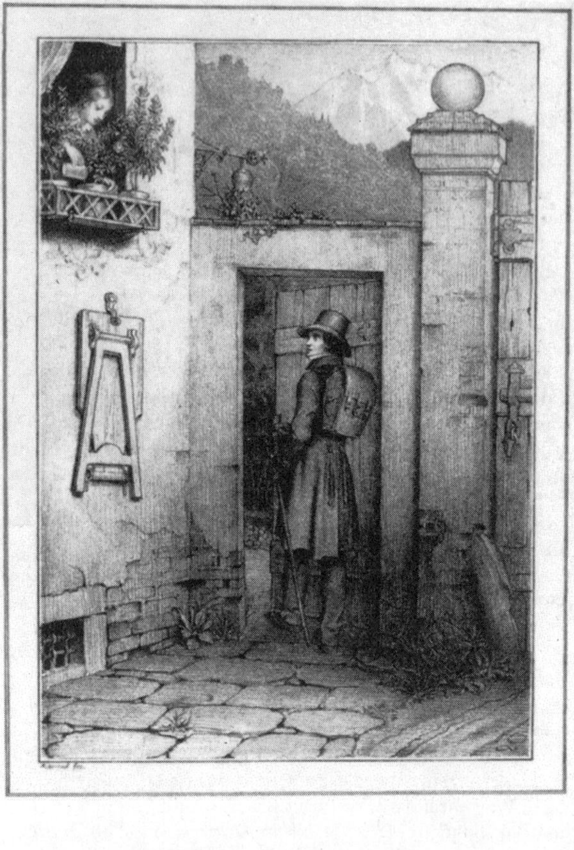

Moritz von Schwind: Abschied im Morgengrauen
um 1837 · Kreidelithografie, 240 × 170 mm · (München,
Staatliche Graphische Sammlung, Inv.-Nr. 1992: 10 D)

Moritz von Schwind: Abschied im Morgengrauen

Moritz von Schwind (1804–1871) ist typischer Vertreter einer ganz von Literatur und Musik her geprägten deutschen Spätromantik. Er gehörte zum Wiener Freundeskreis um Franz Schubert und siedelte in dessen Sterbejahr 1828 nach München über, wo er unter Förderung von Peter von Cornelius (1783–1867) Freskenaufträge vom bayerischen Königshof erhielt. Schwinds grafische Begabung, die sich noch in Wien als kleinteilige, melodisch-linear dominierte Erzählkunst erwiesen hatte, gewann unter dem Einfluss Münchens monumentale Beruhigung und figürliche Klarheit. Dennoch blieb weiterhin Schwinds Grundinteresse an musikalischer Gleichnishaftigkeit, an der Poesie der Volksmärchen und an der romantischen Verzauberung des Existentiellen sichtbar. Traum, Landschaft, Reise, Liebe, Abschied kehren als Themen in Fresken, Genreszenen und grafischen Zyklen ständig wieder, zumeist verschlüsselt in der Form der Literaturillustration.

Ganz in diesem komplexen und ›literarischen‹ Sinne ist auch ein Bilddruck in freilich anrührender Einfachheit zu verstehen, dessen Thema Schwind viele Jahre später in Gemäldeform wieder aufgegriffen hat. *Abschied im Morgengrauen* heißt die auf etwa 1837 datierte Kreidelithografie (Scheffler, S. 130), sie ist nur in drei Druckabzügen bekannt. Ein junger Mann mit Ranzen und Wanderstock verlässt am frühen Morgen das Haus seiner Geliebten, um in die Ferne zu ziehen. Das Mädchen blickt vom begrünten Fenster herab, der Scheidende – er dürfte einer jener ›fremd ein- und ausziehenden‹ Musiker, Poeten oder Maler sein, die in Schubertschen Liedern so programmatisch auftreten – blickt seinerseits nochmals zum Fenster hinauf. Damit aber auch zurück und hinaus, denn die Tür ist schon aufgemacht: draußen locken Wald, Burg und Gebirge. So bieder und pedantisch das alles in schwarzer Lithokreide hingestrichelt ist, so schwermütig zart, so ruhig und ergreifend wird gerade dadurch ein Drama erzählt, das nur aus zwei Blicken besteht.

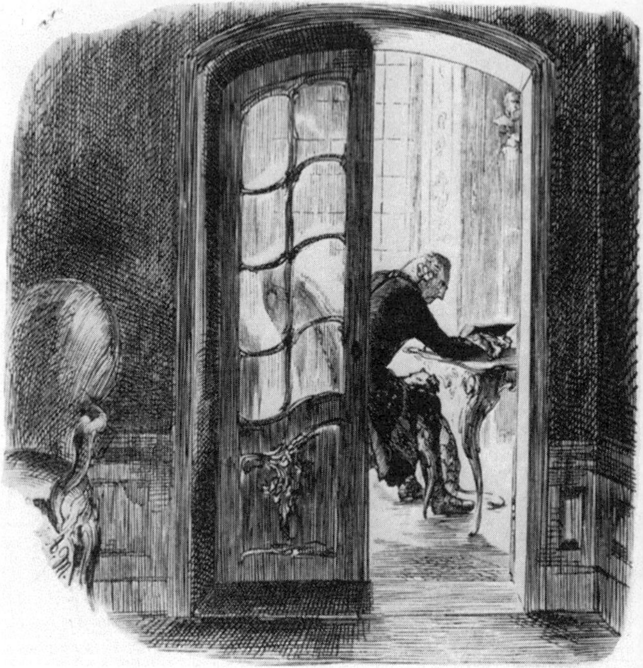

Adolph Menzel: Der König bei der Arbeit
1839 · Buchillustration zu Friedrich Kuglers
Geschichte Friedrichs des Großen · Holzstich, 100 × 115 mm
(München, Staatliche Graphische Sammlung)

ADOLPH MENZEL: Der König bei der Arbeit

Bereits 1829, gerade 14jährig, hatte Adolph Menzel (1815–1905) im lithografischen Betrieb seines Vaters erste Drucke angefertigt, danach auf Grundlage dieser Erfahrungen eines der bedeutendsten Grafik- und Malerei-Œuvres des 19. Jahrhunderts zu erarbeiten begonnen. 1839 schaffte der noch junge Künstler schon den Durchbruch zum Ruhm, als er Franz Kuglers *Geschichte Friedrichs des Großen* (erschienen zwischen 1839 und 1842) mit knapp 400 Illustrationen ausstattete, die nach Beobachtungsgabe, Erzählwitz, Sach- und Historientreue zur Popularisierung des Geschichtswissens nicht wenig beitrugen. Menzel selbst sprach von einer sowohl informierenden wie unterhaltenden »Authenticität« der geschichtlichen Stoffe (Riemann-Reyer, S. 71).

Mit spitzem Bleistift zeichnete Menzel die Bildszenen auf den Hirnholzplatten (vgl. S. 186) in offener Vignettengestalt vor und überwachte ihre weitere Ausarbeitung zur Hochdruckform. Teils noch nach dem alten Holzschnittprinzip, teils in der neuen xylografischen Schraffurrasterung (Mayer, S. 96) wurden dann von den eigens dafür ausgesuchten Xylografen die komplizierten Tonwerte der Zeichnung zu präzisen Druckreliefs ausgestochen. Unser Beispiel zeigt den Preußenkönig Friedrich II. (1712–1786) in seinem Potsdamer Kabinett bei der Arbeit. Moment und Ausschnitt sind bewusst zufällig gewählt, um so gleichsam aus der Kammerdienerperspektive, in Nähe und Intimität, einen heimlichen Blick durch die halbgeöffnete Türe erhaschen zu lassen. Man sieht den König energisch über die Akten gebeugt, den Mund in geistiger Anstrengung verkniffen. Der lesende Untertan wollte detailreich ›dabei‹ sein, lesend sehen, wie sein Monarch für Wohl und Wehe der vaterländischen Geschichte hart arbeitete. Aus dem xylografischen Helldunkel des königlichen Alltags sollte die eigene bürgerliche Geschichtsperspektive ›Farbe‹ und Wärme beziehen. Menzels Illustrationen repräsentieren insofern auch einen emotional neuen Typus des Historienbildes.

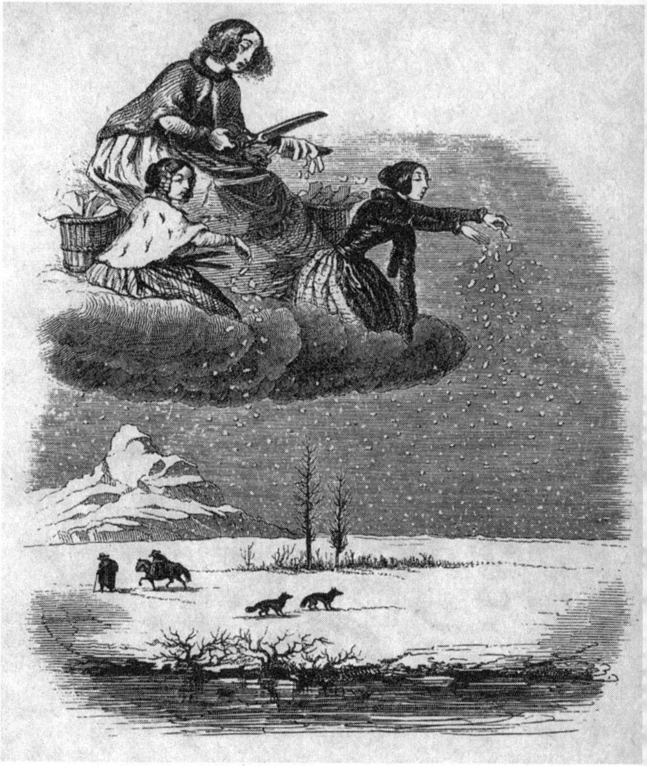

(Jean Ignace Isidore Gérard) Grandville: Herbst und seine Töchter
1844 · Buchillustration aus *Un autre monde*,
Holzstich, 130 × 111 mm

(Jean Ignace Isidore Gérard) Grandville: Herbst und seine Töchter

J.J. Grandville (1803–1847) hat den Illustrationsstil seiner Zeit maßgeblich beeinflusst und insbesondere der Technik des Holzstichs (vgl. S. 186, 202) eine sehr spezifische, medienwirksame Ästhetik erschlossen. In den Anfängen noch ganz der Lithografie verbunden, hat Grandville in seinen späteren Hauptwerken jenen typischen kalt-präzisen Rastereffekt mitbegründet (Spies, S. 281), der für die Buch- und Zeitschriftenillustration des 19. Jahrhunderts eigentümlich wurde. Es ist der unverwechselbar xylografische Ton, der bei aller Klarheit immer ambivalent erscheint: vorlagendienlich zwar im Sinne des Faksimiledrucks und doch dabei – anders als die Lithografie – einen gewissen eigenständig technoiden Formcharakter bewahrend. Holzstich taugte deshalb gleichermaßen für belletristische wie naturwissenschaftliche Illustrationszwecke.

Un autre monde heißt Grandvilles wohl vielseitigstes und fantastischstes Druckwerk. Die 188 Holzstiche erschienen 1844 im Pariser Verlag Fournier. Was im Titel ein wenig nach Verheißung besserer Zeiten klingt, entblättert sich tatsächlich als ein skurriles Pandämonium von Fabelwesen und metamorphen Gestalten im Niemandsland zwischen Märchen, Albtraum und technischer Zukunftsvision. Poesie und Naturwissenschaft kreuzen hier ihre Phänomene, einheitlich tonalisiert nur durch das gemeinsame xylografische Element der Form. In der Szene *Herbst in Begleitung seiner Töchter* wird ein noch ganz vorindustrieller Märchenton angeschlagen. »Frau Holle« sitzt mit ihren Töchtern auf schweren Wolken über einer nächtlich-weiten Schneelandschaft, die nur von wenigen winzigen Menschen und Tieren durchquert wird. Was die Mutter oben traurigen Blicks aus Papier schneidet, streuen die Mädchen als Schneeflocken hinab, unten setzt sich der Schnee wieder zu Papierweiß zusammen. Weibliche Anmut, Kindertraum, rieselnde Flocken, kalter Raum im Zeitenwechsel: ein prä-surrealistischer Zauber der Verwandlungen. ›Papierkunst‹ – ganz wörtlich.

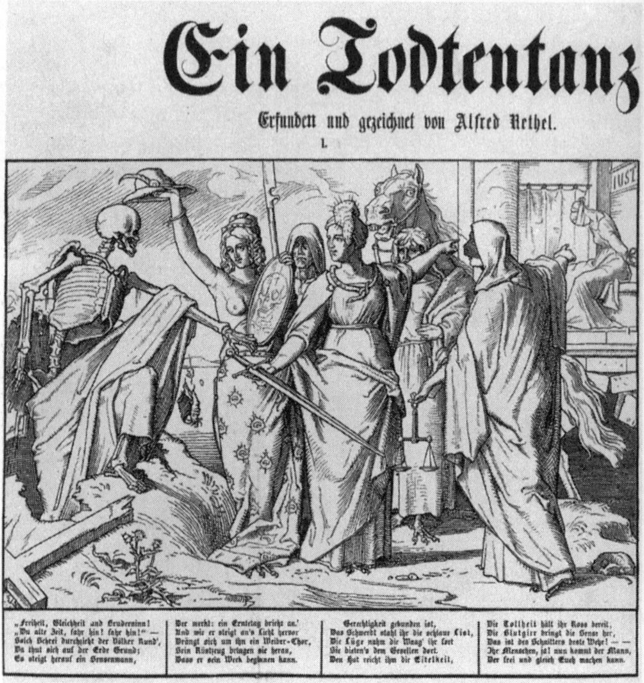

Alfred Rethel: Auch ein Todtentanz
1849 · Bild 1, Holzschnitt (Ausführung August Gaber) und Buchdruck (Text Robert Reinick), Blattgröße 330 × 369 mm (Hamburg, Kunsthalle, Kupferstichkabinett, Inv.-Nr. 46249)

Alfred Rethel: Auch ein Todtentanz

Der spätromantische, nazarenisch geprägte Maler und Grafiker Alfred Rethel (1816–1859) schuf mit seiner aus sechs Holzschnitten bestehenden Totentanzfolge einen der populärsten Bilddrucke des 19. Jahrhunderts. Rückwärtsgewandt ist das Werk in mehrfacher Hinsicht. Schon dass Rethel mit der nun altertümlichen Technik des Holzschnitts auf Vorbilder der Vergangenheit (Holbein, Dürer) Bezug nimmt, bringt einen gewissen gegen die aktuelle Wirklichkeit gerichteten Pessimismus zum Ausdruck. Die altertümliche Allegorik vom Totentanz ist zudem angewendet auf die zeitgenössischen Revolutionsgeschehnisse von 1848/49, denen der antirepublikanische Künstler verständnislos begegnete. Rethel zeichnete stattdessen ein Schreckensbild auf alle revolutionären Fortschrittshoffnungen. »Freiheit, Gleichheit, Bruderliebe«. Die aber – so seine Botschaft – sind politisch nur durch Gewalt und Tod zu erreichen. Blatt 1 entwirft zunächst ein Szenario der durch menschliche Laster bedrohten christlichen Lebensmoral und Gesetzesordnung. Der Tod ist auferstanden, neben ihm liegt zerbrochen das Kreuz. Während im Hintergrund Iustitia gefesselt dasitzt, ist vorne ein Chor liederlicher Frauengestalten dabei, den Knochenmann für seinen grausamen Tanz auszustatten: ›List‹, ›Lüge‹, ›Eitelkeit‹, ›Blutgier‹, ›Tollheit‹ überreichen ihre Werkzeuge. Anstelle von Füßen haben die Frauen Vogelkrallen, verraten sich so als Harpyien des Verderbens. In den folgenden fünf Bildern wird der Tod in die Stadt reiten, Begierden wecken, Verhältnisse umstürzen helfen, Leid und Elend im Namen des politischen Fortschritts verbreiten. Die griffige Bildunterschrift von Robert Reinick (1805–1852) fasst am Ende sarkastisch zusammen: »Ihr Menschen, ja! nun kommt der Mann / Der frei und gleich Euch machen kann.« ›Freiheit‹ und ›Gleichheit‹ also als Lügenparolen! In den ersten drei Auflagen wurden rund 4500 Exemplare des pessimistischen Bilderbogens verkauft, ein vereinfachter Nachdruck erreichte den Absatz weiterer 10000 Exemplare.

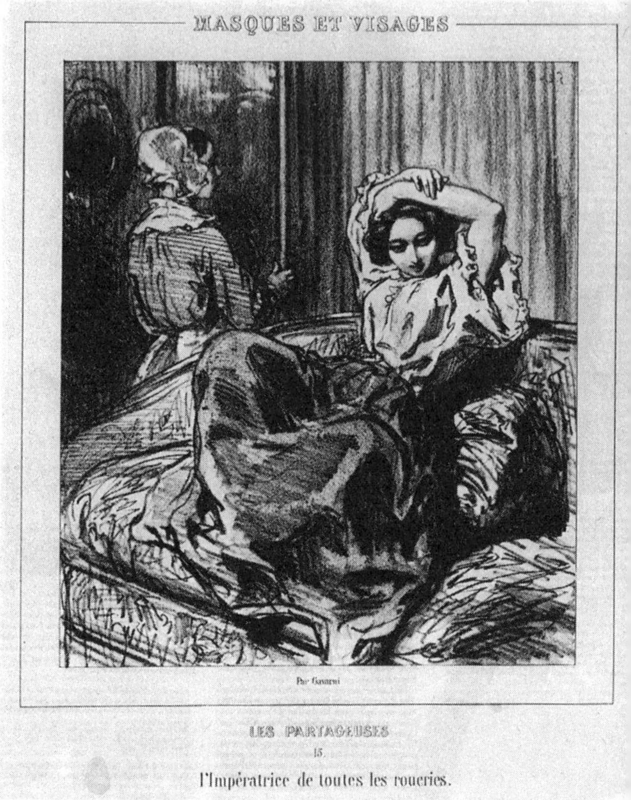

Paul Gavarni: L'Impératrice de toutes les roueries
1853 · Lithografie, 329 × 280 mm
(Hannover, Wilhelm-Busch-Museum)

Paul Gavarni: L'Impératrice de toutes les roueries

Wo Lithografie und Holzstich zunehmend dominierten, mussten auch ihre Themenpaletten expandieren, dabei ins Exklusive ausfächern. Allein im erotischen Spezialfach gingen die Bildproduktionen des 19. Jahrhunderts eine reiche Differenzierung ein. Zwischen augenzwinkernder Verharmlosung und harter Aufreizung gab es da, den Druckmedien sehr gemäß, viele Töne und noch mehr Halbtöne. Paul Gavarni (1804–1866) gehörte gewiss nicht zu den Pornografen seines Metiers, doch stand ihm im Vorhof der Amoral durchaus die ganze Bandbreite von ›Typen‹ und ›Klischees‹ der (un)bürgerlichen Lebenslust zu Gebote. *Masques et Visages* übertitelte er selbst eine seiner unterhaltsamen Sittenrevuen.

Diese Serie von insgesamt 329 Lithografien, die in sich wiederum mehrfach gruppiert ist, trägt in Nr. 15 des Albums *Les Partageuses* den vielsagenden Titel (übersetzt) *Herrscherin über alle Gerissenheiten.* Mit schwarzer Lithokreide ist darunter das zugehörige Bild gestaltet. Die Dame, die ihre Arme hinter dem Kopf verschränkt, während sie aus umdunkelten Augen den Leser sanft-verschlagen anlächelt, hat sich auf dem Sofa zurechtgeräkelt. Das Dienstmädchen im Hintergrund räumt auf. Spiegel, Vorhang, Kissen, demonstratives Daliegen, frivole Blickzuwendung ergeben eine Boudoir-Situation, wie sie aus »Venus-Toiletten« oder Haremsszenen bekannt sind. Nur handelt es sich hier bei dieser neckischen *Impératrice* weder um eine Venus noch um eine Odaliske. Sie ist ja auch bekleidet. Was hier herausfordert, ist jenes Liebes- und Lustversprechen, das im weltstädtischen Paris des 19. Jahrhunderts durch die selbstbewusste ›Kokotte‹ verkörpert war. Gavarni hat diese Liebesherrinnen oft mit jenem verlockend abgründigen Puppengesicht ausgestattet, wie es den zeitgenössischen Moden der Halbwelt entsprach. Der Figurenumriss ist mit der Kreidekante sicher visiert, das nervös und atmosphärisch verschummerte Schattenmuster dazu mit breiter Seite gezeichnet.

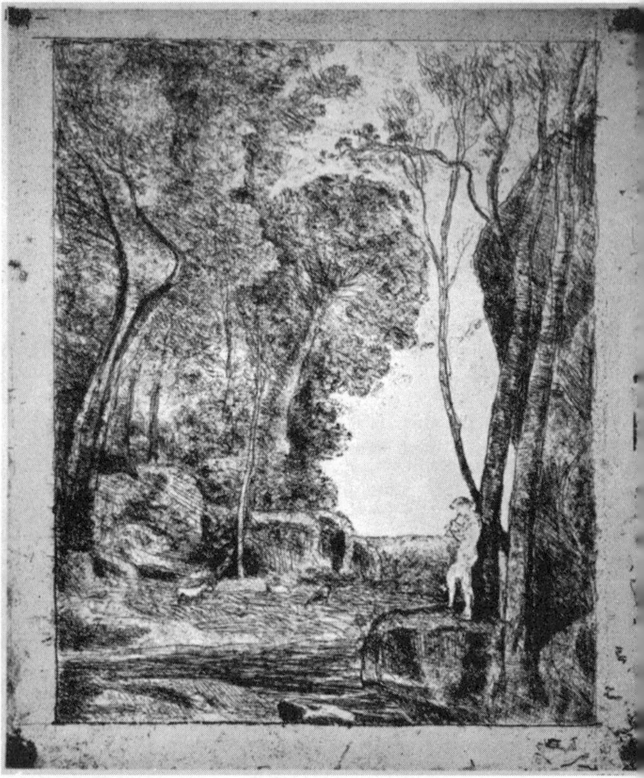

Camille Corot: Le petit berger
um 1855 · Cliché verre (Glasradierung), 325 × 250 mm
(Dresden, Kupferstichkabinett)

Camille Corot: Le petit berger

Hinter der geschäftlichen Ausweitung der Bildmärkte wollte die künstlerische Experimentierlust nicht zurückstehen. Als wichtige Schrittmacher erwiesen sich hierbei die fotografischen Neuerungen um 1850. Heute kaum noch in Gebrauch (Althaus, S. 173), war damals das Verfahren der Glasradierung (»cliché verre«*)* solch eine Brücke wechselseitiger Innovation. Camille Corot (1796–1875) begann 1853 mit entsprechenden Versuchen. Bis 1874 entstanden auf diese Weise insgesamt 66 künstlerische Mischtechniken (»Hybrids« nennen wir das heute), die den manuellen Akt des Radierprozesses mit dem chemischen Prozess der Lichthärtung verknüpfen. Das Prinzip, das nur teilweise etwas mit Druckgrafik zu tun hat, ist einfach: Eine Glasplatte wird mit lichtundurchlässiger Schicht überzogen; mit Radiernadel wird hineingezeichnet, anschließend die so ›radierte‹ Zeichnung mit Licht auf ein daruntergelegtes lichtempfindliches Papier durchgepaust – »Lichtpause« heißt das deshalb auch in den alten Handbüchern (Ziegler, S. 135). Der Vorteil: Die Zeichnung muss nicht – wie bei der echten Radierung – durch Ätzung und Pressendruck erst noch weiter bearbeitet werden, vielmehr liegt ihr malerisch ›toniges‹ Ergebnis sogleich im fotografischen Abzug vor, der das Bild überdies seitenrichtig wiedergibt. Nachteil: Nur wenige Abzüge sind von den empfindlichen Glasklischees möglich, ›druckscharfe‹ Präzision ist, wo sie gewollt wäre, kaum zu erreichen, da der fotografische Abzug relativ umständlich zu handhaben ist.

1855 dürfte *Der kleine Schäfer* entstanden sein. Das Blatt gibt Corots Tonigkeit ganz im Stil seiner gleichzeitigen Ölbilder wieder, finden sich doch in seinen *Paysages intimes* ähnlich spontan gesetzte Flecken und unruhig flirrende Strichelungen. Die Vorphase des Impressionismus lässt sich also auch in unbunten Lichtpausen studieren, hier: im sprühenden Schwarzweiß der Laubwerke, im Rhythmus der zarten Stämme und in der kleinen musizierenden Figur des Hirten. Die Welt der Impressionisten liegt schon in der Luft.

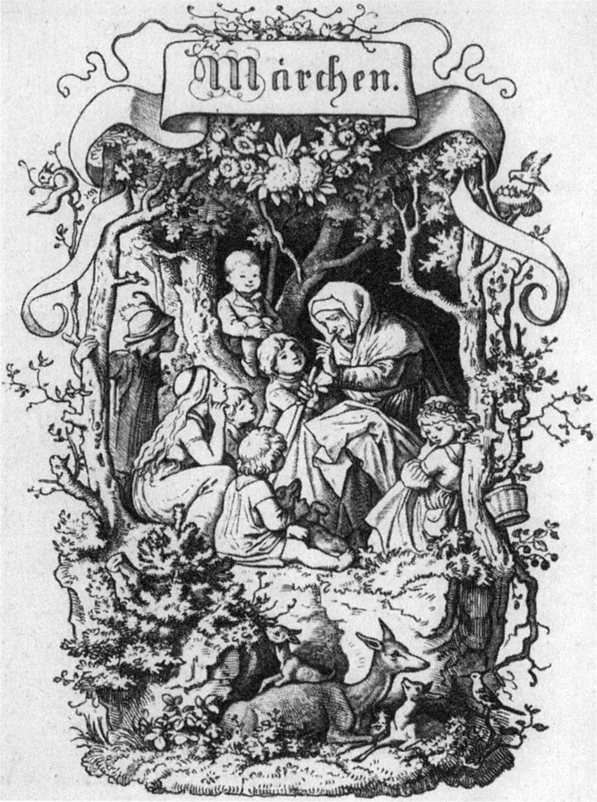

Ludwig Richter: Titelblatt zu Bechsteins Märchen
1857 · (2. Aufl.), Buchholzschnitt, 158 × 125 mm

Ludwig Richter: Titelblatt zu Bechsteins Märchen

Der Dresdener Maler und Grafiker Ludwig Richter (1803–1884) war neben Moritz von Schwind (vgl. S. 200) der herausragende spätromantische Märchenillustrator in Deutschland. Wie dieser repräsentiert er einen biedermeierlichen Erzählblick, worin Idyllensehnsucht, Humor und Märchenpoesie mit Modernitätsangst zusammenfallen. So ist es bezeichnend, dass Richter ab 1838, da er sich erfolgreich der Buchgrafik zuwandte, die Themen Dichtkunst, Volkslied, Familienharmonie, Freundschaft, Naturverbundenheit ins Zentrum seiner Arbeit stellte. Am Ende sollte sich sein grafisches Œuvre auf rund 150 Bücher mit über 2000 Holzschnitten belaufen. Als er 1857 die zweite Auflage von Bechsteins Märchensammlung illustrierte, bewies er – wie zuvor Rethel (vgl. S. 206) – seine Fähigkeit zur zeitgemäßen Adaption altdeutscher Stilformen. Über die Widersprüche der Gegenwart und die Herausforderungen aller realistischen Kunstkonzepte hinweg setzten Richter und sein Hauptxylograf August Gaber (1823–1894) auf die Rückkehr zu Dürers grafischem Vorbild. Das äußert sich in der Vorliebe für melodische Linienornamente, dicht gefüllte Umrissfigurationen bei möglichster Vermeidung halbtoniger Mittellagen, wie sie nun im modernen Holzstich eigentlich Standard waren.

Das Titelblatt zur Bechsteinschen Märchensammlung bietet ein Konzentrat aus Richters Kunstprogramm und Lebensauffassung. Die Großmutter sitzt in schattiger Laube und erzählt der um sie versammelten Kinderschar Märchen. Zur gebannt lauschenden Gruppe haben sich die Tiere des Hauses und des Waldes gesellt; knorrige Bäume, Vogelnest, Blüten und Früchtekranz ergänzen den mythenfreundlichen Hort familiärer Geborgenheit. Aus dem Dunkel der Laube spricht der Ernst großmütterlicher Erzählung, Jugend und Lebenswärme zeigen sich daneben im vollen Sonnenlicht. Heute noch empfindet das Publikum die detailreich kindliche Linienfreude als heimelig und herzlich – auch entgegen modernem Kitschverdacht.

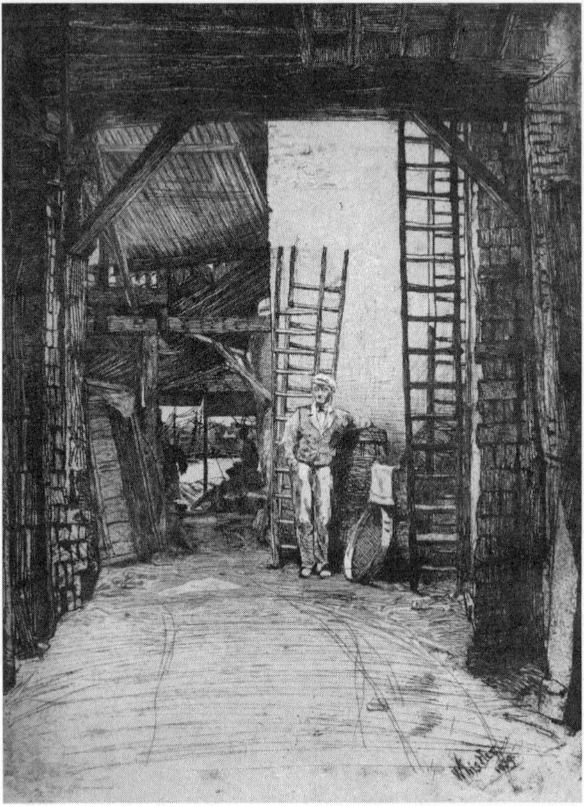

James Abbott McNeill Whistler: Lime Burner, Thames Street
1859 · Radierung und Kaltnadel, 291 × 176 mm

James Abbott McNeill Whistler: Lime Burner, Thames Street

Muss schon die Opposition aus Realitätssinn und Weltflucht keineswegs unschöpferisch sein, so sind an der Nahtstelle von industrieller Lebenswirklichkeit und freier Kunst umso konstruktivere Konzepte fällig. Vor allem die zweite Hälfte des 19. Jahrhunderts bietet ein ganzes Panorama von Konfliktspannungen. Eine davon wird vom exzentrischen Amerikaner James Whistler (1834–1903) verkörpert. Nach kurzer akademischer Ausbildung in Pariser Ateliers begeisterten diesen bald die Werke des neuen »Realismus«, unter anderem die des Gustave Courbet (1819–1877), daneben aber auch die Ätzkunst Rembrandts. Und als der zwischen britischem Dandyism und Pariser Bohème vermittelnde Amerikaner 1859 nach London ging, ist es die von ihm gerade aufgegriffene Radierung, die ihm neue Synthesen ermöglichte. Whistler streifte durch die Londoner Docks, er studierte, notierte, porträtierte, kombinierte. Was er jenseits gängiger Sujetwelten aufnahm, eröffnete ihm auch für die reinen Kunstfragen ›interessante‹ Lösungen, wenn auch zunächst nur im Rahmen von grafischen Forminteressen.

Der später sogenannte *Thames Set*, das sind 16 Radierungen über das industrielle Leben am Ufer der Themse, gibt sowohl über Whistlers Syntheseblicke wie über den schon virtuosen Stand seines Radierstils guten Aufschluss. Blatt Nr. 9 trägt die Beischrift »W. Jones – The lime burner, Thames street«. Der inmitten des Transporthofs der Kalkbrennerei neben Leitern und Sieben erschöpft dastehende Mann ist also namentlich verewigt. Eingerahmt ist er von einem Tor aus raffiniert changierenden Strichlagenfeldern. An Mr. Jones vorbei schwingen einige schienenartige Kaltnadelrisse in die Tiefe des Fabrikkomplexes. Wie durch ein fernes Fenster erblickt man hinten noch etwas Themseufer. Um zum faserig nervösen Strichreichtum dieses Helldunkels hinzufinden, ging Whistler also auf Abwegen, auf Expedition durch die hässliche Normalität des kunstfernen Lebens.

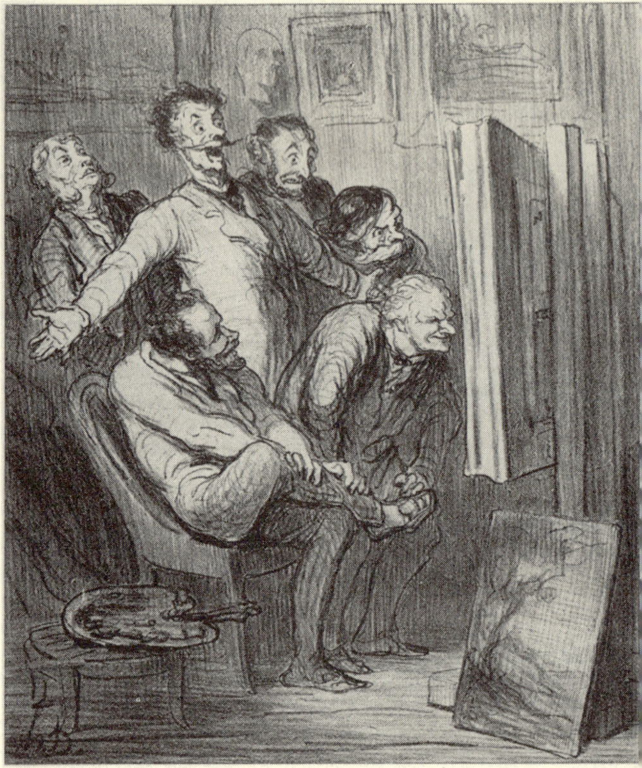

Honoré Daumier: À travers les ateliers
1862 · Lithografie, 252 × 210 mm
(Wien, Albertina, Inv.-Nr. 1922/1)

Honoré Daumier: À travers les ateliers

Sie sind wieder einmal ›durch die Ateliers‹ gezogen, die Sammler, Händler, Kritiker, die routinierten Flaneure, Enthusiasten oder auch nur die Profiteure der Kunstmetropole. Nun stehen sie vor der Staffelei, hagere Stolziere und behäbige Wichtigtuer, Augenroller und Naserümpfer aus Passion und von Profession. Sie werfen die Arme, blasen die Backen, erstarren und grimassieren, fahren zurück oder krümmen sich kennerhaft den Details auf der Staffelei entgegen, während der Maler selbstzufrieden und abwartend neben seiner Palette hockt. Die gestaute Erregung im halbdunklen Raum ist so sehr ins Extrem gesteigert, dass die diversen Charaktermasken beinahe auch als feixende Schadenfreude oder atemlose Empörung gelesen werden könnten. Aber es gibt in dieser Lithografie aus der Serie *Souvenirs d'artiste* (1862) eine ergänzende Bildunterschrift, die den visuellen Tumult eindeutig ins Positive wendet, indem sie mitstammelt: »Fichtre! … Épatant! … Sapristi! … Superbe! … ça parle!« Übertreibung verbindet Kunst, Medium und Publikum. So ergeben Reaktionen und Ausrufe zusammen einen Bild-Schrift-Akkord tempogeladener Zeichen: kurvig wühlende Kritzeln, zügiger Kontur, füllende Schraffen, Wortfetzen: alles aus Lithokreide. Bizarr ist gewiss, was als ›Kunstgenuss‹ und dessen Pathos auftritt.

Doch der Zeichner offenbart sich damit auch selbst. Sein Strichgespinst verkörpert nicht nur Abscheu, vielmehr scheint hier bei aller Satire auch ein Moment von Sympathie mitzuschwingen. Immerhin wird ja Kunst bewundert; gleichwohl: Niemand hat im 19. Jahrhundert die Heucheleien des Pariser Bürgertums, seine Ideologien und Phrasen hämischer demaskiert als Honoré Daumier (1808–1879). Der seit 1830 immer auch politisch propagierende Künstler hat wie kein anderer aus Verzerrung eine kämpferische Methode gemacht und die Tagespresse zum Rahmenmedium seiner Bildbotschaft. Jetzt erst, im nervösen Raum der Großstadt, fand »Karikatur« (vgl. S. 158, 180, 208) gänzlich zu ihrem modernen Begriff.

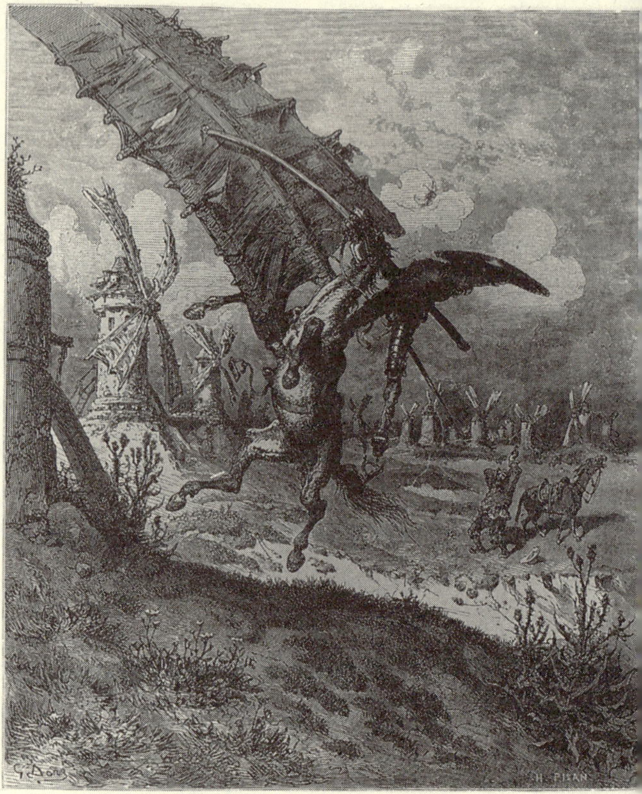

Gustave Doré: Don Quijote im Kampf gegen die Windmühlen
Paris 1863 · Holzstich (gestochen von H. Pisan), 246 × 196 mm

Gustave Doré: Don Quijote im Kampf gegen die Windmühlen

Neben Allegorie, Poesie, Satire, Attacke und Dokumentation gibt es im Medium der Buchgrafik nicht zuletzt die leserfreundliche Narration. In letzterem Fach hat niemand »das Romantische dem Romanhaften« (Hartlaub, S. 103) nähergebracht als Gustave Doré (1832–1883). Nach 1854, mit den Rabelais-Illustrationen, wurde er zu einem der erfolgreichsten Grafiker Frankreichs, einem, der zeitweise für einzelne Projekte 44 Holzstecher beschäftigte. Doré war vielleicht der erste Künstler, der (etwa ab 1863) Holzstichentwürfe nicht mehr selbst auf den Holzblock zeichnete, sondern die Vorzeichnung fotografisch übertragen ließ. Außerdem tat er sich als Lithograf, Radierer, Stahlstichzeichner, Maler, Bildhauer hervor.

Seine 375 Illustrationen zum berühmten Cervantes-Roman *Don Quijote de la Mancha* erschienen 1863 in zweibändiger Ausgabe. Die teilweise großformatigen Stichausarbeitungen hatte maßgeblich H. Pisan besorgt, damals einer der besten Xylografen. Als die berühmteste Romanszene gilt bis heute *Don Quijotes Kampf gegen die Windmühlen*, und sie bewahrt ihren sprichwörtlichen Rang auch in Dorés Version. Der ganz in seine Fantasiewelt verstrickte Don Quijote erkennt in einer Reihe von Windmühlen feindliche Riesen, die es zu bekämpfen gilt. Dorés Bild zeigt die ernüchternde Niederlage des tragischen Helden: Wie Drachenflügel hebt die Windradspeiche den geharnischten Mann aus dem Sattel. Ergänzend dazu bietet die schicksalhaft verdüsterte Landschaft weitere Inhalte des Textes. Im Vordergrund aber steht die schlimme Verwechslung, sie wird uns mit grotesker Dramatik, zugleich etwas verrätselter Gestalt vor Augen geführt. Im gewählten Bildausschnitt muss der detailscharfe ›Drachenflügel‹ durchaus monströs erscheinen. Dennoch spränge uns die Wahrheit der verrückten Fantasie nicht so schockierend an, wäre da nicht jener zupackende Raster, jener xylografische ›Zellstoff‹, worin Wahn und Realität derart sinnlich verschmelzen.

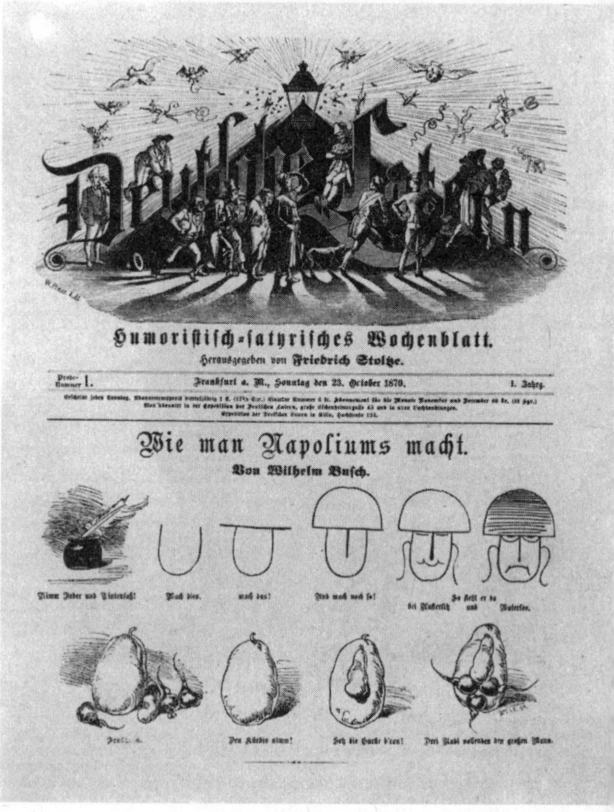

Humoristisch-satyrisches Wochenblatt.

Herausgegeben von Friedrich Stoltze.

Probe-Nummer 1. | Frankfurt a. M., Sonntag den 23. October 1870. | 1. Jahrg.

Wie man Napoliums macht.

Von Wilhelm Busch.

Wilhelm Busch: Wie man Napoliums macht
1870 · Holzstich und Letternsatz, 329 × 253 mm
(Hannover, Wilhelm-Busch-Museum)

Wilhelm Busch: Wie man Napoliums macht

Die humoristischen Bildergeschichten von Wilhelm Busch (1832–1908) können nur teilweise der Gattung Karikatur zugerechnet werden. Busch wollte primär erzählen, treffend und witzig von einer Szene zur nächsten; erst in zweiter Linie wollte er spotten, gar attackieren. Mit der letztlich immer menschenfreundlichen Typisierung des Überindividuellen sollte ein kultiviert lachender ›Common Sense‹ gelingen. Ausnahmen von dieser Regel finden sich bei Busch dort, wo Despotieverachtung und nationale Verfeindung seinen Weltkommentar politisch beflügelten. So ergriff der ehemalige Holzstichzeichner bei den *Fliegenden Blättern* (zwischen 1859–1863), Erfinder der später weltberühmt gewordenen *Max und Moritz*-Geschichte (1865) im Oktober 1870, da der deutsch-französische Krieg bereits entschieden war (Bild als Waffe, S. 121), die Gelegenheit, die »Napoliums« in Frankreich lächerlich zu machen. Der kindliche Plural war Teil des Programms. Busch verband damit das alte Mittel der seriellen Schematisierung und die moderne Attitüde des volkserzieherischen Zeichenunterrichts. Am 23. Oktober 1870 erschien auf der Titelseite des satirischen Wochenblatts *Deutsche Latern* (Frankfurt am Main) seine zweizeilige Karikatur. Unter dem Titel *Wie man Napoliums macht!* wird höchst simpel der Werdegang von Strichgestalten vorgeführt, darunter stehen knapp gereimte Zeichnungsanweisungen. Demnach entwickelt sich – obere Reihe – aus einem abstrakten U-Kürzel der Welttyrann Napoleon I. hin zum Verlierer von Waterloo. In der unteren Reihe ist es dessen Neffe Napoleon III., der vom Kürbis über die Gurke zum kombinierten Fruchtstück nur wenige Metamorphosen benötigt. Die Moral von der Geschicht': So wie man »Napoliums« aus Strichen und Früchten ›machen‹ kann, genauso leicht kann man sie auch wieder abschaffen, auf ihr Null und Nichts zurückbringen.

Buschs reimunterlegte Figurenstenogramme dürfen als Vorläufer des 25 Jahre später entstehenden »Comic Strip« gelten.

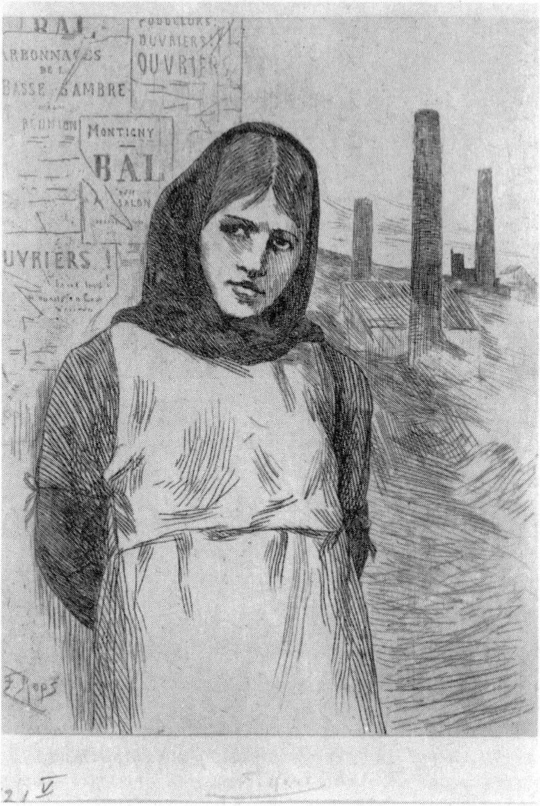

Félicien Rops: Der Streik
um 1875 · Radierung, 195 × 154 mm
(Hamburg, Kunsthalle, Kupferstichkabinett, Inv.-Nr. 28256)

Félicien Rops: Der Streik

Der belgische Grafiker und Maler Félicien Rops (1833–1898) zählt zu den technisch vielseitigsten Grafikern in der zweiten Hälfte des 19. Jahrhunderts. Kaum ein Tiefdruckverfahren, kaum ein lithografischer Stil, mit dem er nicht experimentiert hätte. Dass der erfolgreiche Künstler 1888 mit dem Orden der Ehrenlegion ausgezeichnet wurde, Tage bevor ihm einige seiner illustrierten Bücher wegen »unzüchtigen Inhalts« beschlagnahmt wurden, das allein schon kennzeichnet sein Dilemma. Denn Rops war nicht nur brillant, er war auch pornografisch, blasphemisch, »defätistisch«. Dafür hasste er seinerseits die Doppelmoral seiner spießigen Ankläger. Es war das Thema Frau, an dessen ambivalenter Behandlung sich die Geister so erregten. Die meisten der über 1000 Radierungen Rops' kreisen um das männliche Begehren zwischen Verehrung und Verachtung. Diese Begierde wird von Rops so inszeniert und charakterisiert, dass der Betrachter Angst vor der weiblichen Aufreizung, letztlich Wut über die eigene Schwäche gespiegelt bekommt. Aber Rops kennt auch das Mitleid mit den gesellschaftlich unterdrückten Frauen: den Prostituierten, Dienstmädchen, Arbeiterinnen. Bitterer, abgründiger als etwa Gavarni (vgl. S. 208) schildert er ihr Elend.

Um 1874/75 dürfte die Radierung *Der Streik* entstanden sein (Gross, S. 407). Eine junge Arbeiterin steht mit rückwärts verschränkten Armen gegen eine Plakatwand gelehnt, ihr schwermütiger, trotzunterlegter Blick zielt direkt auf den Betrachter. Im leicht schief gelegten Kopf klingt ein kokettes, fragendes Moment auf. Die Wand hinter ihr gibt Reklamen zu Tanzveranstaltungen und Streikaufrufen zu lesen, daneben ragen Schornsteine einer Industriegegend auf. Alles ist in lockeren Strichlagen erfasst, nur zum bohrenden Augenpaar hin bauen sich festere, massivere Kontraste auf. Das schlicht-stolze, doch auch verlorene Dastehen des Mädchens ist gerade durch Verzicht auf grafischen Reichtum meisterlich gestaltet.

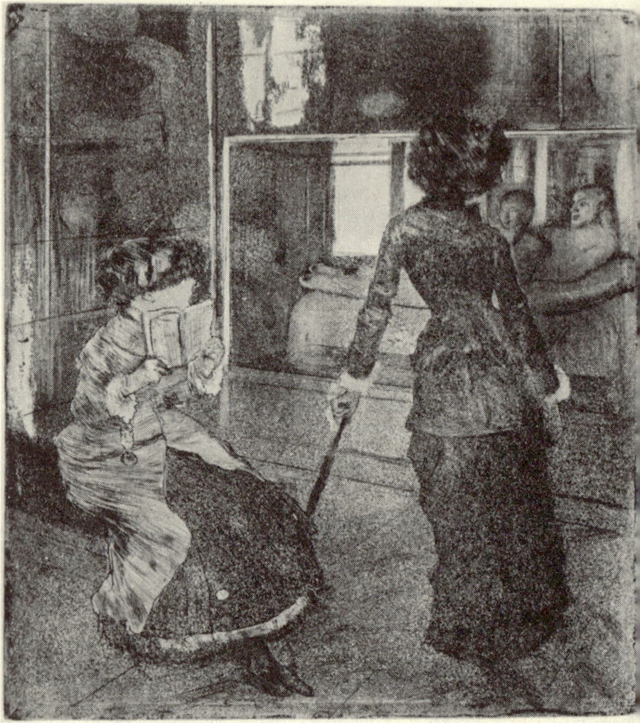

Edgar Degas: Mary Cassatt im Louvre
um 1876 · Radierung und Aquatinta (6. Zustand), 270 × 237 mm
(Paris, Bibliothèque nationale, B. N. Estampes, Dc 327 dh rés)

Edgar Degas: Mary Cassatt im Louvre

Edgar Degas (1834–1917) widmete sich dem Thema »Frau« etwa ab 1865, und von da an mit fotografisch gestütztem Experimentierblick. Es ging ihm darum, die Natürlichkeit von Körperbewegungen in oft überraschend wechselnden Perspektiven zu erkunden, um sie dann als zielsicher komponierte Gestaltzustände festzulegen. Wichtiger als jeder Kolorismus war ihm dabei das (foto)grafisch studierbare Beleuchtungsmoment an Figur und Umriss. Zwischen 1865 und 1880 interessierten ihn die eher ›prekären‹ Modellaspekte der sozial niedrig gestellten Frauen: Kellnerinnen, Tänzerinnen, Artistinnen, Wäscherinnen, Büglerinnen. Ihr bald berufstypisches, bald naives Agieren, aber auch intime Augenblicke (Toiletteszenen) beobachtete er gerade an ihnen, den sozial leichter Zugänglichen, um ihre ›Natur‹ zum Objekt des modernen Blicks zu machen. Die Suche nach Halt im Strom großstädtischen Lebens, nach dessen möglicher Verfestigung im Bild – das war das Moderne in Degas' Werk.

Um 1876 entstand die Aquatintaradierung nach einer fotografisch studierten Pose seiner amerikanischen Malerkollegin Mary Cassatt (vgl. S. 232). Ob es nun die ungezwungene Extravaganz dieser Frau war oder die verblüffende Übereinstimmung ihres affektierten Standsmotivs (Wichmann, S. 267) mit japanischen Mangas, die Degas bewunderte, – jedenfalls ›fixierte‹ er die Dame bei einem ihrer Besuche im Louvre. Auf der Radierplatte musste zwischen Figurensilhouetten und räumlicher Axialität vermittelt werden. Cassatt, die gerade vor einem Bild den Kopf etwas schief legt und dabei mit ihrem Regenschirm für eleganten Halt sorgt, musste ins Kontinuum der aquatinierten Töne so eingebaut werden, dass ihre alles dominierende Stützschräge Ruhe und Bewegung in einem ist. Die wie mit dem Lineal gezogenen Ätzlinien umgittern die herausgedeckten und -geschabten Lichter, außerdem an der Sitzfigur die radial geschwenkten Strichlagen. Degas benötigte mehrere Druckzustände, um all diese Balancen zu sichern.

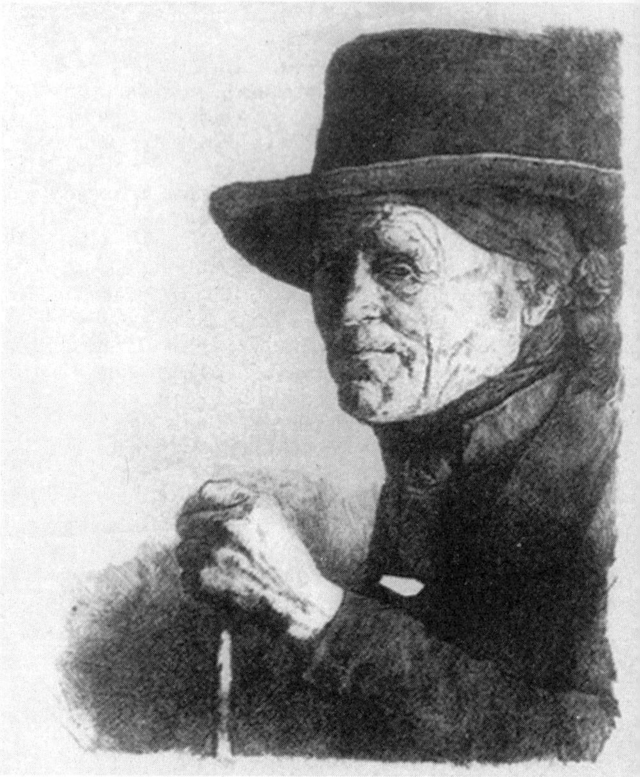

Wilhelm Leibl: Alter Bauer mit Stock
um 1877 · Radierung (1. Zustand), 148 × 119 mm
(Privatbesitz)

Wilhelm Leibl: Alter Bauer mit Stock

Um 1860/70 ereignete sich in den europäischen Kunstmetropolen ein »Etching revival«, die Rückbesinnung auf die handwerkliche Ausdruckspur der alten »Maler-Radierung«. Unumstrittenes Vorbild hierfür war Rembrandts dramatisch-atmosphärisches Ätzlinienbild. Während von James Whistler (vgl. S. 214), Félix Bracquemond (1833–1914) und Seymour Haden (1818–1910) in London und Paris fruchtbare Impulse der Neuaneignung ausgingen, blieben die deutschen Grafiker zunächst noch zurückhaltend. Gegenüber der Holzschnitt-Renaissance, der lithografischen Allverwendungsfreiheit und der xylografischen Illustrationskraft standen andere Techniken in Deutschland bis etwa 1880 im Hintergrund der Interessen. Eine kleine, aber feine Ausnahme bilden die zwischen 1873 und 1878 entstandenen 19 Ätzradierungen von Wilhelm Leibl (1844–1900). Sie sind unspektakulär, aber qualitätvoll, und sie entsprechen in ihrer ernsten Akribie genau jener Neuorientierung, die sich um 1874 auch in Leibls Gemälden vollzog (Billeter, S. 134).

Um 1875/77 ist die Radierung *Alter Bauer mit Stock* entstanden. Das kleine Blatt bietet ein sorgfältiges Porträt, anekdotisches Beiwerk fehlt. Rembrandts Helldunkelmanier (vgl. S. 116) tritt hier ohne experimentelle Neugier, aber in solider Ausführung entgegen: die dichte, kleinstrichelige Textur basiert auf nur einem Ätzgang. Man meint den Porträtierten namentlich zu kennen, weil er auch in anderen Werken Leibls vorkommt. Der »Fischer Lenz« aus der Gegend von Unterschondorf/Ammersee sitzt rechtsseitig beleuchtet und hart angeschnitten im Bild; sein zum Betrachter gewendeter skeptisch verkniffener Blick, die Stützung auf den Stock, die abwartende Haltung, das alles sorgt für distanzierende Spannung. Dass der alte Mann den Hut über der Zipfelmütze trug, verband wohl seine persönliche Gewohnheit mit Leibls unbeirrbarem Authentizitätsverlangen. Hautfalten, Bartstoppeln und Tuch ergaben ein ideales Objekt für die Radiernadel. Für Leibl waren seine Radierungen vor allem ein Medium der Werbung und Nebeneinkünfte.

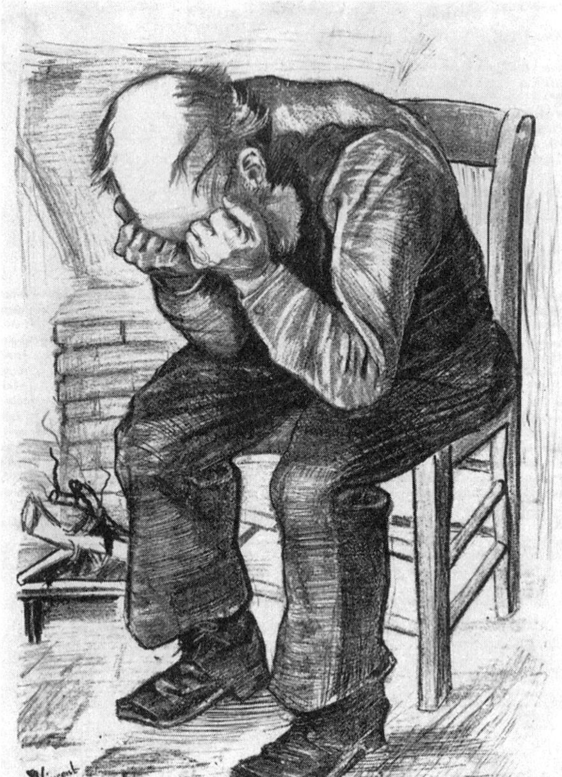

Vincent van Gogh: Alter Mann, Kopf in die Hände gestützt
(At Eternity's Gate)
1882 · Lithografie mit Kreide und Tinte, 515 × 360 mm
(Hamburg, Kunsthalle, Inv.-Nr. 1949/408)

Vincent van Gogh: Alter Mann, Kopf in die Hände gestützt (At Eternity's Gate)

Spätestens mit Vincent van Gogh (1853–1890) beginnt die Geschichte der Modernen Kunst. Doch was an Farbenglut, an fiebriger Pinselrhythmik den Mythos seiner Avantgardeposition kennzeichnet, gilt es auch für seine Grafik? Ja, insofern, als van Goghs Philosophie des Menschenelends bereits in der ersten Phase künstlerischer Entwicklung (1881/82) auch zeichnerische Gestalt annahm, dabei früh schon sich der Lithografie bediente (Schaar, 1991, S. 128). 1882 hatte er in Den Haag mit dem Studium der menschlichen Figur begonnen. Die Gestalten des Elends interessierten ihn: arbeitende Bauern und Fischer draußen vor der Stadt, Tristesse der Armenviertel und Fabrikquartiere, Prostitution, Alkohol, Vereinsamung der Leute in Armenhaus und Altenheim. Als van Gogh im November 1882 von einem preisgünstigen industriell hergestellten Litho-Umdruckpapier erfuhr, war er begeistert, plante eine Druckserie von 30 Blatt; sie sollte das Existentielle thematisieren, als karikierende, symbolistische Figuration in Schwarzweiß. Erst gut drei Jahre später sollten ihn in Paris die Stürme der Farbenmalerei erreichen, folgenreich. Medium und Sujet änderten sich nun auf Dauer.

Zu den ersten lithografischen Versuchen im Umdruckverfahren zählt ein großformatiger Druck, worauf van Gogh in einigen wenigen Abzügen den Titel geschrieben hat: »At Eternity's Gate«. Ein alter Mann, ein mehrfach in Anspruch genommenes Modell aus dem Armenhaus der Haager *Warmoezierstraat*, sitzt auf einem Stuhl, das Gesicht in den Fäusten verborgen, die Arme auf den Schenkeln aufgestützt. So sieht das verzweifelte Ende eines schweren Lebens aus, die Station *am Tor zur Ewigkeit*. Selbst wenn die Pose arrangiert ist – für den Künstler verkörperte sie so viel wie die Selbstzeichnung der Existenz. Mit Lithokreide setzte er kantige Umrisse hinein, modellierende Füllungen und Schabungen. Einzelne Konturen wurden mit Lithotinte nachgezogen, somit manche Härten flüssig gemildert.

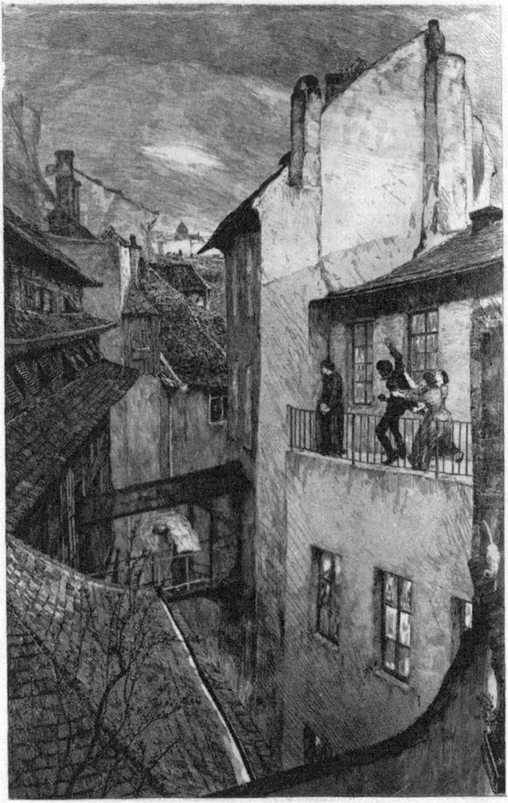

Max Klinger: Eine Mutter I
1883 · aus *Dramen* · Radierung und Aquatinta, 413 × 258 mm
(Hamburg, Kunsthalle, Inv.-Nr. 29017)

Max Klinger: Eine Mutter I

Kein anderer deutscher Künstler vor 1900 ist einen so erregenden Weg zwischen Symbolismus und sozialkritischer Dramatik gegangen wie der Maler, Bildhauer und Radierer Max Klinger (1857–1920). Es ist gerade seine grafische Intelligenz, die diese spannungsvoll schöpferische Synthetik sichtbar macht. Dank der raffinierten Verwendung von Radier- und Aquatintatechniken (Drude, S. 86) avancierte Klinger zum Pionier moderner Bildverfahren. Man kennt sie heute unter den Namen stilistische »Kombinatorik« und filmische »Montage«. Zur Modernität der Verfahren passen die aktuellen Inhalte.

So greift der frühe Zyklus *Eine Mutter* (I–III) soziale Missstände auf, entwickelt erzählerische Dramatik aus sozialen und ökonomischen Bedingungen der Zeit, etwa dem deutschen Börsenkrach von 1873. Klinger notierte auf die Titelseite der 5. Auflage seiner *Dramen*-Serie von 1883 in lakonischer Kürze, was uns die Reihe im ersten Teil zeigt: »Motiv: Eine Familie durch den Krach verarmt. Der Mann, Säufer geworden, misshandelt Frau und Kind« (Schaar, 1991, S. 134). Im Verlauf dieser und der beiden nachfolgenden Szenen wandelt sich das Geschehen zum gerichtlichen Fall. Alles beginnt mit Voyeursblick, inmitten eines ärmlichen, mehrstöckigen, doch altstädtisch atmosphärischen Wohnquartiers. Eingebettet in altes Gemäuer und Dachziegellandschaften, überfangen von einem abendlichen Schlechtwetterhimmel, kommt es zum gewaltsamen Ausbruch. Auf dem Balkon schräg gegenüber, 3. Stock, will ein Mann auf seine flüchtende Frau einprügeln, während zwei andere Frauen ihn daran zu hindern versuchen. Dabei ist alles delikat ästhetisch: Locker gesetzte Radierstriche in Verbindung mit aquatintierten Schattenschlägen und tonig-feingestimmten Plattentonflecken entwerfen ein Ambiente, worin die zentrale Turbulenz mit Nebenpointen (Wäscheträgerin, flüchtende Katze) erweitert wird. So spielt eine neue Bildform zwischen Augenlust und kriminalistischer Wirklichkeit. »Präcise Phantasie« – darum ist es dem Grafiker Klinger immer gegangen.

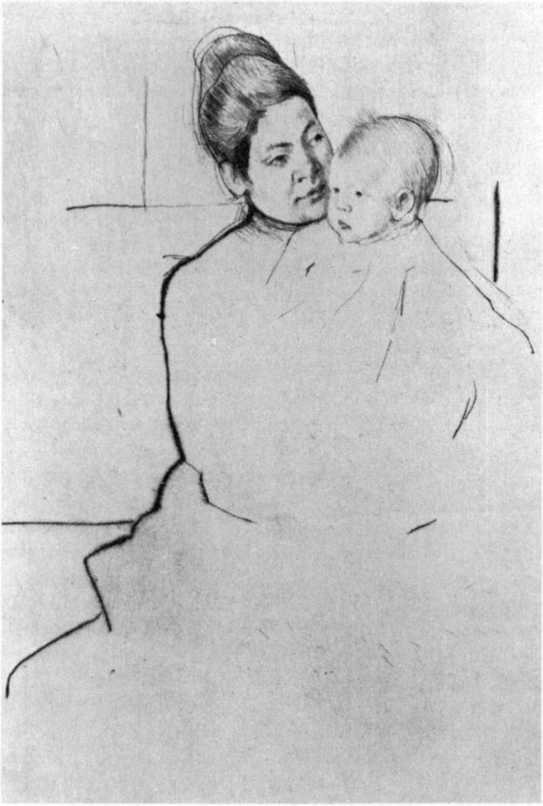

Mary Cassatt: Joseph Gardner Cassatt auf dem Arm seiner Mutter
um 1887 · Kaltnadel, 216 × 138 mm
(Hamburg, Kunsthalle, Kupferstichkabinett, Inv.-Nr. 1947/726)

Mary Cassatt: Joseph Gardner Cassatt auf dem Arm seiner Mutter

Man weiß nicht, welche der beiden Haupttatsachen dieser Kaltnadelradierung als fesselnder anzusprechen wäre: die beiden zarten Gesichter des Mutter-Kind-Paares oder daneben die große in den Raum führende, tiefschattig verfestigte Stufenform, worin plastische Kontur in einen unbestimmten Silhouettenrand übergeht. Das eine ist Lebensschönheit, das andere Reiz der Kunst. Beide Ansätze, meistens bezogen auf Mutter-Kind-Szenen, haben zeitlebens das Werk der Künstlerin Mary Cassatt (1844–1926) in Spannung gehalten. Die Amerikanerin – wir kennen sie in Rückenansicht, 10 Jahre zuvor festgehalten von Edgar Degas (vgl. S. 204) – hat hier ihre Schwägerin in natürlichster Pose konterfeit. Die Mutter hält ihren etwa einjährigen Sohn Joseph auf dem Schoß, und während der Knabe fest ins Dasein blickt, dabei »energievolle, friedliche Züge« annimmt (Gross, S. 315), zieht die Mutter ihn innig an sich, ganz auf bergende und wärmende Nähe bedacht. Das ist mit geringstem Aufwand an zeichnerischer Form gestaltet, ja lebendig atmend gemacht. Die Kaltnadelrisse (vgl. S. 36) mussten das Bild gegen den Widerstand des Kupfers einritzen, was gewisse Sprödigkeiten in der Strichführung, allerdings auch die zum Kaltnadelgrat gehörenden weichen Wischschatten zur Folge hatte. Beides, das Spröde und das Samtige, sammelt sich in jenem dunklen Körperrand, der nur rechts neben dem Kind ein senkrechtes Stück Gegenhalt bekommt. Es ist, als ob von den Köpfen abwärts diese Kontur immer mehr ihre körperliche Energie verlöre und sich zu einem freien Gliederungselement der Fläche verselbständigte.

Cassatt wurde in der Tat unter ihren Pariser Lehrmeistern Degas und Manet zu solchen Formauflösungen und Verflächigungen angeregt. Zwischen 1877 und 1886 gehörte sie zu den in Paris ausstellenden »Impressionisten«, zeigte sich dabei ausdrücklich vom japanischen Farbholzschnitt inspiriert. Dessen »Ukiyo-e« (»fließende Welt«) meint man denn auch von Ferne in unserem Blatt zu begegnen.

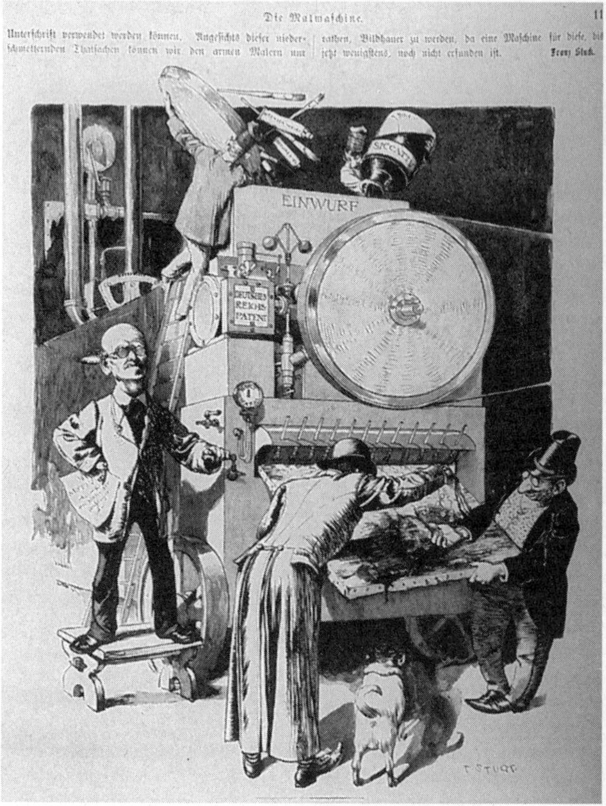
Die Malmaschine. 11

Unterschrift verwendet werden können. Angesichts dieser niederschmetternden Thatsachen können wir den armen Malern nur rathen, Bildhauer zu werden, da eine Maschine für diese, bis jetzt wenigstens, noch nicht erfunden ist.

Franz Stuck.

Franz von Stuck: Die Malmaschine
1888 · in *Fliegende Blätter*, Nr. 2240
zinkografische Illustration, 212 × 162 mm

Franz von Stuck: Die Malmaschine

Bevor der Münchner Künstlerfürst Franz von Stuck (1863–1928, geadelt 1906) mit frivol stilisierter Figuration, eleganten Möbelentwürfen und effektsicheren Plastiken zu Ruhm gelangte, hatte seine Dekorationsbegabung eine gewisse ›Vorschule‹ im grafischen Kleinformat durchlaufen. Stuck gestaltete kunstgewerbliche Vignetten, Exlibris, Karikaturen und schuf Zeitschriftenillustrationen, die Erzählwitz mit treffsicherer Zeichnung verbanden. So begann der niederbayerische Müllersohn seine märchenhafte Karriere als Illustrator bei den *Fliegenden Blättern* in München (1887–1892). Wie geschickt er dort verschiedene Stilmoden und Zeitgeistthemen verarbeitete, beweist die 1888 entstandene Illustration *Die Malmaschine* (Nefzger, S. 40). Stuck verfasste dazu einen witzigen, detailreich kommentierenden Text. Aus heutiger Sicht liest dieser sich wie die Selbstironie der eigenen Karriereplanung, aber auch als Spott auf die gründerzeitliche Aufgeblasenheit des Kunstbetriebs.

An einer mächtigen Maschine, die dazu erfunden wurde, »Bilder jeder Malweise innerhalb kürzester Zeit herzustellen«, machen sich verschieden charakterisierte Männer zu schaffen. Am Schalthebel steht ein verkniffener Maschinist (= Kunstkritiker), der das marktgängig gewählte Programm in die Presswalzen schaltet, während hinten Werkleute alle nötigen Flüssigkeiten (= Kunsteffekte) ins Getriebe schütten. Rechts vorne steht ein jüdisch karikiertes Männchen (= Kunsthandel), das dem im Vordergrund gierig zugreifenden Snob mit Mops (= großbürgerliches Publikum) gerade die neueste, noch triefnasse Bildware verhökert. Bei einer solchen Maschine, so Stuck, seien »die Maler jetzt vollkommen überflüssig« und allenfalls noch zur Signatur vonnöten.

Stucks penibel gearbeitete Federzeichnung imitiert zwar den Formcharakter des Holzstichs, sie ist aber lithografisch auf Umdruckpapier oder, was wahrscheinlicher ist, für die Zinkhochätzung auf das Klischee übertragen worden.

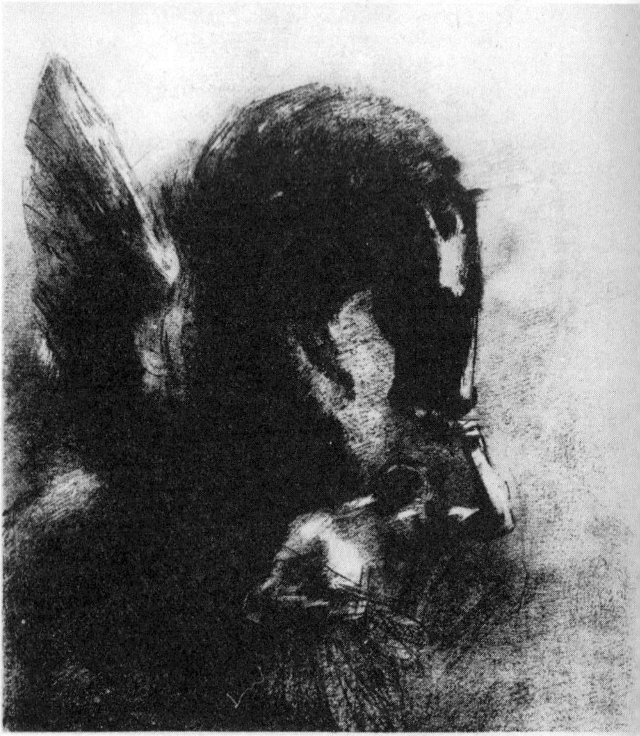

Odilon Redon: Der gefangene Pegasus
1889 · Lithografie (1. Zustand), 338 × 296 mm
(Paris, Bibliothèque nationale, B. N. Estampes Dc 354 t. III)

Odilon Redon: Der gefangene Pegasus

Druckfarbe Schwarz: »Weit mehr als die leuchtenden Farben der Palette und des Prismas ist es eine geistige Kraft«. Odilon Redon (1840–1916) hat in seinen Lebens- und Kunstreflexionen das Kernprinzip aller Grafik, das Schwarzweiß, nahezu kultisch überhöht, gleichzeitig so seinen ›schwarzromantischen‹ Symbolismus auf den Nenner gebracht. Alles fing damit an, dass er 1863 erstmals Rembrandts Radierungen studierte. Als Redon dann zwischen 1879 und 1899 mit schwarzer Kreide insgesamt 13 lithografische Folgen zeichnete, dazu mehrere Einzelblätter, war der Grundstein für die düstere und doch auch vitale Selbsttrauer seiner grafischen Poesie gelegt. Diese berührt sich nicht zufällig mit den abgründigen Fantasmen der von ihm verehrten Literaten E.A. Poe, Ch. Baudelaire, Mallarmé. Auch bei ihnen ist Schwarz als Symbol und Nervenkitzel immer virulent. Im träumerischen Spiel mit Nacht, Angst, Einsamkeit und Tod erheben sie es zu einer anderen Art des Lichts.

Das Litho *Pégase captive* wird ganz in diesem Sinn zum Zeichen für vibrierende, »geistige Kraft«. Es gibt einige klärende Strichformen darin, überwiegend aber ist die kreidig verriebene Form als ›Masse‹ da, als sich krümmend anspannende, ausbreitende, über Grenzen hinweg drängende Schattenpotenz. Nur Weniges dabei strebt über Lichtflecken zur Figur. Der jugendliche Bellerophon führt das geflügelte Pferd, den Pegasus, am Zaum, jenes Urbild von sich frei bewegender dichterischer Inspiration. Diese dunkle, mythische Kraft nun wird in Dienst genommen, und damit ereignet sich ein schöpferisches Paradoxon. Denn die Fantasie zu zügeln ist das eine, sie in ihrem Geheimnis damit letztlich aufzulösen, das andere. Der gefangene Pegasus ist die aus ihrem träumerischen Leben entführte Fantasie, die jetzt als beherrschte Form zur Verfügung steht. Redons Blatt scheint die Trauer über den Selbstwiderspruch der künstlerischen Freiheit im kontrollierten Aufruhr der Druckfarbe Schwarz abzubilden. Doch seine »schwarze Romantik« – sie ist nicht zu bändigen.

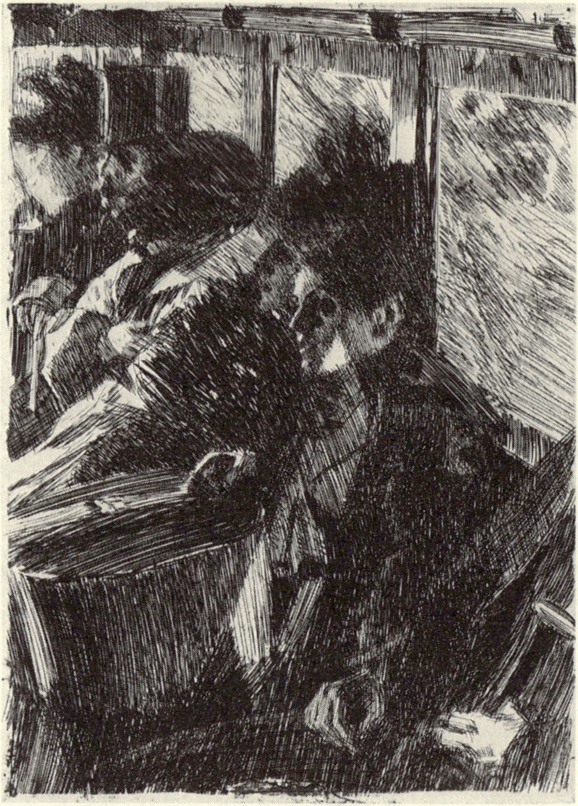

Anders Zorn: Omnibus
1892 · Radierung (3. Zustand), 279 × 197 mm
(Mora, Zorn-Museum, Inv.-Nr. ZE 07232)

Anders Zorn: Omnibus

Obwohl er mit seinen rund 290 Radierungen durchaus erfolgreich war, hat der schwedische Maler, Zeichner und Bildhauer Anders Zorn (1860–1920) selber die Virtuosität seiner Ätzkunst eher heruntergespielt. Sie sei »im Vergleich zur Malerei ein Kinderspiel« (Jensen, S. 87). Interessant sei sie für ihn vor allem wegen der unverwüstlichen Überraschung, dass beim Radieren auf der geschwärzten Kupferplatte zunächst die Striche »hellrot auf dem dunklen Grund erschienen, um dann im Druck schwarz auf weißem Grund und seitenverkehrt« neu zu begegnen. Immerhin hat Zorn solches »Kinderspiel« etwa ab 1882 in eine unverwechselbare, wahrhaft ›impressionistisch‹ zu nennende Schraffurtechnik umzumünzen gewusst.

1892 datiert die Radierung *Omnibus.* Sie entstand in Paris, wo Zorn zwischen 1888 und 1896 ein Atelier unterhielt. Paris mit seinen zerstreuenden Reflexen, seinem technisiert beschleunigten Lebenspuls ist auch das eigentliche Thema dieses in mehreren Druckzuständen existierenden Blattes. Es zeigt einen gedanklich wie optisch verwischten Augenblick im »voiture omnibus«, jenem modernen öffentlichen Straßenverkehrszeugen, der damals schon, innen wie außen, die Szenarien großstädtischer Wahrnehmung prägte. Der flüchtige Blick fällt auf dicht zusammengedrängt sitzende Damen und Herren, die, alle in Gedanken vereinzelt, durch die Stadt fahren. Hinter ihnen die Fensterreihe, die sie im Gegenlicht zu körperlos vergleitenden Schemen macht. Könnte man den Blick durch die Scheiben schärfen, man sähe auch draußen nichts als Phänomene in Bewegung. Zorn bringt die Interferenz all dieser Bewegungen und Belichtungen durch energisch ausfahrende Strichbündel zum Ausdruck. Sie sind als zumeist parallel gelegte, rhythmische Module zu lesen, die ihre Winkel, Dichten und Tiefensättigungen mehrfach ändern. Ihre tempogeladene Faserigkeit entspricht einem unfesten Blickpunkt, gleicht der schwenkenden, rüttelnden Fahrt des Wagens. Nicht allein Fotografie ist Medium der Moderne!

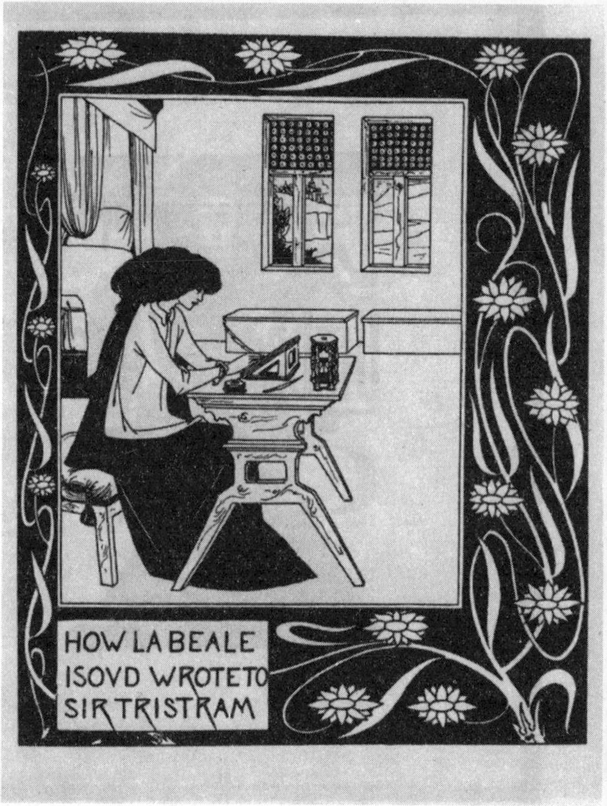

Aubrey Beardsley: Le Morte D'Arthur
1894 · Illustration zu Thomas Malory
Strichhochätzung und Buchdruck, 253 × 195 mm

Aubrey Beardsley:
Le Morte D'Arthur

Der Selbstausdruck des grafischen Elements gewinnt im letzten Jahrzehnt des 19. Jahrhunderts eine für die Entwicklung des modernen Bilddrucks programmatische Bedeutung. Freilich muss man dazu eine noch nie dagewesene Expansion der Stil- und Ausdrucksformen berücksichtigen. Der früh verstorbene englische Illustrationsgrafiker Aubrey Beardsley (1872–1898) steuerte ein Konzept bei, wie es exzentrischer den Fin de siècle-Geschmack kaum bedienen konnte. Zwischen dandyhaft-moderner und pretiös-antiquierter Haltung, verklemmter Keuschheit und frivoler Groteske spielen seine Entwürfe unruhig hin und her, und auch seine stilistische Synthese ist entsprechend facettenreich: Attische Vasenkunst, mittelalterliches Initialenornament, orientalischer Dekor, japanischer Farbholzschnitt, präraffaelitische Malerei – alles konvergiert kunterbunt und doch streng. Weil figürliche Arabesken auf florale Liniengespinste und hart verblockte Helldunkelflächen treffen, wird Beardsley nicht zuletzt auch zum Mitbegründer des europäischen Jugendstils. 1893 erschien in London das Werk, das ihn berühmt machte: die Illustration zu Malorys Artusgeschichte. Sir Thomas Malory (um 1405 – 1471) hatte die Artuslegenden gesammelt, 1485 waren sie erstmals im Druck erschienen, und nun – 1894 – harrten sie ihrer viktorianisch-nationalen Neuentdeckung. In mehreren Luxus- und Populärauflagen wies das dreibändige Werk, dessen Bilder mit Zinkklischees gedruckt wurden, dann auch der Buchkunst neue Wege.

Das Bild *Wie die schöne Isolde dem Ritter Tristan einen Brief schrieb* fügt Beardsley seiner Stilküche ein weiteres Gewürz hinzu, den strengen Linienstil der Venezianischen Buchgrafik von 1490 (vgl. S. 44). So stoßen hier angedeutete Tiefenlinien des Innenraums an die scherenschnittigen Flächen der geblümten Rahmenbordüren. Vermittelt wird beides in der Gestalt der schreibenden Isolde. Sie vereinigt in fragiler Eleganz die Prinzipien Linie, Fläche, Weiß und Schwarz.

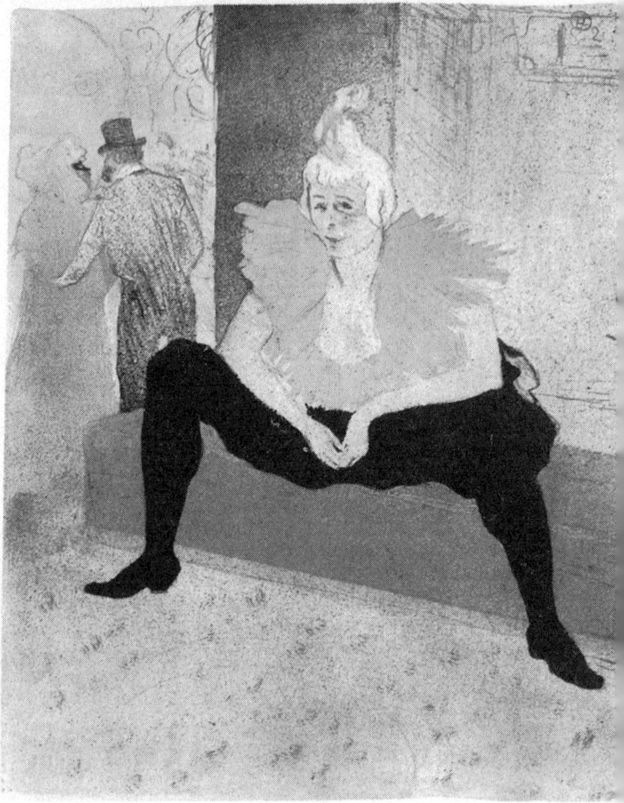

Henri de Toulouse-Lautrec: Mademoiselle Cha-U-Ka-O
1896 · aus der Serie *Elles* · Farblithografie, 520 × 400 mm
(München, Staatliche Graphische Sammlung, Inv.-Nr. 1962/394 D)

Henri de Toulouse-Lautrec: Mademoiselle Cha-U-Ka-O

Um 1880 trat lautstark eine neue Art der Grafik auf, das Bildplakat. Es löste mit seinen Suggestionen das ältere Schriftplakat ab und gehört seither zur Optik der städtischen Außenwelt. Die Anfänge dieses die Kunst mit außerkünstlerischen Zwecken der Werbung verbindenden Mediums findet man zuerst in Paris und London. Und auch wenn er nicht im historischen Sinne der Erfinder ist, so muss hier doch Henri de Toulouse-Lautrec (1864–1901) als der geniale Pionier angesehen werden. Seit 1891 hat er mit einer neuen Synthetik der Bild-Wort-Reklame unser Denken über das öffentliche Bild (Diers, S. 32) mitbestimmt, wenn auch erst noch ganz im Gewand des künstlerischen Experiments. Seine Lithos – es sind an die 360 – wurden ja immer auch als Ausdrucksbelege, Stilexperimente gesehen, sosehr sie bereits Appellfunktion, Nutzversprechen und Alltagsästhetisierung mit einschließen konnten. 1896 schuf der zu diesem Zeitpunkt schon todkranke Adelsspross aus Südfrankreich eine Mappe von 11 Farblithografien für den Pariser Verleger Pellet. Aufgelegt wurden nur 100 Exemplare. Sie tragen kaum Inschriften, sind insofern eigentlich noch keine Plakate, sondern bibliophile Alben für Kenner mit exklusivem Geschmack: Sammlergrafik. Unter dem Titel *Elles* versammeln sich darin Darstellungen von Frauen aus dem Varieté- und Lustgewerbe vom Montmartre, alle in Posen und Ambienten, die ungeschminkte Vitalität mit illusionsloser Tristesse verbinden.

Das Blatt, das die als Clownesse auftretende *Cha-U-Ka-O* zeigt, ist nicht nur diesem Künstlernamen nach, sondern auch bildlich an Japan (vgl. S. 154, 176) orientiert. Breitbeinig sitzt die Frau da, so dass ihre schwarze Strumpfhose das ›M‹ ihres Arbeitsplatzes Moulin Rouge ausspreizend vulgär mitformuliert. Den bitter-mokanten Gesichtsausdruck der Clownesse gleicht die duftig gesprühte Lithotinte mit bunter Atmosphäre aus. Das Gemeine wird zart. Delikatesse und Schmerz sind hier im Ganzen nicht zu trennen, bleiben zusammen in der Schwebe.

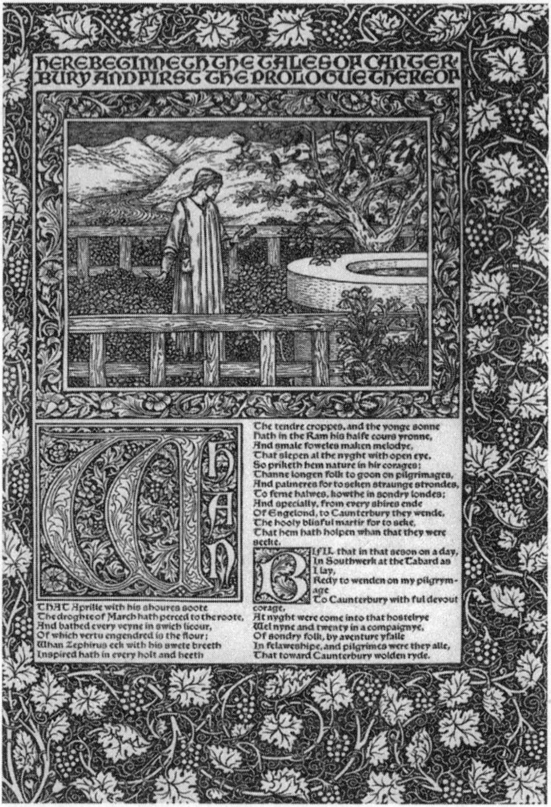

HEREBEGINNETH THE TALES OF CANTER-
BURY AND FIRST THE PROLOGUE THEREOF

WHAN
THAT Aprille with his shoures soote
The droghte of March hath perced to the roote,
And bathed every veyne in swich licour,
Of which vertu engendred is the flour;
Whan Zephirus eek with his swete breeth
Inspired hath in every holt and heeth
The tendre croppes, and the yonge sonne
Hath in the Ram his halfe cours yronne,
And smale foweles maken melodye,
That slepen al the nyght with open eye,
So priketh hem nature in hir corages;
Thanne longen folk to goon on pilgrimages,
And palmeres for to seken straunge strondes,
To ferne halwes, kowthe in sondry londes;
And specially, from every shires ende
Of Engelond, to Caunterbury they wende,
The hooly blisful martir for to seke,
That hem hath holpen whan that they were
seeke.
BIFIL that in that seson on a day,
In Southwerk at the Tabard as
I lay,
Redy to wenden on my pilgrym-
age
To Caunterbury with ful devout
corage,
At nyght were come into that hostelrye
Wel nyne and twenty in a compaignye,
Of sondry folk, by aventure yfalle
In felaweshipe, and pilgrimes were they alle,
That toward Caunterbury wolden ryde.

William Morris: Kelmscott-Chaucer
1896 · Titelseite · Schrifttype W. Morris, Illustration (Holzstich) von Edward Burne-Jones, 278 × 190 mm

William Morris: Kelmscott-Chaucer

Auf die Dynamik des industriellen Fortschritts antwortete um 1880 in England eine Rückbesinnung auf vormoderne Werte des Lebens und Arbeitens. Es war vor allem William Morris (1834–1896), der mit seiner 1888 breit institutionalisierten »Arts-and-Crafts«-Bewegung Ansprüche an neubelebte Schönheit und Sinnhaftigkeit der Produkte stellte. Gerichtet waren sie gegen die maschinell-seelenlose Massenproduktion der Großstädte. Dem grafischen Bereich von Schrift- und Bilddruck fielen in dieser Reform wichtige Aufgaben zu. So gründete das Multitalent Morris (Kunstgewerbler, Schriftsteller, Architekt, Maler, Ingenieur, Politiker) 1891 in der Nähe Londons eine private Buchdruckwerkstatt, die »Kelmscott Press«. Die machte es sich zur Aufgabe, große literarische Werke des Spätmittelalters zum Prüfstein eines gesamtgrafischen ›Revivals‹ zu machen: mit Handpresse, Schrifttypen zwischen Antiqua und Gotica, stimmungsvollen Bildern, harmonischem Satz, besserer Drucktinte, gehobener Papier- und Bindequalität. 53 Bücher entstanden auf diese Weise bis 1898, und Morris selbst tat sich als ›Designer‹ und Druckschriftreformer hervor. Motto: Wer schöner liest, genussvoller sieht, deshalb mehr weiß, geduldiger und tiefer nachdenken lernt, der wird zu einem humaneren Leben gebildet.

Eines der letzten Werke aus dieser reformästhetischen Druckwerkstatt sind die *Canterbury Tales* des Geoffrey Chaucer (um 1343–1400). Morris hatte die Type im Mischstil entworfen, auch einiges von Ornament und Bildausstattung übernommen. Die Bilder in der Hauptsache entwarf der Malerfreund Edward Burne-Jones (1833–1898), sie wurden als Holzstichplatten in den Letternsatz eingepasst. Vor allem intensive, kostbare Fülle sollte beeindrucken. Text, Bild, Ornament wurden zwar harmoniewillig fest verwoben, dabei aber auch – für späteren Geschmack – ein wenig überdichtet. Angst vor der Atemnot der Moderne nahm, so scheint es, auch den Reformern ein wenig die freie Luft.

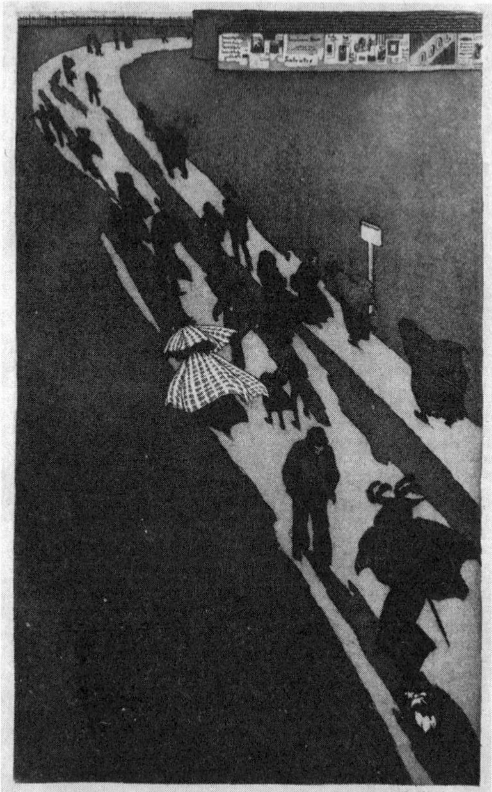

Eugen Kirchner: Windstoß
1896 · Radierung und Aquatinta, 325 × 200 mm
(Hamburg, Kunsthalle, Inv.-Nr. 40077)

EUGEN KIRCHNER: Windstoß

Immer wieder zeigt sich, wie maßgeblich die Japanmode nach 1860 auf die malerischen und grafischen Entwicklungen im Westen eingewirkt hat. Könner wie Degas (vgl. S. 224) und Toulouse-Lautrec (vgl. S. 242) haben entscheidend von ihr profitiert, aber auch die Meister der zweiten Reihe verdanken den japanischen Farbholzschnitten wichtige Impulse. Heute nur noch Spezialisten bekannt, ist damals Eugen Kirchner (1865–1938) solch ein Meister der geistreichen zweiten Hand gewesen. Nach 1893 war er sogar einer der bekanntesten Satirezeichner bei den *Fliegenden Blättern* in München. Und zwischen 1894 und 1896 schuf er einige Aquatintaradierungen, die sowohl sein humoristisches Talent wie seinen erfinderischen Ernst unter Beweis stellen. Ein Glanzstück solcher Beidseitigkeit ist das Blatt *Windstoß*, so benannt nach einem berühmten Werk von Hokusai. Im Schaffensjahr 1896 erschien es auch unter dem Titel *November* in der Kunstzeitschrift PAN (Schaar, 1991, S. 144).

Die hochformatige Radierung steigert alle Effekte in eine kühne Diagonale hinauf. Auf einem Weg, der auch brüchig-flackernde Lichtbahn durch das Dunkel der Großstadt sein könnte, stemmen sich Menschen gegen den Herbstwind. Mäntel und Umhänge flattern. Zur Tiefe des Raums hin (die ein ›Oben‹ in der Fläche ist) verschwimmen die Gestalten in flüchtigen Schemen. Der alles tragende und einfassende ›Raum‹ besteht aus einer fünfstufig geätzten Aquatintafläche, die den Pinselgestus der Abdeckungen mit sensiblen Rändern absichtlich zu erkennen gibt. Man ahnt: Titel und Komposition spielen auf Japanisches an. Vollends offenkundig wird die Parodie dann in der oberen Bildregion. Dort zieht sich zierlich fein eine Plakatwand mit Reklamen (»Salvator, Odol«) hin, ähnlich jenen seriell angeordneten Stempelformen, wie sie in japanischen Künstler- und Druckersignets auftreten. So gewinnt das Bild trotz seines düsteren Gepräges seine heitere und geistreiche, ja selbstreferentielle Modernität.

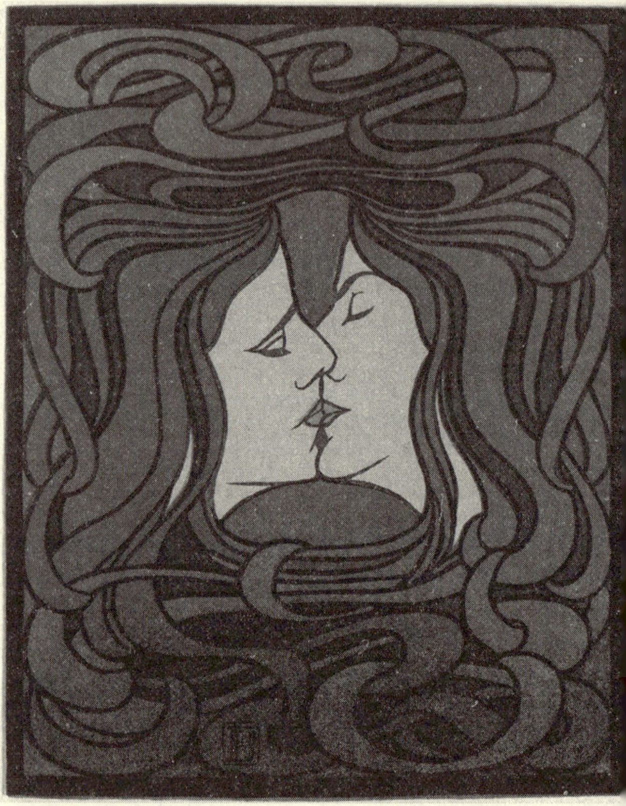

Peter Behrens: Der Kuss
1898 · Holzschnitt in sechs Farben, 272 × 217 mm
(Hamburg, Kunsthalle, Inv.-Nr. 1973/14)

Peter Behrens: Der Kuss

Bevor Peter Behrens (1868–1940) als Kunsthandwerker, Industriedesigner und Architekt hervortrat, widmete er sich der Malerei und Grafik. Gerade im Bilddruck bot sich ihm die Gelegenheit, erste Modelle der für ihn typischen Formstrenge zu erproben. So zeigt das siebte und letzte Blatt seiner zwischen 1896 und 1898 entstandenen Farbholzschnitte, wie sehr ihm am materialgerechten Verständnis der Medien und Techniken gelegen war, und *Der Kuss* (Schaar, 1991, S. 152) kann als berühmtester Vorbote dieser Neuorientierung gelten. Allerdings dürfte das Blatt, das im Originaldruck zur Auflage von nur 38 Exemplaren der Berliner Kunstzeitschrift PAN beigebunden war, dem konservativen Geschmack noch manche Probleme bereitet haben, wirkte doch schon das erotische Motiv in seiner Verselbständigung provozierend, trotz der Breschen, die Rodin, Stuck, Munch u.a. mit ihren berühmten Kuss-Varianten schon geschlagen hatten. Mehr noch aber musste die Form irritieren. Wie bei Beardsley (vgl. S. 240) gelang hier das prekäre Kunststück, Ruhe der Fläche mit Unruhe der Linien zu verquicken und den Figuren mittels Ornament alle Plastizität auszutreiben. An dieses selbstverliebte Linienspiel des »Jugendstils« hatten selbst Fachleute sich erst zu gewöhnen.

Zwei Gesichter (Mann und Frau?) berühren sich küssend, gleichen dabei symmetrisch konzentrierten Mustern einer Achatscheibe. Um das Rot der Lippen liegt die dominante Helle des Gesichterkerns, darum herum wirbeln die medusenhaften Strähnen, bar aller Körperlichkeit und Tektonik. Die strenge Erregung des Ornaments rahmt und repräsentiert auf symbolische Weise diesen Kuss. Bewegung und Ruhe interferieren darin, ›sind‹ gleichsam selber die Verschmelzung. Alles im Spiel der Linienzüge ist gleich klares Positiv von schwingenden Stegen rund um das helle Negativ der Gesichter. Erregung als Klarheit, Verschlingung als Ruhe – für das grafische Binärprinzip wie für Behrens' Stilreform bedeutet das keinen Widerspruch.

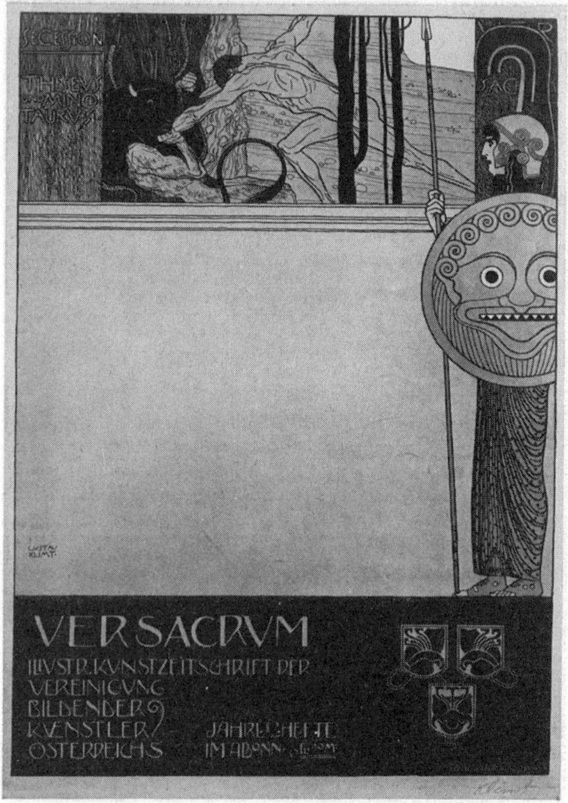

Gustav Klimt: Plakat für die 1. Kunstausstellung der Wiener »Secession« (und Verwendung des Entwurfs für die Zeitschrift VER SACRUM, H. 5/6)
1898 · Lithografie, 520 × 358 mm
(Hamburg, Museum für Kunst und Gewerbe)

Gustav Klimt: Plakat für die 1. Kunstausstellung der Wiener »Secession«

Gustav Klimt (1862–1918) war der führende Künstler des Wiener »Jugendstils«. Obwohl er nicht primär als Grafiker, sondern als Maler in die Geschichte einging, erregte er doch mit einem Plakat sein erstes großes Aufsehen. Er entwarf es für die Wiener Secessionsausstellung 1898. Indem dieser Entwurf, fotomechanisch übersetzt, im Mai desselben Jahres auch den Umschlag der Secessions-Zeitschrift VER SACRUM zierte, verbreitete Klimt ein und denselben Bildgedanken in zwei – wenn auch verwandten – grafischen Medien. Im Plakat warb er öffentlich für die soeben gegründete Secessions-Vereinigung und deren Ausstellungstätigkeit, im Zeitschriftenumschlag für die Exklusivität ihres assoziierten Presseorgans, das mit Aufsätzen zur Kunst und mit originalgrafischen Beilagen für eine ›Revolution‹ des Geschmacks sorgen wollte. Floraler Dekor, mosaikhafte Kombination der Materialeffekte, geometrisierende Verknappung der Form, Eleganz und verzehrende Pracht, viel Weiß, viel Gold, das sind die prägenden Momente. Malerei, Grafik, Kunstgewerbe und Architektur riefen in solcher Stilisierung zu einem ›heiligen‹, ›frühlingshaften‹ Neuanfang des gesamten ästhetischen Lebens auf. Dass die Bestrebungen von Secession und Ver Sacrum ausgesprochen elitär waren, gibt Klimts Doppelentwurf (Nebehay, S. 99) ebenfalls zu erkennen.

Eine quadrierte Freifläche ist an drei Seiten eingefasst: figürlich, ornamental, textlich. Während die Inschrift vor allem in der Sockelzone für Name und Sache wirbt, flankiert und überfängt das Figurative die leere Fläche. Sie ist der Ort freier Imagination und wird programmatisch etwa so kommentiert: Beschützt von Athene, nimmt Theseus den Kampf gegen den Minotaurus auf. Geist siegt über animalische Natur oder auch nur: Heroische Jugend ist im Vormarsch! Doch war die K.u.K.-Zensur mit so viel Offensive nicht einverstanden. In einer zweiten Version musste Klimt des Theseus männliche Blöße mit schwarzen Bäumen überdrucken.

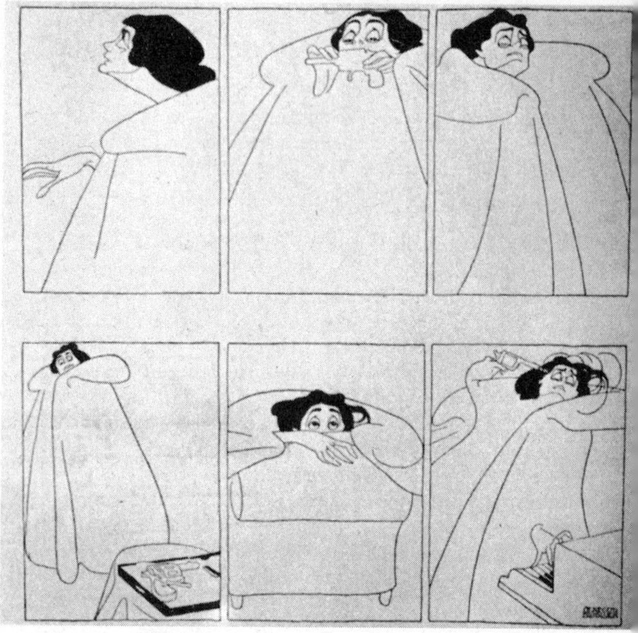

Olaf Gulbransson: Eleonore Duse als Hedda Gabler
1903 · in *Simplicissimus*, Nr. 28, Strichhochätzung, 225 × 218 mm

Olaf Gulbransson:
Eleonore Duse als Hedda Gabler

Illustrationsgrafik stand an der Wende zum 20. Jahrhundert in höchster Blüte. Gleich ob unter dem Kommando der Werbung oder als freier Ausdruck künstlerischen Experiments: In den Zentren der Publizistik überboten sich die intelligenten Formerfindungen. Zumal über die Gestalten der Karikatur wurde der Leserblick meisterlich bedient, bestachen die neuen Witzzeichnungen doch durch eine völlig eigenständige Ästhetik. Wer will, mag die subversive Vitalität der frühen »Comics« oder das sequentielle »Timing« der ersten kinematografischen Montagen darin bereits aufscheinen sehen. Ein frühes Muster für solch beziehungsreiche Verdichtungen lieferte der Norweger Olaf Gulbransson (1873–1958). Der Verleger A. Langen hatte ihn 1902 nach München geholt, wo der drollige und hintersinnige Künstler sofort zu einem der Hauptzeichner der Satirezeitschrift *Simplicissimus* aufstieg. Niemand seit Wilhelm Busch hat so verblüffend knapp, so seismografisch exakt wie Gulbransson Charaktere definieren, Erzählvorgänge gliedern und auf Pointen hin raffen können. Für die Reihe *Berühmte Zeitgenossen* nahm Gulbransson die international gefeierte italienische Schauspielerin Eleonora Duse (1859–1924) aufs Korn. Diese gastierte 1903 gerade im Münchner Gärtnerplatztheater als Hedda Gabler. Die ›göttliche‹ Duse, Inbegriff theatral-weiblichen Weltschmerzes, fand in Ibsens Drama den kongenialen Stoff zur Selbstentfaltung. In der Rolle der Generalstochter Hedda Gabler muss sie, die heroisch Leidende, ihren Ekel vor der Banalität bürgerlichen Lebens mit der Pistole beenden. Sechs gezeichnete Szenen entfalten das blutige Psychodrama – immer mit Duses hochgezogenen Augenbrauen. »Zoom« und »Schnitt« deuten sich schon als kommende Bildmittel an.

Auch drucktechnisch stand der *Simplicissimus* auf hohem Niveau. Gulbranssons Bilder wurden als fotomechanisch übertragene, hochgeätzte Zinkklischees im Rotationsdruck vervielfältigt (Strobl/Palmbach, S. 21).

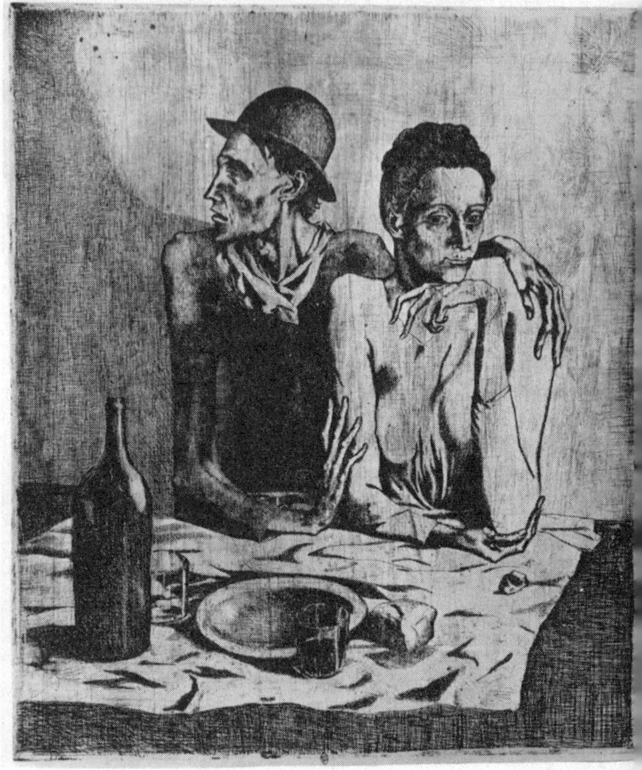

Pablo Picasso: Le repas frugal
1904 · Radierung (2. und letzter Zustand), 462 × 376 mm
(Paris, Bibliothèque nationale, B.N. Estampes AA 3 rés)

Pablo Picasso: Le repas frugal

Mit einer gemäldegroßen Radierung beendete Pablo Picasso (1881–1973) im Herbst 1904 die »Blaue Periode« seines Werks. Gleichzeitig eröffnete er mit dieser zunächst nur in 30 Abzügen gedruckten Arbeit (1913 wurden von der verstählten Zinkplatte dann nochmals 280 Blatt abgezogen) eines der reichhaltigsten und experimentierfreudigsten Grafik-Œuvres der Kunstgeschichte. Picasso war erst Monate zuvor aus Barcelona nach Paris gezogen, wo er am Montmartre, Rue Ravignan 13, ein ärmliches Atelier bezog. Inmitten von Bettlern, Kleingaunern, Huren und notleidenden Künstlerkollegen erfuhr er genau jene Tristesse, die er in der 15teiligen *Suite des Saltimbanques* so ergreifend zu schildern wusste (Moeller, S. 40). Eben dieser Suite nun gehört *Le repas frugal* (*Das bescheidene Mahl*) als Nummer 1 an, und sie ist darin erstrangig in jeder Hinsicht.

Schon die Lichtgebung, die auf einem vibrierenden Plattenton basiert, fasziniert. Wohl absichtlich hatte Picasso das Zinkblech vor Beginn der Arbeiten nicht völlig abgeschliffen, so dass Teile einer zuvor darauf radierten Landschaft (rechts oben) zart sichtbar blieben. Solch »Palimpsest« reichert den Ton mit geisterhaften Lebensspuren an, verlieh der neuen Darstellung magischen Schub.

Körperlich vollkommen gegenwärtig, zugleich in den Gedanken abwesend, sitzen die beiden eckigen Elendsgestalten am Tisch. Der ausgemergelte blinde Mann wendet sich ab, während er die traurig sinnierende Frau mit beiden Händen umfasst. Die Hände! Sie bilden gleichsam den nervösen Kern des Paares. Die feingliedrig überlängten Finger greifen, fassen, stützen zwar ohne Kraft, doch halten sie sich behutsam verbunden. Wie eigens dafür arrangiert, erscheinen die Hände in einer Ausleuchtung, die ihr plastisches Muster den Falten und Schattenzügen der kargen Gewandstücke angleicht. Der Rest an Tisch und Raum steckt in kompakter und doch atmosphärischer Schraffur. Verlorenheit gewinnt so Rückhalt. Sichtbares wird mit Unsichtbarem zart verfestigt, Armut ›reich‹ modelliert.

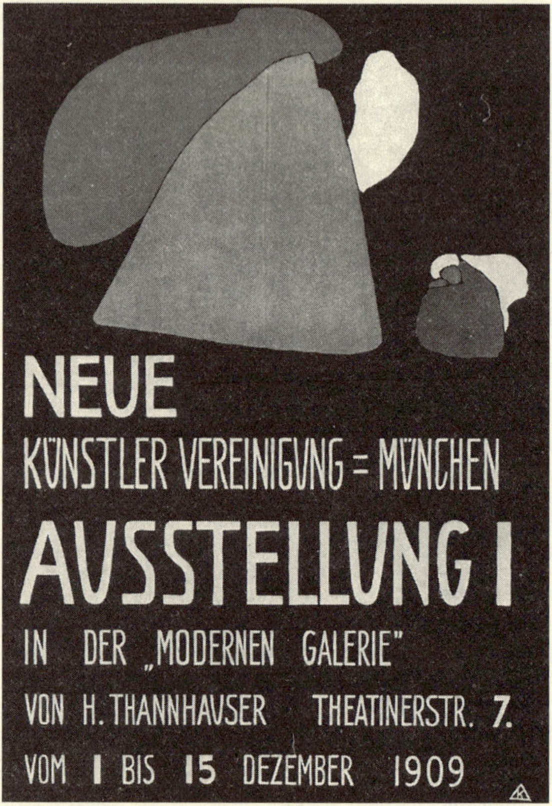

Wassily Kandinsky: Plakat für die 1. Ausstellung der Neuen Künstlervereinigung München
1909 · Lithografie in drei Farbplatten, 930 × 635 mm
(München, Städtische Galerie im Lenbachhaus)

Wassily Kandinsky: Plakat für die 1. Ausstellung der Neuen Künstlervereinigung München

Am 22. Januar 1909 hatte Wassily Kandinsky (1866–1944) zusammen mit befreundeten Künstlern in München die »Neue Künstlervereinigung München« gegründet und als deren Vorsitzender auch großenteils das geistige Programm des Vereins entworfen. Zwei Jahre später ging daraus dasjenige hervor, was die Revolutionen der Kunst des neuen Jahrhunderts entscheidend mitbestimmen sollte, die Zeitschrift und Gruppe »Der Blaue Reiter« (1911–1914). Doch bevor es so weit war, mussten über konzeptionelle Vorstöße, Diskussionen und Ausstellungen die letzten Schritte dahin erst noch mühsam gegangen werden. Diese Schritte führten über die Münchner Galerie H. Thannhauser, wo zwischen dem 1. und 15. Dezember die erste Ausstellung der »NKVM« gezeigt wurde. Kandinsky entwarf das Plakat dazu und erhob es – wie schon zuvor Klimt (vgl. S. 250) – zum künstlerischen Selbstbeweis.

Auf schwarzer Fläche springt zunächst die weiße Blockschrift ins Auge. Sie verweist in unruhigen Wortabständen auf Sache, Ort und Zeit, so als wollte sie im Text schon ahnen lassen, was die Ausstellenden (neben Kandinsky u. a. Jawlensky, Münter, Kubin, Kanoldt, Erbslöh) in petto hatten: zögernde Versuche einer auf verschiedenen Ebenen abstrahierenden Form- und Farbpoesie und sich erprobenden Befreiungsutopie. Entsprechend das Bildsignet über der Schrift. Derlei hatte man selbst in Münchner Avantgardekreisen noch nicht gesehen: Selbstreferenz des »reinen Klangs«, Form aus »innerer Notwendigkeit« (Hoberg/Friedel, S. 16). Man sieht eine zu grauer Dreiecksfläche sich biegende Hügelgestalt, darüber (links) ein mützenartiges Kirschrot und eine kleine wolkenähnliche Henkelform (rechts), daneben die kleine aus dem lithografischen Übereinanderdruck von Rot und Grau sich ergebende Braunviolettmasse mit Partikeln von Weiß und Rot. Nur in ungewissen Anklängen sind noch Gegenstandsbezüge auszumachen. Es ist dies das erste Plakat in Deutschland, worin ein abstraktes Signet zum Reklamemittel wird.

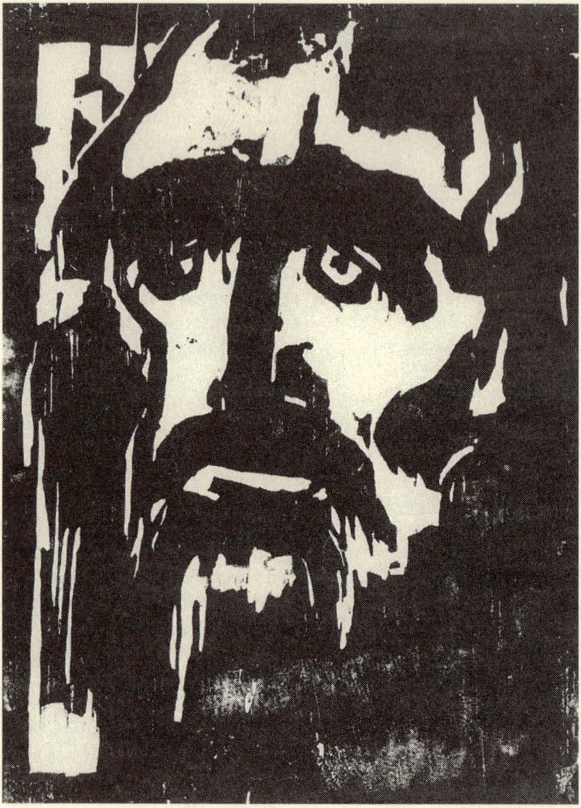

Emil Nolde: Prophet
1912 · Holzschnitt, 324 × 220 mm

Emil Nolde: Prophet

Ein Gesicht wie Rinde, wie tiefklüftige Borke eines alten Baums mit knorrigem Holz darunter, so kann man wohl Innen und Außen dieses mit glühendem Blick in die Zukunft starrenden Asketen zusammensehen. Verfinsterte Augenbrauen, Bartzotteln, Haarsträhnen, Kutte – alles an ihm ist zugleich Hülle und Kern, grob-rissig verkerbter Zweiklang aus Schwarz und Weiß. Was in diesem Holzschnitt hoch steht, also Druckerschwärze abgibt, läge am Gesicht als Schatten in der Tiefe. Und umgekehrt: Die bleich herausgeleuchteten Hochteile des Gesichts sind eben die Partien, die mit dem Schnitzmesser aus dem Stock weggeschnitten, dann mit dem Stemmeisen vollends ausgehoben wurden: Negativform. Ein Muster entsteht so, das seinen binären Bezug im Sehakt ständig umpolt. Mal führt das Schwarz, mal das Weiß unseren Blick.

Der Schleswiger Emil Hansen, seit 1901 genannt Nolde (1867–1956), hat diesen *Propheten* 1912 in die Langholzplatte geschnitten und auf seiner Handpresse selbst abgezogen. Um der verwitterten Erscheinung seiner Figur gerecht zu werden, hatte er auch diesmal wieder die Holzplatte nicht völlig glatt abgeschliffen, ließ er doch »auch immer gern die verschiedenartige reizvolle Maserung und manchmal die Äste im Drucken mitsprechen« (E. N., *Jahre der Kämpfe*, 1902–14).

Die gemeinsame ›Urtümlichkeit‹ zwischen abgebildeten Sujets und abbildenden Formmitteln herauszuarbeiten, kennzeichnet Noldes Methode auch sonst. 1906 bis 1907 war Nolde Mitglied der neben dem »Blauen Reiter« (vgl. S. 256) wichtigsten Gruppierung des deutschen Expressionismus, der in Dresden und Berlin beheimateten Vereinigung »Die Brücke«. In dieser Zeit gelang es ihm, Malerei und Grafik auf gleiches Niveau einer flackernden Farbigkeit und wuchtigen Formverblockung zu bringen. Insgesamt 231 Radierungen, 197 Holzschnitte, 83 Lithografien entstanden so neben der Malerei und machten Nolde in der Folgezeit zu einem der bedeutendsten deutschen Maler-Grafiker.

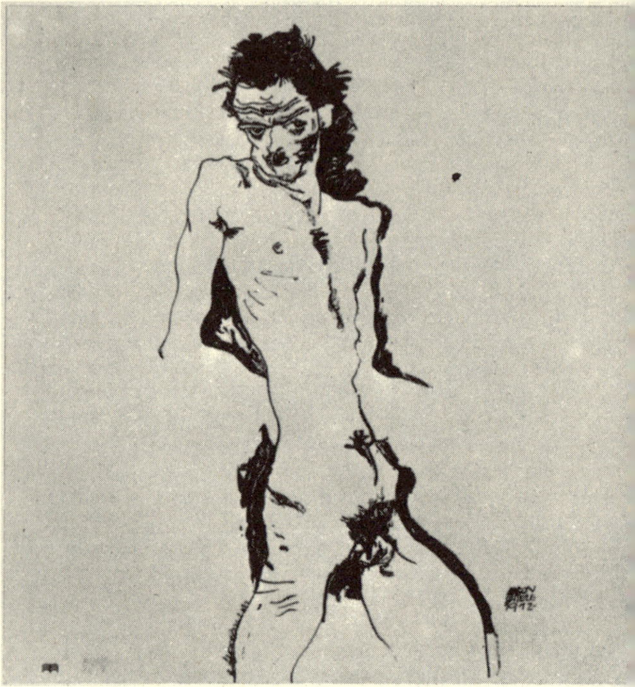

Egon Schiele: Akt
1912 · Selbstbildnis, Tuschelithografie in der Mappe *Sema*,
420 × 215 mm · (Privatbesitz)

Egon Schiele: Akt

Der Österreicher Egon Schiele (1890–1918) hat den Bilddruck gewiss nicht als Hauptsache betrieben. Weniges Druckgrafische nur wurde produziert, auf Nebenwegen. Die kargen Einkünfte seiner Malerei konnten so ein wenig aufgebessert werden, oder es war durch Teilhabe an gemeinschaftlichen Mappeneditionen Kontakt mit Verlagen und neuen Künstlerkollegen zu erhoffen. In diesem Sinne entstand Schieles erste Lithografie als Beitrag für ein Mappenwerk der Münchner Künstlervereinigung »Sema« (der in der kurzen Zeit ihrer Existenz auch Klee und Kubin angehörten). Die Mappe wurde im selben Jahr in der Münchner Galerie Thannhauser (vgl. S. 257) ausgestellt. Schiele war der Gruppe bereits 1911 beigetreten, vielleicht auch nur, um ein wenig Abstand zu seinem schmerzvollen und skandalumwitterten Leben zu gewinnen, das er daheim in Krumau und Wien führte.

April 1912 nun erschien das großformatige Tuschelitho als Blatt 12 (von 15) der auf Japan-Bütten gedruckten Vorzugsausgabe (15 Abzüge), sowie in einer Hauptauflage von 200 normalen Papierabzügen. Am Thema »Männlicher Akt« konnten die wenigen Bewunderer Schieles, genauso wie seine vielen Verächter, sofort erkennen, dass es sich hierbei um eines der berüchtigten ›hässlichen‹ Selbstbildnisse handelte. Der Akt ist direkt auf den Stein gezeichnet, signiert, datiert, mit dem Sema-Signet ausgestattet und auch im Stil provozierend ›typisch‹. Schieles genialer Beitrag zum europäischen Expressionismus liegt, malerisch wie zeichnerisch, in der schonungslosen Verkörperung der eigenen psychischen Spannungen. Sein *Akt* von 1912 zeigt das in der Figurenstellung wie im Strichgestus. Nackt, gespreizt und verwinkelt hat sich der Körper vor dem Spiegel in Pose gebracht. Im Bild wird ein schrägstehend fragmentiertes Dreiviertelstück daraus. Aus dem Kopf, stumpf und leidend, starren die mitleidlosen Augen auf sich selbst. Haut, Haar und Skelett werden von der Tusche bald ruckartig, bald zart umschrieben.

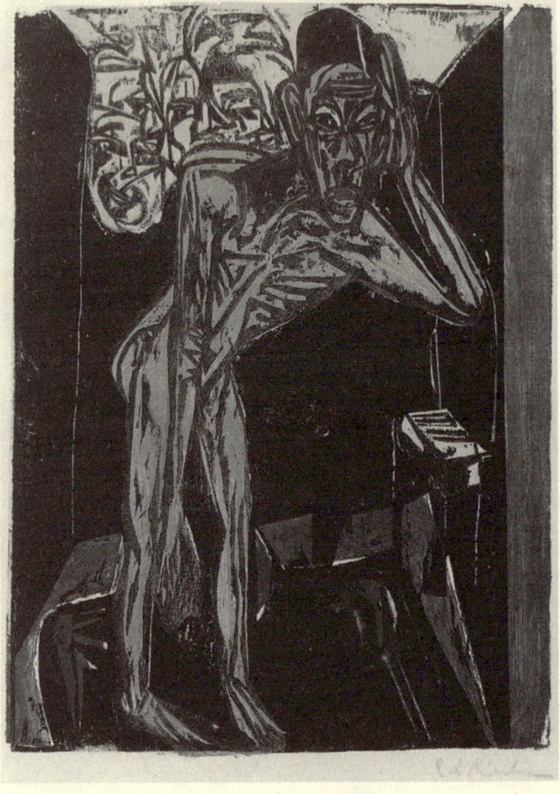

Ernst Ludwig Kirchner: Schlemihl in der Einsamkeit des Zimmers
1915 · Farbholzschnitt von fünf Farben in mehreren Stöcken,
330 × 238 mm · (Berlin, Brücke-Museum)

Ernst Ludwig Kirchner: Schlemihl in der Einsamkeit des Zimmers

Der überragende Druckgrafiker des deutschen Expressionismus heißt Ernst Ludwig Kirchner (1880–1938). Vor allem dessen Holzschnitte bezeugen eine grafikgeschichtlich bedeutsame Rückkehr zum alten, manuellen Werkbegriff. Kirchner opponierte damit gegen den technischen Geist der Moderne. Um 1910 hatte die Industrialisierung eine so bedrängende Allgegenwart erreicht, dass die Expressionisten gerade die sinnlich-geistigen Gegenpositionen zur industriellen Dynamik stärken wollten. Die Künstlergruppe »Die Brücke« (1905–13), zu der Kirchner maßgeblich zählte, optierte für romantisches Naturleben, vitale Unmittelbarkeit, träumerisch-rauschhafte Individualität von ›Ausdruck‹ und unentfremdetem ›Schaffen‹. Gegenüber der kapitalistischen Moderne tat sich da, trotz mancher Zustimmung zu dieser, ein tiefer Abgrund auf. Der 1914 ausbrechende Erste Weltkrieg steht für diesen Abgrund technisch-rationalistischer Lebensfeindlichkeit nur als ein Beispiel unter vielen.

1915, der seelisch zerrüttete Kriegsteilnehmer Kirchner war gerade auf Fronturlaub zurück in Berlin, entstand seine sieben Blätter umfassende Holzschnittfolge zu *Peter Schlemihls wundersamer Geschichte* nach einer Novelle des Romantikers Adelbert von Chamisso (1781–1838). Sie behandelt die Geschichte eines Mannes, der seinen Schatten verkauft und damit zum Außenseiter von Gesellschaft und bürgerlichem Glück wird. Dieser Schattenlose ist natürlich Kirchner selbst: der aus der Tradition gefallene und verachtete Künstler. Szene 5 zeigt den splitternackten Schlemihl in seiner Kammer, verfolgt von Menschenhohn und dem eigenen »wunden Ichgefühl« (Th. Mann, 1911). Schattenlos, haltlos, zurückgeworfen auf das Nichts seines Wesens, krümmt er sich in Angst und Wahn. ›Splitterig‹, faserig ist Kirchners grafische Formulierung dazu: blockhaft-ungeschlacht die Figur, schrill der Farbwechsel. Auf leidenschaftlichen ›Ausdruck‹ hin sind die Strich- und Flächenteile übereinandergedruckt.

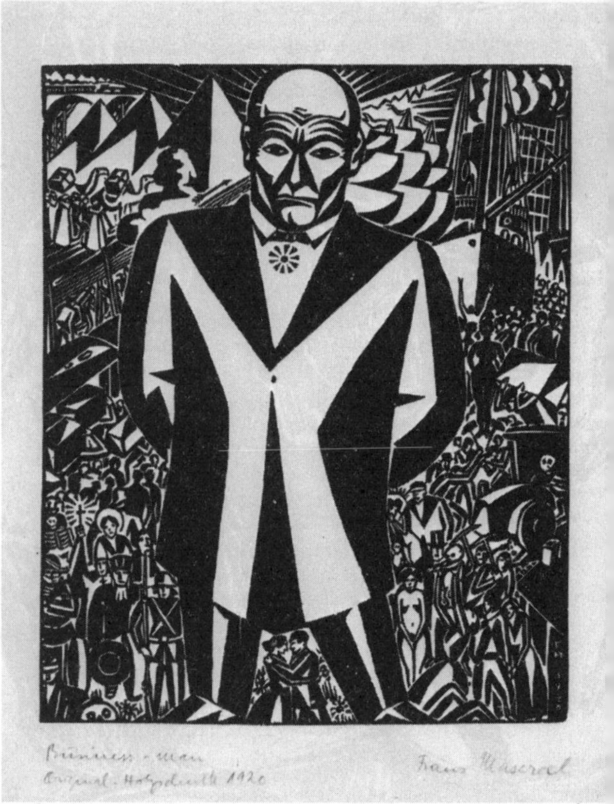

Frans Masereel: Business-man
1920 · Holzschnitt, 205 × 162 mm
(München, Staatliche Graphische Sammlung)

Frans Masereel: Business-man

Ausdruckswildes Taumeln und angstvolles Erstarren, das sind typisch expressionistische Motive. Doch dieselbe Hochblüte der klassisch modernen Grafik kennt auch andere Haltungen: solche der abstrakten Poesie, der surrealistischen Traumversenkung, der futuristischen Technikbejahung oder des sozialkritischen Realismus. Letzterer zerfällt wieder in viele Spielarten, und diese lassen sich nach politischem Engagement, medialem Experiment, Unterhaltungs-, Utopie- oder Agitationsinteressen akzentuieren.

Der belgische Grafiker und Maler Frans Masereel (1889–1972) hat mehrere Stilpositionen und Perspektiven der Sozialkritik in sich vereint, dabei den Holzschnitt zum bevorzugten Ausdrucksmittel erhoben. Einzeldrucke, Serien, vor allem aber Buchillustrationen, von denen etliche in hohen Auflagen als »Volksausgaben« auf den Markt kamen, kennzeichnen ein Œuvre, welches politisch kämpferischen Humanismus mit aussagekräftigen Bildideen verquickt. Genau für solche ›Kräftigkeit‹ stellt die trennscharfe, zur Monumentalität drängende Hochdrucktechnik die geeignete Form bereit. Der *Business-man* von 1920 steht mit aller Kraft für diese grafische (und manch sonstige) Klischeehaftigkeit: Er ist ein ins Zentrum der gesamten historischen Welt hineingewuchtetes Kraftpaket, ein grob und plakativ geschnittenes »M« in Schwarzweiß, Blockbuchstabe, Initiale der weltweiten Geldherrschaft. Breitbeinigkeit, blitzender Frack, Orden am Hals, der frontale Blick aus starrender Miene, alles entspricht der Weltläufigkeit auf eigene Weise: als Weitsicht unternehmerischer Kühnheit und Brutalität. Das Menschengewimmel umschließt und unterliegt diesem Mann, gleichgültig, ob die Einzelnen arbeiten, lieben, hassen, kämpfen, beten oder beerdigen. Geschichte und Gegenwart durchdringen, verzahnen sich. Ägyptische Pyramiden mit Sphinx-Geheimnissen, Hochhäuser, Segelschiff, Eisenbahn – alles ist nur wimmelig besetzte Füllfläche rund um die Übermacht des Big Business.

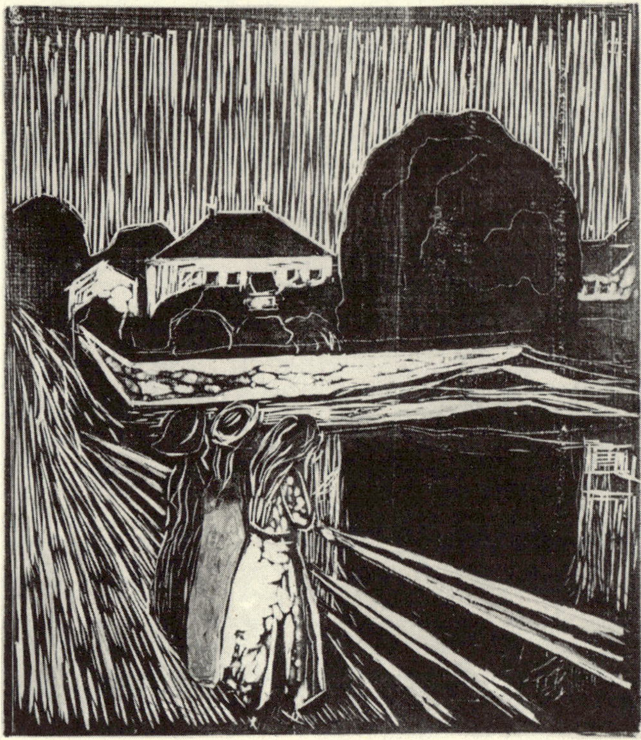

Edvard Munch: Mädchen auf der Brücke
1920 · Holzschnitt in Dunkelblau (mit farbigen Überdrucken),
496 × 429 mm · (Wien, Albertina, Inv.-Nr. 1912/180)

Edvard Munch: Mädchen auf der Brücke

Wie ein nostalgischer Rückblick ins Fin de siècle nimmt sich der farbig überdruckte Holzschnitt des Norwegers Edvard Munch (1863–1944) aus. In der Tat geht der großformatige Mehrplattendruck auf ein älteres Motiv des Art-Nouveau-Symbolisten (der zugleich einer der großen europäischen Expressionisten war) aus den Jahren 1899/1902 zurück. Rückgriffe, Wiederaufnahmen unter veränderten methodischen und technischen Interessen kennzeichnen Munchs Werk immer wieder. Ein guter Teil der rund 750 Druckgrafiken verrät Munchs experimentelle Unruhe, hinter der sich jene quälende Lebensunrast verbarg, die in weltberühmten Gemälden zum Ausdruck gelangte. Doch gibt es auch kein grafisches Mittel, das er nicht (ab 1894) erprobt hätte: Lithografie, Holzschnitt, Radierung, Mezzotinto, all das gelegentlich in unorthodoxen Mischdrucken. Anfangs kam das meiste davon nur in kleinsten Auflagen auf den Sammlermarkt, erst ab 1907 entschied sich der Künstler für größere Editionen, Zeichen seiner wachsenden, nun auch marktrelevant gewordenen Anerkennung.

Mädchen auf der Brücke ist zunächst in einem dunkelblauen Grundton gehalten, dessen abendlich-träumerischer Klang mit den beiden komplementären Gegenbuntfarben Gelb und Rot überdruckt wurde. Die Fachleute der Wiener Albertina konstatieren hierbei die Verwendung nicht – wie es werkgerechter anzunehmen wäre – von Holzplatten (bzw. Holzstempeln), sondern von Litho-Steinen (Koschatzky, S. 90). Trifft dies zu, so läge ein möglicher Grund dafür in Munchs leidenschaftlicher Suche nach Auflösungs- und Störeffekten. Die vom aquarellhaften Holzschnittflächenton schwebend abweichenden Buntwerte könnten die Irritation gerade darin erprobt haben, dass ein kompakterer und stechenderer Litho-Farbton eingesetzt wurde. Munchs sehnsüchtige Pointierung des Farbklangs (die Mädchen über dem tiefen Wasser!) entspricht jedenfalls seinem Grundkonzept: Halt finden vor den Abgründen der Sehnsüchte, Ängste und Triebe.

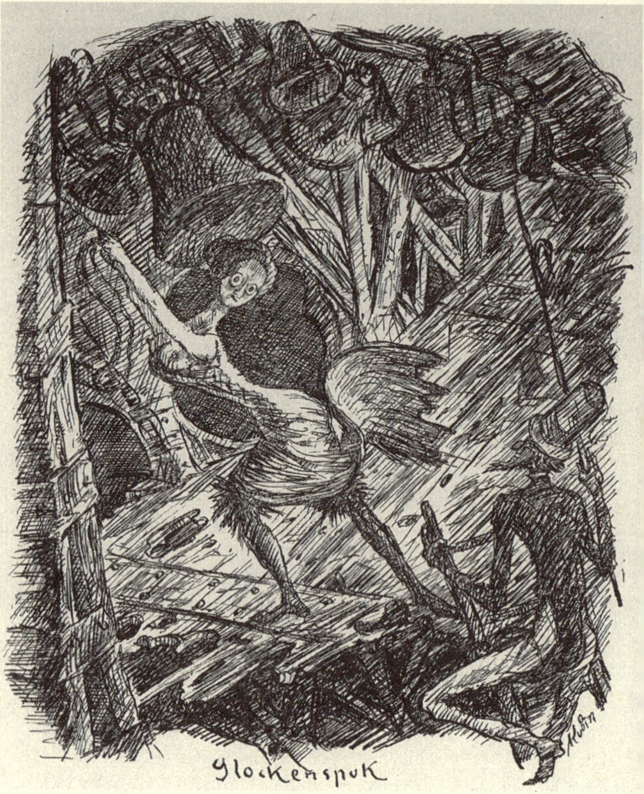

Alfred Kubin: Glockenspuk
1920 (veröffentlicht 1922 bei Friedrich Gurlitt, Berlin)
Federlithografie, 335 × 263 mm · (Privatsammlung)

ALFRED KUBIN: Glockenspuk

Der österreichische Zeichner und Illustrator Alfred Kubin (1877–1959) setzt den Weg träumerisch-fantastischer Bilderfindungen fort, der über Grafiker wie Castiglione (vgl. S. 94), Goya (vgl. S. 184), Grandville (vgl. S. 204) oder Redon (vgl. S. 236) ins 20. Jahrhundert führt. Kein Zufall, dass es gerade die Druckgrafik ist, die solch zeichnerische, aus Monstrosität und bizarren Poesien entspringende Bildintelligenz fördert. Einerseits erschließt das Experimentelle des Bilddrucks immer auch Freiräume der Fantasie; auf der anderen Seite stachelt die Nähe zum Medium Buch das dichterische Erfinden an: das einfühlende Verdichten von Motiven und Charakteren, also dasjenige, was sich der Leser selbst im Kopf ›illustrieren‹ muss. Text (der Wörter) und Textur (der grafischen Bilder) entfalten dabei verwandte Energien. Kubin, der auch ein geistvoller Schriftsteller war, verquickt in sich beide poetische Zeichenrelationen. Als Lithograf ist er freier Entwerfer von ureigensten Traumgedanken. Zugleich ist er Illustrator jener tiefsitzenden Ängste und Wünsche, die alle Leser vergleichbar kennen.

Wohl schon um 1920 (Weber, Bd. 2, S. 74) entstand Kubins Federlithografie *Glockenspuk*, 1922 kam der Abdruck auf Bütten im ersten Band der zwölfteiligen Mappe *Traumland* heraus. Wieder einmal ist zu sehen, dass die lithografische Zeichnung trotz ihres technischen Zwecks keinerlei Verluste in der freien manuellen Formgebung erfährt. Das impulsive, äußerst rasch hingeworfene Strichgefüge – Textur im reinsten Sinne – ist frei von Verwandlungs- oder Übertragungsmerkmalen. Spontan und heftig ausfahrend, dabei sich dicht überkreuzend, bedecken die Striche den Grund. Im flackernden Helldunkel einer wilden, wüsten Szenerie zeigt sich der Spuk: Eine halbnackte Frau mit aufgerissenen Augen, halb Mensch, halb Vogel, zieht Glockenseile. Ein spitzbärtiger Mann mit Zylinder und Frack steigt zu ihr hinauf. Die Szene ist kausal unfasslich. Sie verdichtet Unzusammengehöriges (Ungehöriges?) im Getöse einer bedrängenden, intimen Traumvision.

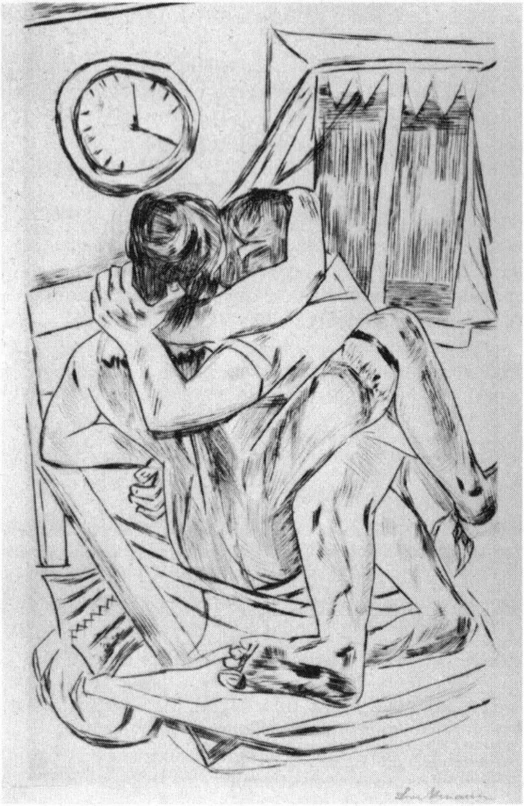

Max Beckmann: Umarmung
1922 · Radierung, 425 × 255 mm
(Hamburger Kunsthalle, Kupferstichkabinett, Inv.-Nr. 1957/304)

Max Beckmann: Umarmung

Ein Liebespaar ist eng ineinander verschlungen. Die Uhr an der Wand zeigt die vergangene mitternächtliche Stunde an. Durch das offene Fenster, vor dem der Vorhang weht, strömt Nachtluft herein, streift Mann und Frau, die halb entblößt zwischen Liegen, Sitzen und Knien ein Knäuel der Verstrickung bilden, leidenschaftlich, aber vielleicht auch ein wenig angstvoll. Die Gliedmaßen durchdringen, umgreifen sich so, dass sie mit den Brettern der Liege stellenweise ein überspringendes Muster ergeben, eine Konfiguration aus Fest und Unfest, Arretierung und Fall. Dass das Paar seine Köpfe aneinanderpresst, wobei die hellen blockigen Flächen von Armen und Hand zum dunklen Haar kontrastieren, verrät nicht nur ungezügeltes Begehren, es lässt auch etwas wie Zuflucht vermuten. Gier, Angst und Geborgenheitsverlangen führen wohl im erregten Augenblick zur heftigen Verklammerung.

Max Beckmann (1884–1950) hat in malerischen wie grafischen Figurationen bewiesen, dass leiblich-seelische Zustände sich zugleich räumlich wie handlungserfüllt ausprägen können. Jedes Mal wird dabei streng und spröde gefügt, hart und stoßend rhythmisiert. Das Thema der existentiellen Einsamkeit kann kaum einmal von Motiven der Vitalität unterschieden werden. Fesselung und Verlorenheit sind nur zwei Seiten derselben Lustangst. Entsprechend hat Beckmann dem »magnetischen Zusammenreißen der Geschlechter« (*Tagebuch*, Berlin 1909) alles Interesse gewidmet. Wenn er – wie hier – Ätzradierung und Kaltnadel einsetzt, vertraut er vor allem auf das Widerspiel von Kontur und nervöser Binnenfläche. Der modellierende Wechsel von Licht und Schatten ist zwar vorhanden, tritt aber gegenüber den Vektoren des körperlichen Geschehens zurück. Fein geritzte und nur kurz angeätzte Parallelschraffen werden dominiert von wuchtigen Grenz- und Richtungswerten. In Beckmanns Druckgrafik kann – prägnanter noch als in der Malerei – das schroffe Lob der Lebenskraft zarte Nebentöne einschließen.

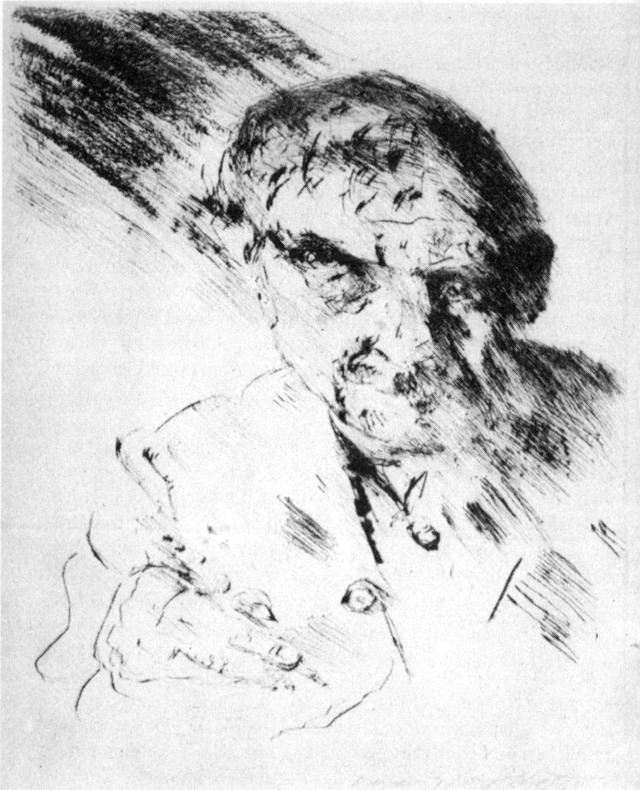

Lovis Corinth: Selbstbildnis, zeichnend
1925 · Radierung, 310 × 250 mm
(Wien, Albertina, Inv.-Nr. 1927/107)

Lovis Corinth: Selbstbildnis, zeichnend

Wie Beckmann hat auch Lovis Corinth (1858–1925) das Selbstbildnis, gerade auch das grafische, zum Seismografen seiner Lebenserschütterungen, zum sensiblen Instrument der Selbstbefragung gemacht. Der nach 1911 (als er einen Schlaganfall erlitt, der ihn bis zum Lebensende behinderte) immer offensichtlicher werdende Widerspruch zwischen seiner stilisiert grobschlächtigen Männlichkeit und melancholischen Fragilität kommt in den Kaltnadelblättern, Vernis mou-Radierungen und Lithografien sprechend zum Ausdruck. Corinth, eigentlich noch ein Künstler des 19. Jahrhunderts, war »Expressionist«, ohne dass er je hätte so bezeichnet werden wollen. Entrüstet hatte der im Grunde konservative Mann sich immer von der jüngeren Generation der »Abstrakten« distanziert. Als er 1925 krank noch einmal nach Holland reiste, um dort seine Kunstgötter Frans Hals (um 1582/83 – 1666), vor allem aber Rembrandt (vgl. S. 116, 120) zu studieren, war es seine letzte Reise. Corinth starb in Zandvoort an den Folgen einer Lungenentzündung.

In geistiger Verwandtschaft zum Vorbild Rembrandt steht denn auch sein letztes im Todesjahr radiertes Selbstporträt. Der gebrechliche Mann ist zeichnend ein wenig nach vorne über den Tisch gebeugt, blickt aus umdunkelten Augenhöhlen auf den Betrachter. Zur unstet fleckenhaften, zerrissenen, kaum durch Konturen gehaltenen Gestalt des schräg abdriftenden Körpers passt, dass von oben links her ein breiter Strom tonig verklumpter Kaltnadelrisse herabkommt: ›schwarze Inspiration‹, eher Schmutz als Licht. Kunst, Leben und Idee – alles aus Druckerschwärze! Corinth hat auch sonst an jeder Stelle die blanke Metallfläche mit seiner Diamantnadel durchpflügt, so heftig, dass an beiden Seiten der Furchen Grate aufgeworfen wurden. Die beim Abdruck sich daran und darin verfangende Druckfarbe erzeugte ›malerische‹ Effekte. Um die Auflage (rund 100 Drucke pro Platte) auch für die empfindliche Kaltnadeltechnik ökonomischer zu machen, hatte Corinth seine Radierplatten vor dem Druck verstählen lassen.

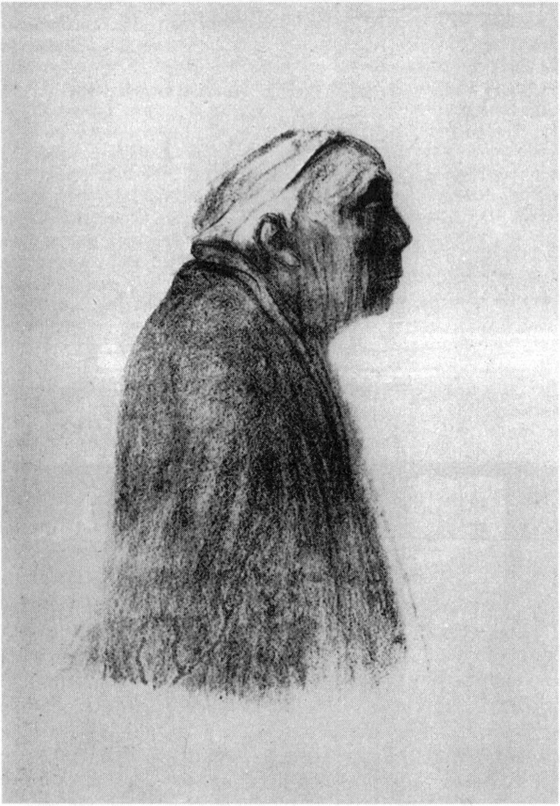

Käthe Kollwitz: Selbstbildnis im Profil
1938 · Lithografie, 475 × 290 mm
(Regensburg, Ostdeutsche Galerie)

Käthe Kollwitz: Selbstbildnis im Profil

Käthe Kollwitz (1867–1945) zählt zweifellos zu den großen »Realisten« der deutschen Kunstgeschichte. Wenn sie für ein frühes Beispiel weiblicher Künstlerkarriere stehen kann, dann auch deshalb, weil ihr besonderer Realismus im Boden weiblich-mütterlichen Mitgefühls gründet. Fest steht jedenfalls, dass Kollwitz wie nur wenige im 20. Jahrhundert die elementaren Mittel von Radierung (seit 1892), Lithografie (1893), seit 1919 dann auch vom Holzschnitt auf Beobachtungs- und Stilsicherheit hin zu perfektionieren wusste und in den Dienst der Typen- und Charakterschilderung stellte. Minutiöse Körpererfassung und monumental vereinfachtes Pathos (im besten Sinne des Wortes) kennzeichnen ihren künstlerischen Anspruch wie ihr soziales und politisches Engagement. Vor allem als Grafikerin war Kollwitz früh schon anerkannt. 1898 bereits sammelte das Dresdner Kupferstichkabinett ihre Arbeiten, 1919 wurde sie – als erste Frau – Mitglied der Preußischen Akademie/Berlin und erhielt den Professorentitel. 1928 übernahm sie an der Akademie die Leitung des Meisterateliers für Druckgrafik. Wegen ihrer sozialkritischen Parteinahme für die Opfer von Not, Krieg und Ausbeutung wurde ihr Werk von den Nazis 1933 verfemt und verboten.

Dass Kollwitz ihre grafische Begabung (seit 1904) auch an bildhauerischen Erfahrungen geschult hatte, kann man noch am letzten Selbstbildnis der 71jährigen ablesen. Sie hat sich da in halbfiguriger Büstenform ins Profil gestellt, somit auch ›Abkehr‹ vom Weltgeschehen modelliert. Obwohl die Lithokreide alle Oberflächen weichkörnig öffnet, wird doch mit präziser Silhouette und wenigen Markierungsgesten für klare Form gesorgt. Die gekrümmte Schulter, worauf ein ungebeugter Kopf alle Schatten sammelt, ihr müder, schwermütiger Blick in das Nichts der Ferne, das alles ist unbestechlich und atemberaubend genau. Wer je bestritte, dass sanfte Kreidemassen unerbittlich streng (be)zeichnen können – hier hätte er den Gegenbeweis.

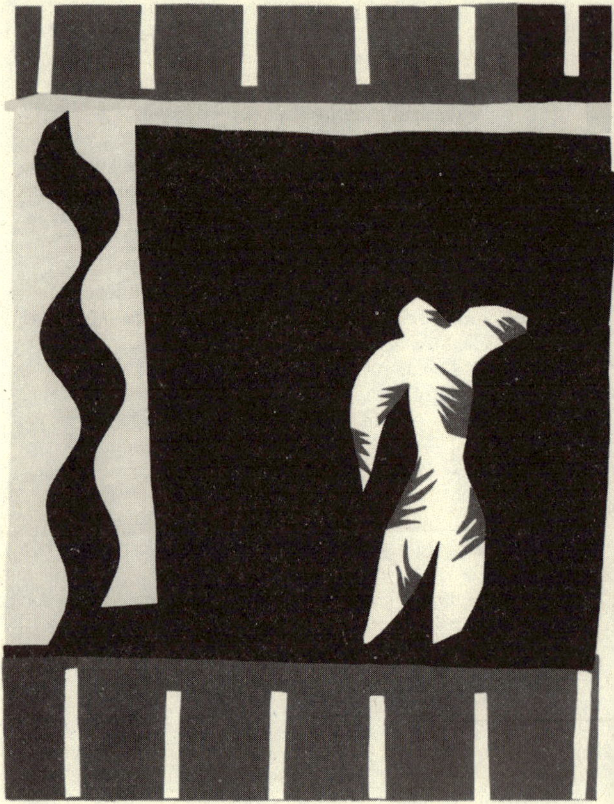

Henri Matisse: Der Clown
1947 · Blatt 1 der Mappe *Jazz*, Farbiger Siebdruck von 5 Farben, 650 × 420 mm, Auflage 100 Exemplare

Henri Matisse: Der Clown

Zum Systemprinzip der Druckgrafik gehört der anschauliche Selbstverweis der Formelemente ›Punkt‹, ›Linie‹, ›Fläche‹, ›Halbton‹. Anders als die Malerei zeigt das grafische Bild prinzipiell immer, woraus es sich aufbaut. In der modernen Grafik wird auf solche Transparenz gesteigerter Wert gelegt, gewiss auch, weil der manuelle Bilddruck sich von der maschinellen Faktur der industriellen Rasterbilder, worin alle Elemente verschwinden, demonstrativ absetzen will. Die nach 1900 in den USA entwickelte neue Drucktechnik der Serigrafie, bekannter als »Siebdruck«, ist in ihrer fotomechanischen Fortentwicklung zwar ebenfalls in der Lage, alle Töne, Halbtöne und Farben illusionsgerecht zu integrieren, doch gab und gibt es hier auch immer Rückbezüge auf das alte grafische Handwerk. Vor allem am Element ›Fläche‹ wird dieser Bezug von vielen Künstlern ausgewertet. Denn es ist die standardisierte Zeichenkraft der Schablone, also die für Wiederholungs- und Verschiebungszwecke ausgeschnittene Flächenfigur, womit das Seidensieb organisiert wird, sei es fotografisch oder manuell. Schabloniert abgedeckte Teile des Netzes blockieren den »Durchdruck« der Farbe, offene Stellen im Sieb lassen ihn zu.

Henri Matisse (1869–1954) hatte auch als Maler früh schon das Flächenspiel im Sinne des Scherenschnitts favorisiert. So war es zur Siebdrucktechnik für ihn nur ein kleiner Schritt. 1947 entwarf er den Zyklus *Jazz* (Modellversuch, S. 220), wozu er die Siebdruckschablonen eigenhändig herstellte. Abstrahiert wird hier von jeder zeichnerisch-modellierenden Gestik oder besser: alle Gestik mutiert zur Konzentration auf die Lebendigkeit der Schnittränder. An diesen kantig-gleitenden Rändern erstarrt die Musikalität der Formen, um vom Auge erneut in Bewegung versetzt zu werden. Rund und eckig, weich und hart, eng gerückt und weit verteilt, farbig und helldunkel: Musikalische Spannung wird hier übersetzt in reine Flächen-Farbmodulation. Matisse, der künstlerisch aus dem 19. Jahrhundert kommt, gliedert sich damit in die Gegenwartskunst ein.

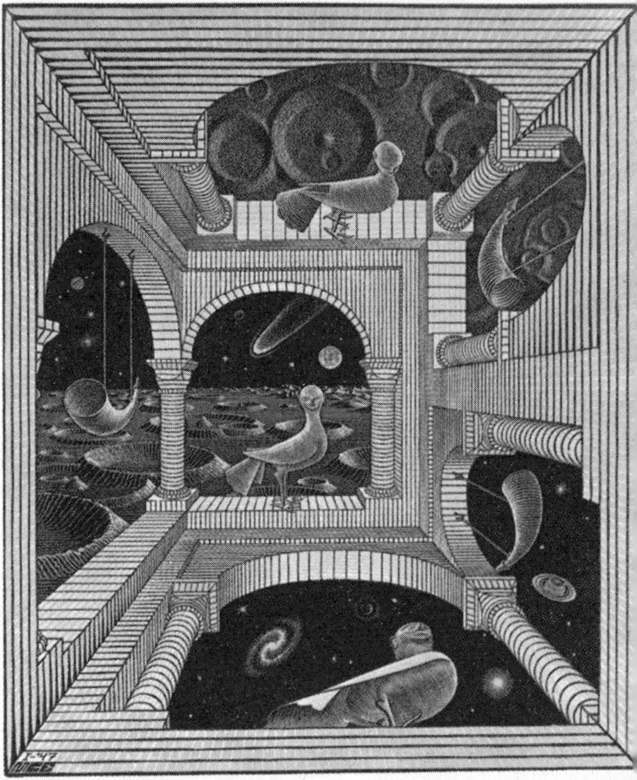

M.C. Escher: Andere Welt
1947 · Holzstich/Holzschnitt von drei Stöcken, 315 × 260 mm

M. C. Escher: Andere Welt

Der Niederländer Maurits Cornelis Escher (1898–1972) hat zeitlebens zwei Hauptinteressen verfolgt: die vollkommene Beherrschung der druckgrafischen Techniken und das Spiel mit den perspektivischen Gewissheiten. Beide Interessen konvergierten nach 1946 in Bildern, die zwischen Kunst und Wissenschaft, handwerklicher und konstruktiver Meisterschaft vermitteln. Vor allem die Möglichkeiten der Lithografie (seit 1929) und des Holzschnitts, inklusive Holzstichs (beides seit 1931) waren ihm Anlass, fantastisch geometrisierte Welten auf ihre Illusionswirklichkeit zwischen optischer Möglichkeit und logischer Unmöglichkeit hin zu prüfen, dies aber immer so, dass jedes Erscheinungsmoment durch die Beherrschung der ihr zugrunde liegenden grafischen Elemente beglaubigt ist, ›nachlesbar‹ in den Zeichenrelationen von Muster auf Grund. Unentscheidbar ist letztlich, ob die Bilder, die dem Künstler in den letzten Lebensjahren noch weltweiten Ruhm bescherten, eher wegen ihrer Evidenz relationstheoretischer Gedankenillustration oder wegen ihres Zaubers handwerklicher Gestaltungssicherheit faszinieren.

Andere Welt von 1947 gehört zu den frühen Arbeiten Eschers. Ausgeführt ist das Blatt ursprünglich in einer Kombination von Langholzschnitt und Hirnholzstich von drei Druckstöcken. Der Künstler selbst notiert 1959 dazu: »Das Innere eines kubenförmigen Vorbaus. Öffnungen in den fünf sichtbaren Wänden bieten einen Ausblick auf drei verschiedene Szenen. Durch die beiden obersten erblickt man fast senkrecht unter sich den Boden. Die beiden mittleren liegen in Augenhöhe und zeigen den Horizont. Durch das untere Paar blickt man steil in die Höhe zu den Sternen empor. Jede Oberfläche dieses Bauwerks [...] hat eine dreifache Funktion. Die Rückfläche im Zentrum beispielsweise ist im Verhältnis zum Horizont eine Wand, in Verbindung mit dem Durchblick von oben ein Fußboden und in Bezug zum Ausblick auf den Sternenhimmel eine Decke« (Escher, S. 15).

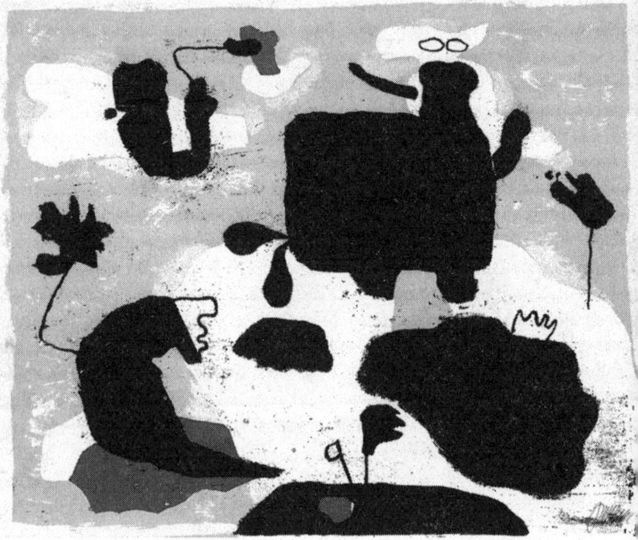

Willi Baumeister: Moby Dick
1951 · Siebdruck, 461 × 536 mm
(Stuttgart, Graphische Sammlung der Staatsgalerie)

Willi Baumeister: Moby Dick

In Deutschland ist es vor allem Willi Baumeister (1889–1955) gewesen, der die neue, aus Amerika importierte Universaltechnik Siebdruck (vgl. S. 276) in die Kunstgeschichte der klassischen Moderne eingeführt hat. Das erstaunt zunächst, wenn man bedenkt, dass Baumeister nicht am »Up to date« technischer Innovationen und Moden, vielmehr an der magischen Aura urzeitlicher Formgebilde und deren auf Zukunftsmöglichkeit hin angewendeten Rätselcharakteren interessiert war. Auf der anderen Seite durfte sich, wer das *Unbekannte in der Kunst* (so der Titel von Baumeisters einflussreicher Programmschrift von 1947) zum Zielwert der Kreativität erhob, auch nicht der Realisierungspotenz grafischer Neuerungen verweigern. Tatsächlich bot Siebdruck überraschende Perspektiven: Baumeister konnte früher entstandene Gemälde in die klärende Form der Drucktechnik übersetzen und preisgünstig für eine junge Generation der Freunde moderner Kunst verfügbar machen. Überhaupt lebte jetzt um 1950 vieles ›Neue‹ aus dem Nachkriegsgeist amerikanischer Zivilisationsimporte. Wer ›Aufbruch‹ suchte, entdeckte fast notgedrungen den »Way of Life«. Zudem arbeitete Baumeister in Stuttgart eng mit dem befreundeten Drucker Leopold Domberger (1912–2005) zusammen, der ihm die technischen Chancen des Mediums erschließen half: Seitenrichtigkeit im Abdruck, problemlose Großformatigkeit, Beliebigkeit des Formträgers, Sättigung und Leuchtkraft deckender Farbschichten. Mit kongenialer Hilfe kontrollierte so Baumeister seine ausschließlich manuell verfertigten Schablonen.

Moby Dick von 1951 greift einen älteren Gemäldestoff auf. Frei schwebende oder in den Tiefen des Farbraums schwimmende Geheimniswesen aus den Sphären der Meeresbiologie, alle träumerisch und poetisch in die Fläche organisiert, lösen Verstörung und Heiterkeit aus. Halluzinatorisch befreite Wahrnehmung wird angeregt. Sie soll nun wieder – nach der Schreckensära »entarteter Kunst« – das reine Spiel der Fantasie erlernen.

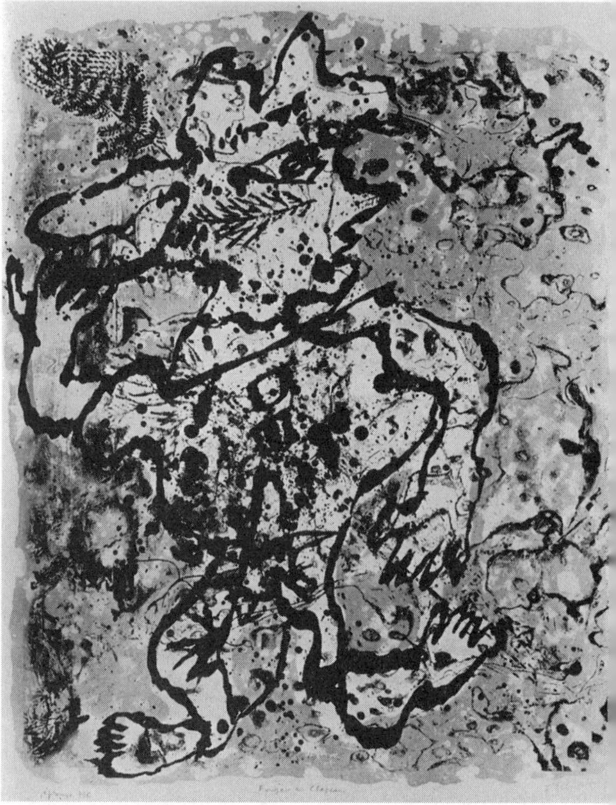

Jean Dubuffet: Fougère au chapeau
1953 · Lithografie in drei Farben, 530 × 400 mm, signierte Auflage von 60 Drucken · (Silkeborg, Kunstmuseum)

Jean Dubuffet: Fougère au chapeau

Grafik nicht nur als Begleitinstanz, sondern gar als Vorreiterin künstlerischer Freiheit? Ihrer experimentellen Seite nach, aber auch unter dem Aspekt elementarsprachlicher Selbsterforschung, ist Grafik immer beides gewesen. Jean Dubuffet (1901–1985), einer der großen Sonderlinge in der Kunst des 20. Jahrhunderts, hat diese künstlerische Freiheit nie anders denn als Schönheit der Anarchie, Rausch der Subversion, Begeisterung am Abnormen verstanden. Sein druckgrafisches Werk, worunter mehr als 600 Lithografien verzeichnet sind, steht insofern gleichberechtigt neben seiner Malerei.

Farn am Hut von 1953 fällt in eine Phase, da Dubuffet seine Blick-Interessen erweiterte. Galten diese zunächst dem Hässlichkeitszauber großstädtischer Latrinenwände und dem Eigensinn kindlicher Kritzelzeichnungen, so kamen nun Naturaufnahmen hinzu: Seismogramme von pflanzlichen Triebkräften, Verwandlungsenergien und Verfallsprozessen. Die Elemente der Natur sollten in den Elementen des Bilddrucks wiederkehren, als Analogie der Kräfte. Entsprechend naturhaft konventionssprengend kam die lithografische Technik zum Einsatz. Dubuffet verwendete nämlich nicht nur Kreiden, Federn, Pinsel. Er schablonierte, oxydierte, frottierte, tropfte; er zerschnitt, was er auf Papier disponiert hatte, collagierte das Zerschnittene und Zerrissene zu neuen Konstrukten, transponierte das Bild vom Umdruckpapier auf Stein und Zink, fügte noch Strich- und Tonplatten hinzu.

In unserem Beispiel wuchert so eine Tropfenfigur auf fleckig-zerschrundeter Bildfläche. Sie breitet sich über den ganzen Grund aus, greift über wimmelig-quellende Rinnsale hinweg, selber ein einziger großer wie zufällig entdeckter Tropfenzug. Bräunliche, ockerfarbene Töne lassen dazu an Matsch oder zertretene Lehmböden denken. Links oben am Hut erkennt man Farnblätter, die, nach dem Prinzip des Naturselbstabdrucks mit Lithotinte reproduktionsfähig gemacht, den Tröpfelmann ergänzend pointieren. Farbe und Liebe sind eins.

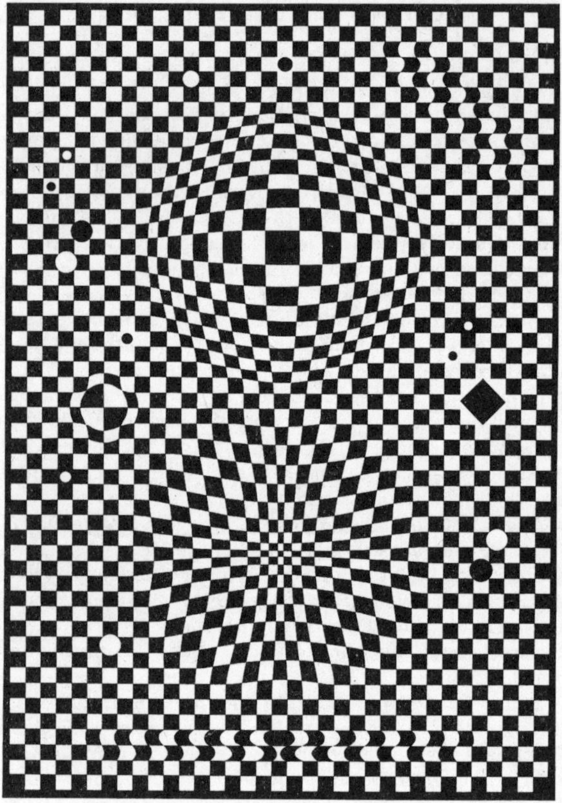

Victor Vasarely: Komposition in Schwarz-Weiß
1958 · Siebdruck, 350 × 510 mm, Auflage 150 Drucke
(Wien, Albertina, Inv.-Nr. KS. G-43)

Victor Vasarely: Komposition in Schwarz-Weiß

Grafikgeschichtlich gesehen löst der Siebdruck in der Mitte des 20. Jahrhunderts die Lithografie als führendes Plakatmedium ab. (Im industriell rationalisierten Offset-Verfahren allerdings bleibt die Lithotechnik unverdrängbar im Wettbewerb.) Die enorme Vielverwendbarkeit des Siebdrucks ließ diesen zwischen künstlerischer und gebrauchsgrafischer Nutzung beliebig changieren. Der in Ungarn geborene, seit 1930 in Paris lebende Maler und Grafiker Victor Vasarely (1908–1997) gehört als technischer Pionier auch zu jenen Grenzgängern, die zwischen Werbedesign und Kunst, darin im wechselseitigen Austausch, Kreativität entfalteten. Bildnerisch aus der Tradition des »Bauhaus« kommend, begründete Vasarely in den 1950ern maßgeblich jene Strömung der »Op Art« mit, die lange Zeit auch den Modegeschmack bediente. Grundidee ist das in seiner seriellen Konsequenz überraschend modifizierte, zugleich auf sich selbst hin transparent gehaltene geometrische Muster. Ein Gitterwerk, das an Schachbretter, Raster oder Netze erinnert, wird meist im Zentrum variiert: Vergrößerungen und Verkleinerungen derselben elementaren Module führen zu kinetischer Augentäuschung. Obwohl alles stets Flächenkorrelat bleibt, empfindet man Anschwellung, Absenkung, Beschleunigung, Ruhe und Schwingung. Räumliche und zeitliche Strukturen scheinen die Gesamtordnung ebenso ständig aufzuheben wie zu bestätigen. Logik des Widerspruchs! Geschähe nicht alles im Kanon reiner Form- und Farbabstraktion, man könnte sich an die Täuschungsspiele M.C. Eschers (vgl. S. 278) erinnert fühlen. Beide Künstler operieren im Rahmen des optischen Erkenntniszweifels, beide wandeln, wenn auch verschieden, diesen Zweifel ins grafisch elementar fundierte Sehvergnügen um.

Wie präzise die Schablonierung des Siebs funktionieren kann, beweist Vasarelys strenges Schwarzweiß von 1958. Die Arbeit entstammt der Mappe *Album No. III* und fällt in die Schaffensperiode »Noir-Blanc« zwischen 1955 und 1963.

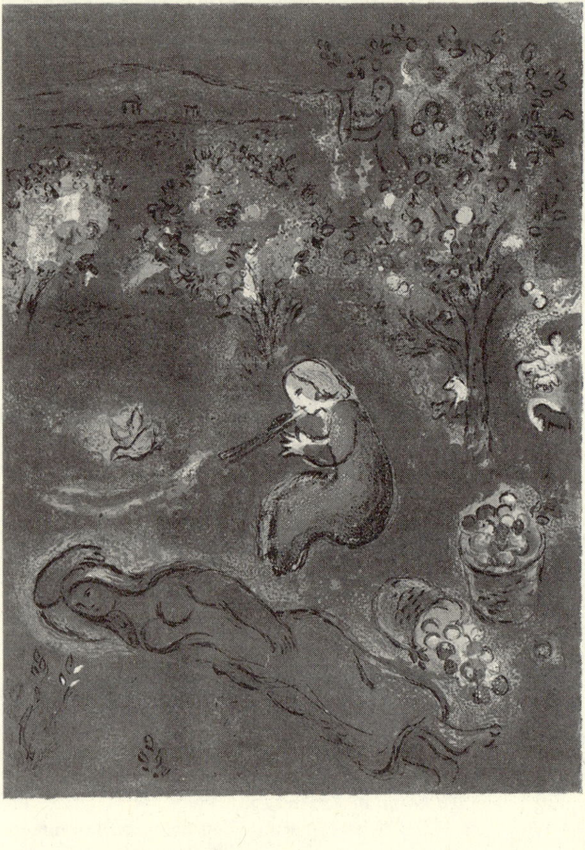

Marc Chagall: Illustration zu »Daphnis und Chloe«
1961 · Farblithografie, 420 × 318 mm

Marc Chagall: Illustration zu »Daphnis und Chloe«

Der aus Weißrussland stammende, seit 1910 dann zumeist in Frankreich lebende und arbeitende Marc Chagall (1887–1985) hat mit seinen farbenfroh-träumerischen, Märchenwelten beschwörenden Bildern ein weltweites Publikum erreicht. Um 1922 wandte er sich vermehrt den Drucktechniken zu. Über 1000 Lithos, daneben auch Hunderte von Radierungen und einige wenige Farbholzschnitte, entstanden in enger Orientierung auf mythologische Themen, Zirkuswelt, orientalische Märchen, arkadische Hirtenpoesie, nicht zuletzt auf folkloristisch getönte russische Genreszenen. 1950 – Chagall war längst hochberühmt – erlernte er noch einmal mit Akribie und Gründlichkeit das Handwerk der Farblithografie. Was seither unter die Presse kam, ließ Chagall zumeist in exklusiven Kleinauflagen von rund 60 bis 70 Exemplaren drucken, nur gelegentlich auch in Offset-Großauflagen von 10 000 bis 15 000.

Seine mit bis zu 25 Farben gedruckten Lithos des Werkkomplexes *Daphnis et Chloe*, die nach mehrjähriger Vorbereitungszeit ab 1961 in mehreren Mappen- und Buchausgaben erschienen, gehören heute zu Chagalls bekanntesten und beliebtesten Blättern. Illustriert wird hier ein Hirtenroman des spätantiken Autors Longos (2./3. Jh. n. Chr.), worin die erwachende naive Liebe zweier Naturkinder geschildert ist. Chagalls gesättigte Farbenpracht greift darin immer auf alle Grundfarben zu, wobei stets abwechselnd eine von ihnen die Dominanz übernimmt. So blühen schwelgerisch-zarte Szenarien ohne linearen Konstruktionszwang.

In *Sommerliche Mittagspause* erklingt ein vibrierender Rotton aus Karmesin und Lila. Ein zentraler Blauakzent kommt darin mit ausgestreuten kleinen Gelbgrüns wie ein musikalischer Akkord zur Wirkung. Der sitzende Hirte Daphnis verkörpert, Flöte spielend, jenes heraustönende Blau, während die schlummernd vor ihm liegende Freundin Chloe die große Rotmasse nuanciert. Mit ihrem Lila bindet die Schlafende zum Blau, zum Geliebten hin, den Zweiklang ab.

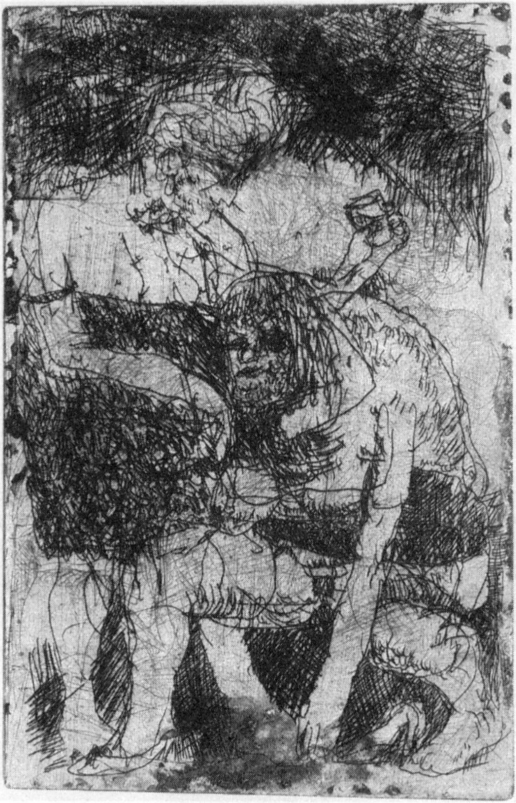

Alfred Hrdlicka: Trinkende Damen
1962 · aus *Tausendundeine Nacht*, Radierung, 307 × 198 mm

Alfred Hrdlicka: Trinkende Damen

Kaltnadel- und Ätzradierung sind bis heute vollwertige Verfahren und Ausdrucksmittel des manuell druckgrafischen Medienkomplexes geblieben. Gerade weil ihre meisterliche Tradition in Materialität und Handwerk phänotypisch gespeichert ist und gleichsam wie ein Gütesiegel jedem Neuversuch anhaftet, lebt auch die Aura der Radierung fort. Sie wird zur Beglaubigung vergangenen Könnens selbst dort, wo dem feinen Geschmack der Kunst ansonsten aufgekündigt ist. Alfred Hrdlicka (1928–2009) kann als solch ein Konventionsbrecher gelten, durchaus in doppelter Konsequenz. Er hat die Aura der Meisterlichkeit verworfen und zugleich an ihr festgehalten. Auch dass er eigentlich Bildhauer ist (Studium bei Fritz Wotruba von 1952 bis 1957), tat seinem Interesse an der Radierung und ihren methodischen Regelbindungen keinen Abbruch. Denn das aggressivfreie Zeichnen, der destruktionsnahe Einsatz der Säure, das schmutzträchtige Ein- und Auswischen der Druckplatte (vgl. S. 272, 304, 316) hat ihm alle Freiheiten gelassen, um seinen haptisch-brachialen Formendrang auszubilden, ja letztlich doch regelgetreu auszutoben.

Als Hrdlicka zwischen 1959 und 1962 den 29teiligen Radierzyklus *Tausendundeine Nacht im Wiener Dirnenmilieu* schuf, war er als Künstler noch ganz unbekannt, sein Weltbild stand aber in Umrissen fest: Die Sinnlichkeit des menschlichen Körpers ist zutiefst sozial. Indem sie Schönheit und Niedrigkeit, Macht und Unterdrückung verfleischlicht, bringt sie Natur und Gesellschaft, Kunst und Politik auf einen libidinösen Nenner. Die Wiener Prostituierten boten Hrdlicka hierfür das obsessiv studierte Modell. Ihnen galten seine Sympathie und sein Begehren. *Trinkende Damen* wandelt einen wüsten Exzess in die wilde Schönheit heftiger Texturen um. Rausch und Verfall erhalten ihr grafisches Pendant in ausfahrenden wie einsinkenden Gesten, verwühlten Schatten, tief eingefressenen Kritzelnestern. Dazu die Ätzdurchschläge auf der Platte. Alles ist körperlicher Puls, plastische Erfahrung.

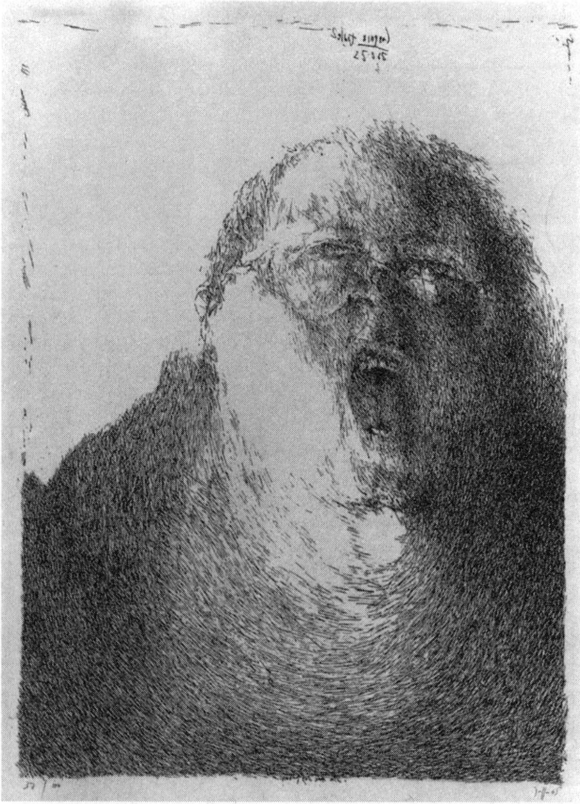

Horst Janssen: Selbst singend
1965 · Zinklithografie (Auflage 100 Drucke), 519 × 390 mm
(Hamburg, Kunsthalle, Inv.-Nr. 1965/100)

Horst Janssen: Selbst singend

Horst Janssen (1929–1995) ist – neben Käthe Kollwitz (vgl. S. 274) und HAP Grieshaber (vgl. S. 296) – der wohl ›reinste‹ Grafiker in der deutschen Kunst des 20. Jahrhunderts gewesen. Wie bei diesen hat die zeichnende und die Druckform bearbeitende Hand Janssens Ansprüchen einer besessenen Genauigkeitssuche gedient, dabei unentwegt auf mögliche Synthesen mit Vorbildern aus der Tradition geachtet. Janssens Meisterlichkeit besteht darin, dass er sein unverkennbares Idiom auf physiognomische Anregungen der Kunstgeschichte (Dürer, Grünewald, Rembrandt, Goya, Dubuffet) angewendet hat – nicht aus Schwäche, sondern aus fast wütend vergleichender Neugier. Das gilt keineswegs nur für Stilfaszinationen, es betrifft, wie gerade bei seinem Lieblingsthema Selbstporträt, die unbändige Freude am Verwandlungsspiel generell, dem mimisch-gestischen des eigenen Körpers im Besonderen. 1954 wandte der experimentierfreudige Grafiker sich der Lithografie zu, ab 1957 folgten Farbholzschnitte und Radierungen, alle mit Tendenz zur handwerklichen Perfektion.

In seinem *Selbst singend* von 1965 – Janssen hatte gerade seine erste erfolgreiche Großausstellung in Hannover hinter sich – kann man diese mehrfache Verquickung gut studieren. Traditionell ist die Anspielung auf Rembrandts Grimassenexperimente im Hier und Jetzt des Spiegelbildes, völlig eigenständig hingegen die Strichform. Wie gefangen in einem magnetischen Kraftfeld, worin etwa Eisenspäne (Schaar, 1991, S. 202) zum mahlstromartigen Rund zusammengezogen wären, flimmernd vor lauter winzigen Federstrichen, singt die massige und bebrillte Gestalt in die Welt hinaus. Gesungen wird die »Arie des Max«, wie man am unteren Plattenrand spiegelbildlich eingeschrieben findet. Dass dieses Singen einem Schrei gleicht, hat ebenfalls zu tun mit dem großen Lichtschattenwirbel, der alle Elementpartikel so subtil wie suggestiv ausrichtet. Strömender Sog und verletzliche Zartheit, beides wirkt hier ineinander.

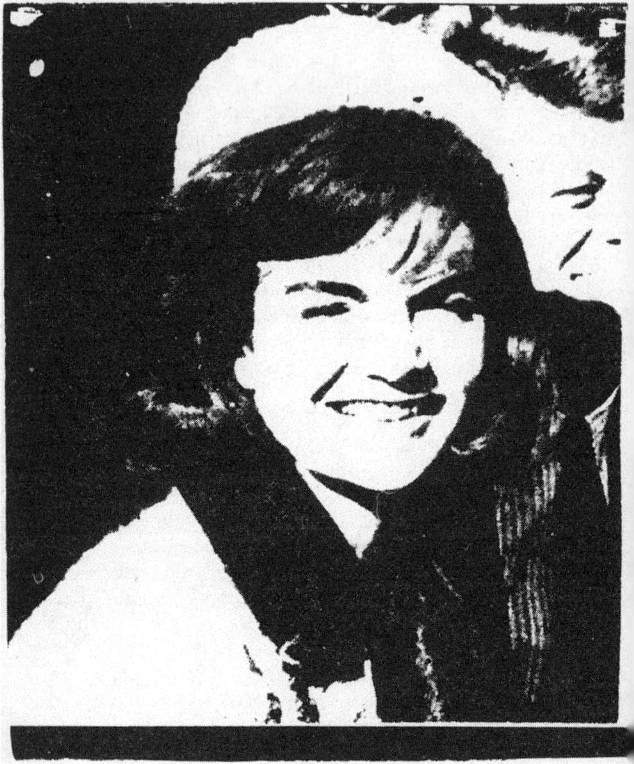

Andy Warhol: Jacqueline Kennedy (Jackie I)
1965 · aus der Mappe *11 Pop Artists*, Fotosiebdruck,
610 × 508 mm, Auflage 200

Andy Warhol:
Jacqueline Kennedy (Jackie I)

Großmeister der amerikanischen Siebdruckkunst ist Andy Warhol (1928–1987). Ab 1962 stellte er seine Siebschablonen mittels fotografischer Projektion her. Meisterlich ist er darin, dass er einzelne Komponenten der Technik erweiterte und so auf ihre mediale Verfassung hin durchsichtig machte. Warhol variierte Farbauftrag, Rakelführung und Seitenrichtigkeit, wechselte die Farben, reduzierte und übermalte das Vorlagenklischee, kombinierte einzelne Druckversionen zu seriellen Feldern, tauschte den klassischen Druckträger Papier gegen Leinwand, manipulierte das Sieb mit gezielten Verunreinigungen, verband so das Prinzip multipler Standardisierung mit dem der ›Handschriftlichkeit‹. Diese Maßnahmen dienen einem bildkünstlerischen Konzept, das seinerseits aus dem ironischen Zauber seiner Vorlagenwahl lebt. Warhols Vorlagen sind nämlich – wörtlich wie übertragen – die Schein- und Surrogatwelten des Klischees, eben das machte den Maler, Grafiker, Dekorateur, Filmer und Performance-Künstler zum Star der New Yorker Pop Art. Weil hier Konsum mit Werbung ebenso verquickt ist wie mit Starkult und Showgeschäft, alles zusammen aber nur durch die Macht und den Glamour der Medien existiert, deshalb gewinnt auch der Fotosiebdruck unter den Händen Warhols und seiner Mitarbeiter seine so aufschlussreiche ›symbolische Form‹, seine zivilisatorische ›Aura‹. Wo Publizität das eigentliche Kriterium des Ästhetischen ist, können alle Dinge, Werte und Geschehnisse gleich gültig werden, sie werden wahr allein durch den schönen Zynismus ihrer Selbstreferenz.

Erschreckend und genial sichtbar wird das in *Jackie I*. Am 22. November 1963 war in Dallas Präsident John F. Kennedy ermordet worden. An diesem Tag entstand eine Flut von Pressefotografien, worin eine Aufnahme die lachende Präsidentengattin kurz vor dem Attentat zeigt. Warhol nahm ein Detail der Fotos, vergrößerte es mit Polarisationseffekt auf Gemäldeformat und druckte das Lichtschattenmuster mit Silberfarbe.

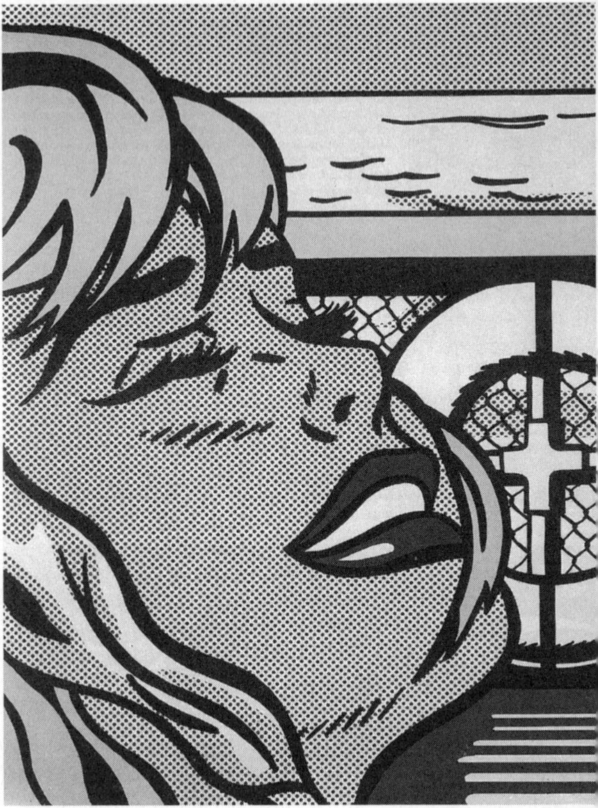

Roy Lichtenstein: Shipboard Girl
1965 · Offset-Farblithografie auf Papier, Auflage 1000
(verlegt von Leo Castelli, New York), 669 × 514 mm

Roy Lichtenstein: Shipboard Girl

Die Blondine legt den Kopf windumweht in den Nacken, ihre Augen sind lachend-beglückt (oder weinend-unglücklich?) geschlossen, ein Glanzfleck auf den roten Lippen signalisiert perfektes Make up. Dahinter die Details einer Reling mit Wind und Wasser. Das Bild setzt sich durch Überlagerung von Schablonen zusammen, deren Linienzüge, Flächenblöcke und gestanzte Rasterfelder auch die drei Grundfarben plus Schwarz auf weißem Grund enthalten. Ein plattes Szenario, Detail aus einer der massenhaften Bildergeschichten, fokussiert auf den hintergrund- und zusammenhangslosen Augenblick einer verkitschten Gefühlsregung.

Zum Stil- und Vorlagenrepertoire der Pop Art gehören unverzichtbar Comic Strips und Rasterpunkte. Letztere deshalb, weil sie als das eigentliche grafische Element des industriellen Bilddrucks sowohl dessen technischen Charakter bezeugen wie seine Massenhaftigkeit und Gleichförmigkeit zum Symbol erheben. Freilich kann von Signal und Symbol nur dann gesprochen werden, wenn der Druckraster in vergrößerter Form auch wirklich sichtbar ist. Bei Roy Lichtenstein (1923–1997), der – wie hier – die Affektformeln der Bildergeschichten zu seinem Hauptthema erwählte, kommt hinzu, dass er diese Rasterpunkte, anders als zu deren Illusionszweck nötig, nicht als gleitendes Kontinuum sich vergrößernder und verkleinernder ›Punkte‹ aufwarten lässt (Hendrickson, S. 41), vielmehr als abstraktes Flächenornament gleich großer und gleich runder Kreisquanten (Punktflächen). So wird das Prinzip Raster auf sein statisches Muster stillgestellt, illusionistisch außer Kraft gesetzt und zum Selbstzeichen sublimiert. Ähnlich ergeht es unter Lichtensteins Händen der Gefühlswelt der Comics. Ihre Trivialstoffe werden auf ihre Stereotypen hin zerlegt und zu wandflächengroßen Ausschnitten monumentalisiert. Statt des für solche Ästhetik idealtypischen Mediums Siebdruck hat Lichtenstein hier die industrielle Form der Fotolithografie gewählt. Sie erfüllt denselben Zweck medialer Selbstbekräftigung.

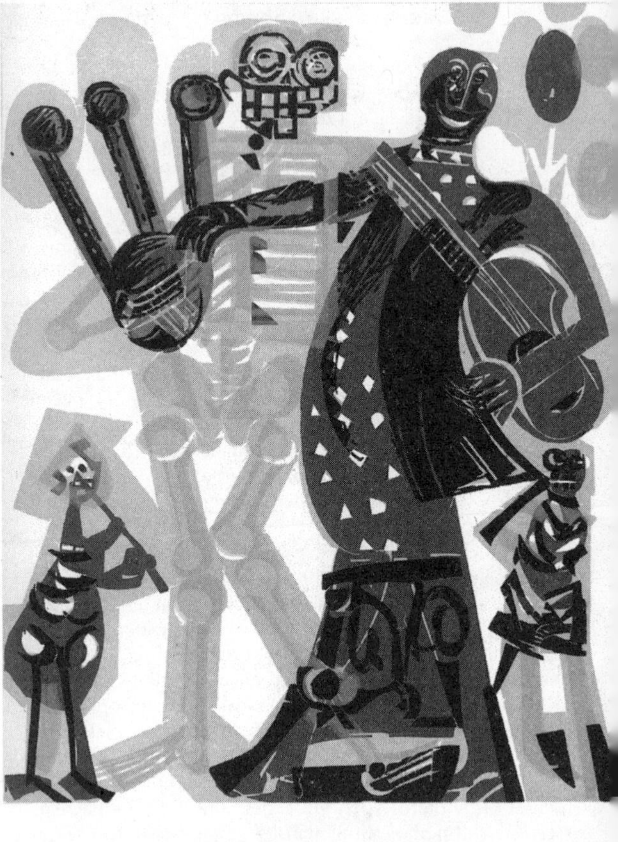

HAP Grieshaber: Der Kirbepfeifer
1966 · Bl. 26 aus der 40teiligen Folge *Totentanz von Basel*,
Farbholzschnitt in vier Farben, 448 × 350 mm

HAP Grieshaber: Der Kirbepfeifer

Während 1963/64 in den USA mit der Pop Art Schatten schon auf dasjenige vorausfallen, was 20 Jahre später global »Postmoderne« heißen sollte, firmieren in den Kunstszenen Europas noch Tendenzen, die den altmeisterlichen Werkbegriff als unverzichtbare Basis jeder Modernisierung verteidigen. Diese Tendenzen stehen monolithisch neben »Concept Art«, »Neoexpressionismus«, »Multimedia« und »Performance«, wollen wie Denkmäler aufragen im Flachland des aktuellen Innovationsgeschäfts. Auch wenn solche Konservativismen manchmal ans bloß kunstgewerblich Gefällige heranreichen, sind ihnen doch auch souverän eingeübte Qualitäten der Formgebung eigen. Neben Horst Janssen (vgl. S. 290) ist es insbesondere HAP (Hermann Andreas Paul) Grieshaber (1909–1981), der nicht müde wurde, traditionell figurative Gehalte in intelligente grafische Idiome zu verwandeln. HAP Grieshaber stand zeitlebens im Bann der Figuren- und Flächenstile griechischer Vasenmalerei und spätgotischer Holzschnitte. Indem er solche Elementarqualitäten auf den großflächigen Farbholzschnitt anwendete, fand er gleichzeitig zu Stilmischungen von großer kompositorischer Kraft. Eine seiner berühmtesten Arbeiten ist das 1966 im Dresdner Verlag der Kunst (VEB) erschienene Mappenwerk *Totentanz von Basel.* Von den offiziellen 3333 Exemplaren (plus Künstler- und Sonderdrucken), die größtenteils im rasterlosen Maschinendruck herauskamen, ist hier das Blatt Nr. 26 zu sehen. Wie in den anderen Blättern steht auch hier der Vertreter eines Berufs- oder Sozialstandes im Vordergrund, der vom Schatten des Todes begleitet ist. Im *Kirbepfeifer* erhält das musizierende »Memento mori« seine mahnende Sinnbildlichkeit aus dem Geist fröhlichen Zusammenspiels. Motto: Jederzeit können wir aus Klang und Sang des Lebens abberufen werden. Der Tod tanzt unter uns immer schon mit. Figur und Schatten sind eins. Im melodischen Ineinander von Achsenstrenge und Kurvenschwung gewinnt die Flächen- und Farbüberlagerung atmend kontrollierte Festigkeit.

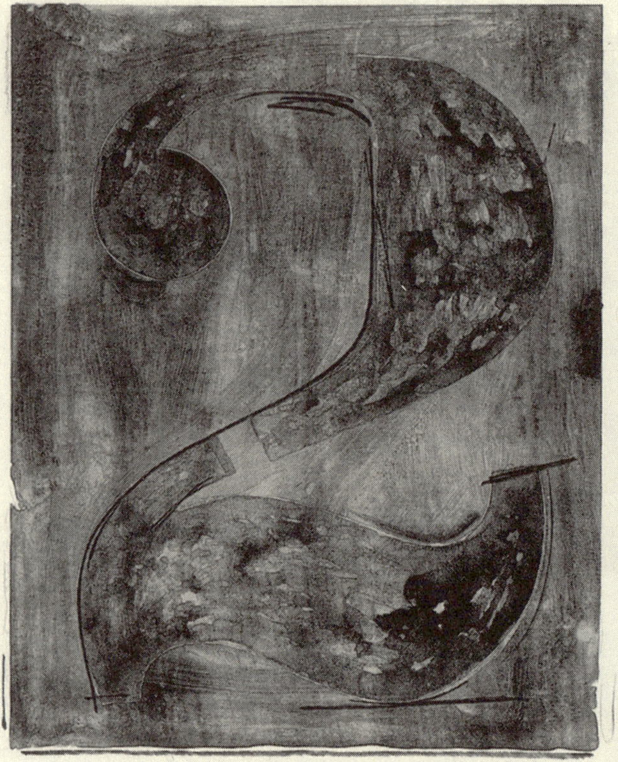

Jasper Johns: Black and White Numerals
1968 (2. Aufl. bei Gemini G. E. L.) · Figure 2, Lithografie,
700 × 540 mm · (Berlin, Staatliche Museen,
Kupferstichkabinett, Inv.-Nr. 205-1998)

Jasper Johns: Black and White Numerals

Wenn Andy Warhol (vgl. S. 292) der Propagandist der New Yorker Pop Art ist, dann Jasper Johns (geb. 1930) ihr Philosoph. Denn während Warhol vor allem nach der Pracht der Publizität sucht, drehen sich Johns' bildnerische Experimente und Formspiele um die Frage, was ein künstlerisches Bild überhaupt sei, welcher Status zwischen Alltags- und Kultursphäre, welcher Wandel zwischen Prozess und Identität, Teil und Ganzem ihm jeweils zukomme. Und gerade die Lithografie, die ja individuelle Handschriftlichkeit mit hohem reproduktivem Standard verbindet, ist solchen Überlegungen günstig. Von Anfang an, etwa seit 1960, dient also das druckgrafische Medium dem Künstler als Überprüfungs-, Distanzierungs- und Vermittlungsinstanz, als Zwischenstation auch für alle seine malerischen und plastischen Arbeiten. In der zehnteiligen Lithoserie *Numerals* interessiert ihn vor allem die fortlaufende Bewegung. So wie die Zahlen von 0 bis 9 weitergehen, sollen auch innerhalb jeder Zahl selbst möglichst verschiedene Arbeitsphasen einander überlagern. Als ideal erschiene ihm dabei, so in einem Interview von 1978, »wenn man die Darstellungen auf den Platten und Steinen nie auslöschen würde, und sie stets zur Wiederverwendung in neuen Arbeiten, in neuen Kombinationen verfügbar wären«. Das ergäbe »eine Art Spiel, das beim Malen mühsam wäre«, kann doch nur das Druckklischee gleichzeitig Zustandsspeicher und Durchgangsinstanz des Formprozesses sein. Für jede der Zahlen – hier die 2 – kam ein Stein (Farbe Schwarz) und eine Aluminiumplatte (für Grau) zum Einsatz. Die gestanzte Form des flach reliefierten Ziffernblocks scheint in ihrem typografischen Verschleiß mit der Entstehung des Flachdrucks aus dem Geist des Hochdrucks zu kokettieren. Anders gesagt: Jede Zahl verweist auf die nächste, und jeder Verweis kann in sich auch umkehren – bis alles durch Abnützung verflacht und unlesbar geworden ist. Zuletzt wird nichts als das Verschwinden selbst zum Zeichen.

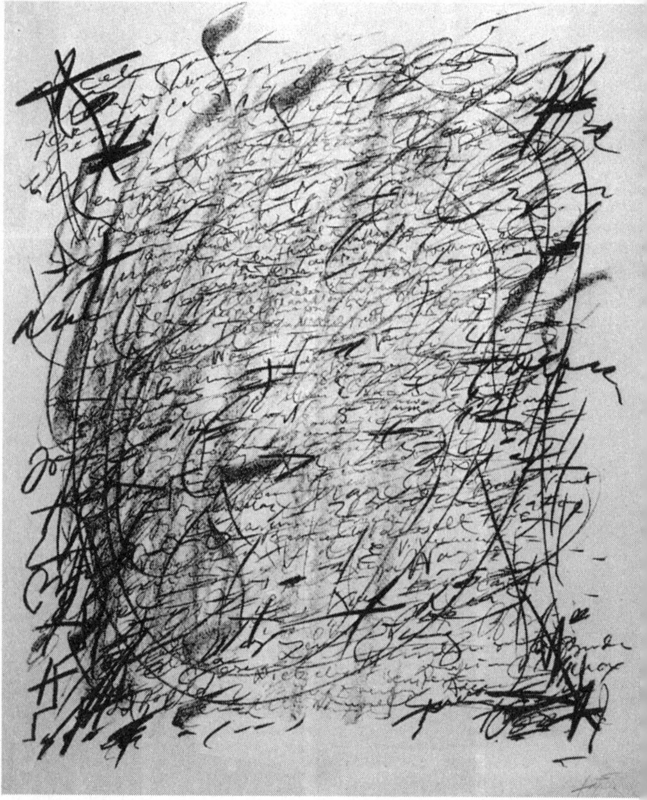

Antoni Tàpies: Mes amis
1969 · Lithografie, 740 × 620 mm · (München, Galerie Klewan)

Antoni Tàpies: Mes amis

»Grafik« ist ursprünglich Sammelname für alle Tätigkeiten des Einritzens und Schreibens. Gleich, wie figürlich-modellierend oder flächig-abstrakt diese Tätigkeiten in der Druckgrafik nach 1400 sich noch entfalteten – jene Anfänge von handschriftlicher, zeichnerischer Setzung haben den Bilddruck immer mitcharakterisiert. Auch wo – wie in der Lithografie – ritzende, linear einprägende Gesten nicht zum Prinzip der Formhandlungen gehören, kann das Grafische eigentümlich zur Erscheinung kommen, eben als widerstandsfreieres ›Schreiben‹. Wenn dann obendrein ein Bildkonzept aus dem magischen Geist der Schriftzeichen lebt, wie bei dem Katalanen Antoni Tàpies (geb. 1923) der Fall, gelangen grafische Potenzen umso evidenter zum Selbstausdruck.

Mes amis, Tàpies' Lithografie von 1969, ist ein Beispiel solcher Autoreferentialität. Und wie auch sonst in seinen Materialbildern und Collagen wird dabei der Umweg über konkrete Objektähnlichkeiten gewählt. Etwa seit 1960 führen Tàpies' Bilder ein Doppelleben zwischen abstraktem Zeichen und Objektähnlichkeit (Hauswand, Fensterkreuz, Türpaneel, Mobiliar). Rätselhafte Markierungen (Kreuze, Zahlen, Pfeile) verfremden und verknüpfen deren Wechselspiele. Wenn Tàpies die Lithografie einsetzt, so verknüpft er ihre möglichen Formen sogleich mit den zugehörigen Objektreferenzen Stein, Papier, Kritzelei, Abrieb. Nun wird etwa das Kulturgebilde ›Brief‹, mit allem, was dieses bietet und verweigert, zur produktiven, grafisch vergeistigten Nahtstelle zwischen Formding und Symbol. Mit spitzer und breiter Kreide schreibt Tàpies diesen Brief, als wäre dieser zugleich ein Ideenplan, rauschhaft-erregt korrigiert er hinein; am Ende fasst er alles Gemeinte (oder Nichtgemeinte, Nichtgesagte) in einer das ganze Blatt übergreifenden Gesamtgeste zusammen, wie in einer großen kreisenden Endchiffre. Damit geschieht der Transfer: Indem der Text ›überschrieben‹ wird, wechselt er die Lesbarkeit. Ein neuer Bedeutungsanfang entsteht und wird seine Spur zu sich selbst zurückkehren lassen.

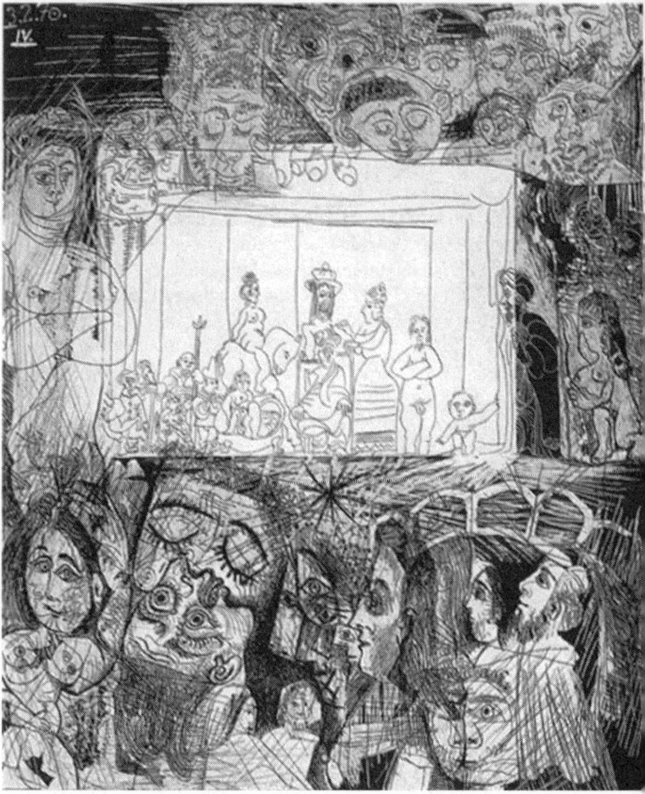

Pablo Picasso: Ecce Homo: Le théâtre de Picasso
1970 · Aquatinta, Radierung und Schaber, 500 × 420 mm
(Paris, Bibliothèque nationale)

Pablo Picasso:
Ecce Homo: Le théâtre de Picasso

Das druckgrafische Alterswerk von Pablo Picasso (vgl. S. 254) übertrifft an Experimentierlust, Themenvielfalt und gestalterischen Energien wohl alles, was an Spätroutinen aus der Kunstgeschichte bekannt ist. In seinem letzten großen aus 156 Drucken bestehenden Werkkomplex, der im Wesentlichen von 1970 bis 1971 entstand, überbot Picasso in Spannkraft und Qualitätsfülle sogar den unersättlichen Eruptionswillen seiner gleichzeitigen Gemälde. Naturgemäß schöpft dabei die *Serie 156* aus Rückblicken und Motivzitaten. Wenn Picasso etwa ein *Ecce Homo* nach dem Vorbild Rembrandts von 1655 (Stalla, 2001, S. 89) entwarf, dann entstanden – wie bei diesem üblich – mehrere Bildzustände. Die Auflage der Picasso-Platte belief sich auf 50 Abzüge (plus 18 Künstlerdrucken), und selbstverständlich finden sich sowohl in der Serie wie in unserem Beispiel viele autobiografische Anspielungen, auch hierin wieder dem holländischen Vorbild sehr ähnlich.

Rembrandts Palastinnenhof (Bartsch, Nr. 76), worin auf der Bühnenrampe der leidende Jesus Christus dem Volk präsentiert wird, hat sich bei Picasso in einen Theaterinnenraum verwandelt. Auf dessen hell erleuchteter Bühne, deren Plattentonfläche Picasso nur mit zarter Umrisszeichnung gefüllt hat, sieht man in der Mitte einen thronenden kleinen alten Mann: Picasso selbst! Seitlich zu ihm, über ihm, vor ihm im Zuschauerraum drängen sich Rollenfiguren und Maskenträger, großenteils weiblicher Observanz, mit und ohne Kleider. Es sind diejenigen, die in Picassos Leben (und das musst als Drama persönlicher Weltsicht vom Künstler immer betont werden!) alle buchstäblich ›eine Rolle‹ gespielt haben. Mittels Aquantintakorn, das mit dem Schabeisen partiell hell durchpflügt wurde, gelang es dem Regisseur Picasso, das Rembrandtsche Helldunkel aufs theatrale Beleuchtungskontinuum zu verschieben. So wird aus dem biblischen Passionsstoff ein modernes Stück Künstlerheroik, inszeniert mit altersweisem Spott.

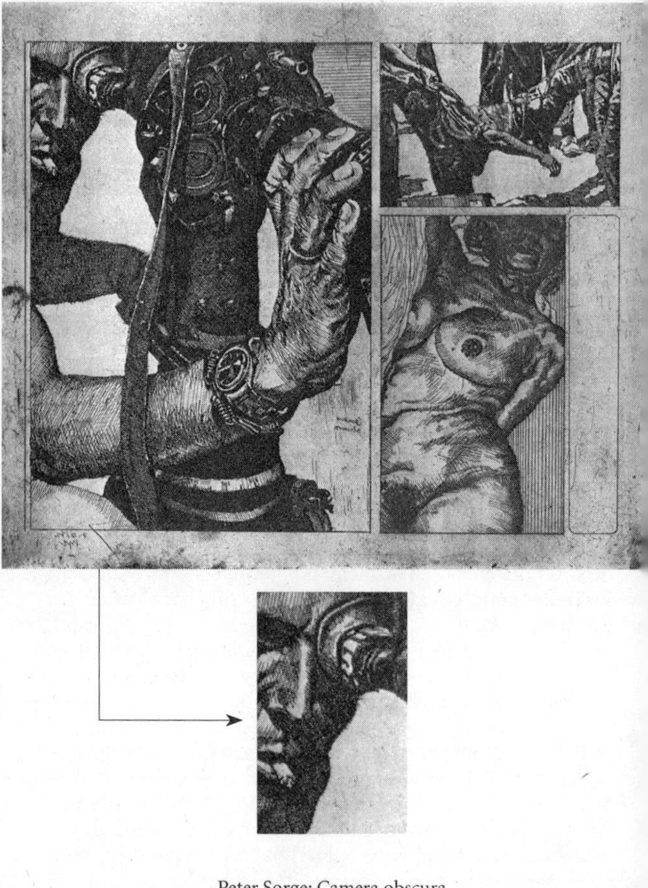

Peter Sorge: Camera obscura
1971 · Farbradierung, 345 × 395 mm

Peter Sorge: Camera obscura

»Realismus« ist seit etwa 1850 nicht mehr nur Name für ein Stilprinzip, sondern für eine ganze Weltanschauung. Wirklichkeit, äußere wie innere, soll in ihren Tatsachen jenseits der akademischen Normen und musealen Werte gesehen, gestaltet, auf politische Ansprüche hin verhandelt werden. Über künstlerische Autonomiefragen hinweg sollen Alltagsleben, Nöte und Krisen sozialer Praxis gespiegelt und kommentiert werden (vgl. S. 222). Seit 1920 ist Realismus vermehrt auf die Seite politisch-kämpferischer Kritik und Agitation hin orientiert (vgl. S. 264), seit 1960 auf Reflexion der Medienwirksamkeit und Medienmanipulation.

In Deutschland gehörte Peter Sorge (1937–2000) seit etwa 1964 als Mitglied des »Berliner Realismus« zu den erfolgreichen Synthetikern vieler dieser Dimensionen, und das auf Basis demonstrativer Handwerksgediegenheit. Als habe er die fotografisch-filmische Medienkomplexität in ihrer druckgrafischen Herkunft transparent machen wollen, verwendete er die ›alten‹ Techniken Radierung und Aquatinta, wenn er soziale Gewalt, kapitalistische Ausbeutung, konsumistischen Biedersinn und pornografische Erniedrigung zum Thema erhob. Doch wie bringt man all dies auf den Begriff? Sorge gelang es ebenso einfach wie verblüffend einleuchtend. Er fügte schockierende Bildausschnitte, deren Rahmungen wie zitierende Anführungszeichen wirken, in krass kombinierten Sprüngen und Felderungen aneinander. Innerlich sind sie alle über die Motive von Gewalt und Voyeurismus verknüpft. Es ist das Kamera-Auge (s. Detail), welches technische Details, Gräuelszenen, Pornoeinstellungen ähnlich kalt und gierig (Zigarette im Mund des Filmers!) verschlingt wie der abgestumpfte Bildkonsument angesichts der Schnappschüsse von Tagespresse, Illustrierten und Schundheften. Montage des Grauens: Indem Sorge das gerasterte Vorlagenmaterial ins Lineament der Ätzradierung rückübersetzte, brachte er es auf den grafisch sichtbaren Nenner einer alles vernetzenden Brutalität.

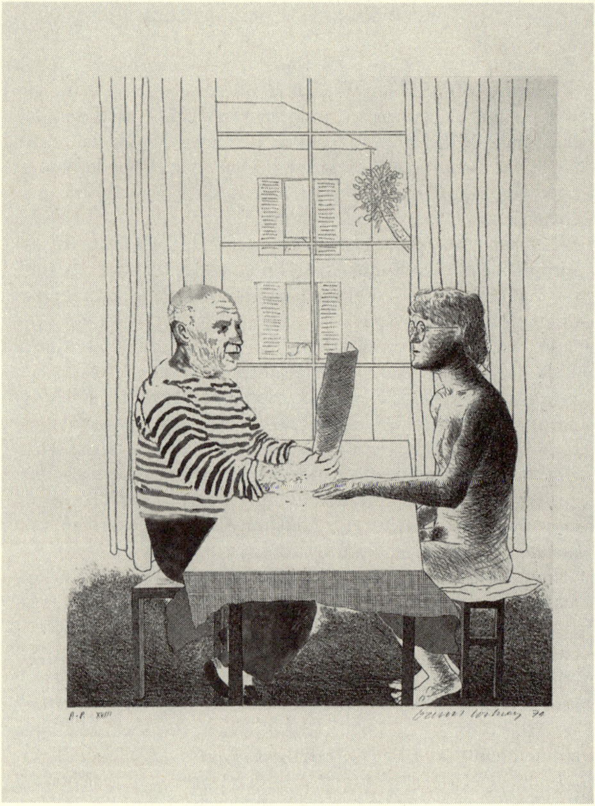

David Hockney: Artist and Model
1973–1974 · Radierung, Vernis mou,
Aussprengtechnik, Edition: 100, 575 × 440 mm

David Hockney: Artist and Model

David Hockney (geb. 1937) zählt, grober Etikettierung gemäß, zur englischen Pop Art. Subtiler noch als die amerikanische Hauptströmung arbeitet die englische Version an ironisch-parodistischen Brechungen der Konsumästhetik, insbesondere Hockney hat sich auf diese Weise früh schon Weltruhm erworben. Sein Interesse gilt von Anfang an raffiniert ausgeklügelten Selbstreflexionen der Kunst, die im Kern spöttisch-›cooler‹ Inszenierung nicht zuletzt auf die eigene Künstlerschaft zielen. Seit 1960/61 arbeitet er so – gleich intensiv als Maler, Zeichner und Druckgrafiker – in einem synthetischen Fluidum aus Selbstbespiegelung, Traditionsinteresse und Kulturdiagnostik.

Als 1973 sein verehrtes Vorbild Picasso starb, widmete Hockney dem Künstlerheros des 20. Jahrhunderts eine witzige, handwerklich brillante Hommage. Gegensatz und Einheit sind das Thema. Subjekt und Objekt tauschen darin Autoritäten und Rollen. Dem mit seinem berühmten Ringelhemd bekleideten Altmeister sitzt der nackte Jungmeister gegenüber. Während der Verstorbene wie auf eine Speisekarte in die Welt der Kunst blickt (ist es ein eigenes Blatt oder eines von Hockney?), studiert das Modell sein Gegenüber mit unbestechlichem Wahrheitsinteresse. Das Studium wird dabei zum gleichsam selbstprüfenden Inhalt, denn der Schüler würdigt den Lehrer durch eine Könnensprobe, die in der dreifachen grafischen Faktur des Doppelporträts begründet ist. Drei Techniken koalieren: Das Modell hat den eigenen nackten Körper, den Tischtuchschatten, die Rückseite des Probestücks und den Fußboden mit Ätzschraffuren modelliert, Vorhang, Haus und Baumdetail bestehen aus körnigem Vernis mou (Rebel 2009, S. 294, 258), Picassos Gestalt wurde mit Laviereffekten der Aussprengtechnik geätzt. So hat der Dreiklang der verwendeten Radierverfahren die beiden Künstler, die sich nie begegneten, am gemeinsamen Tisch zusammengesetzt. Bildnerische Intelligenz und grafisches Handwerk feiern sich selbst.

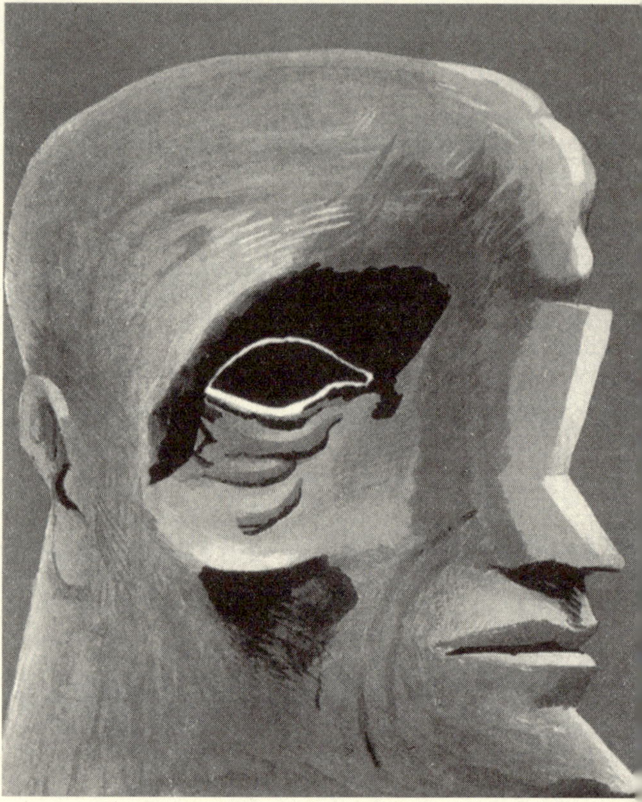

Horst Antes: Porträt Michelangelo
1975 · Neunfarbige Lithografie, 675 × 340 mm
(München, Studio Bruckmann)

Horst Antes: Porträt Michelangelo

Hommagen, im engeren Sinne: Würdigungen von Künstlern durch Künstler, haben gerade im Medium der Druckgrafik ein heimliches Zuhause. Denn technische Bildreproduktion schafft immer auch Denkmäler auf Papier und aus Papier, die persönliches Bekenntnis mit öffentlichem Kunstinteresse verquicken. Ehrbezeugungen solcher grafischen Art (vgl. S. 56, 114, 306) können auf Umwegen, selbstironisch, aber auch als reine Bewunderung zum Ausdruck kommen. Wenn Horst Antes (geb. 1936) dem Genius Michelangelo huldigt, richtet sich sein Blick auf dessen vieldimensionierte Kraftfülle. Seinerseits wählt er eine Form, die malerische und grafische Mittel aus dem Geist der Skulptur verbindet. So wird ein Leitgedanke verkörpert, welcher der berstenden Kreativität des Vorbildes wie dem ständigen Medienwechsel der eigenen Arbeit gerecht wird. Antes war Schüler von HAP Grieshaber (vgl. S. 296). Er hat dessen humanistisches Figureninteresse nicht nur weitergepflegt, er hat es unter ethnologisch-anthropologischen Perspektiven gründlich reflektiert, auch oft in absichtlicher Nähe zur Kinderzeichnung und zur ›primitiven‹ Gestaltung der nord- und südamerikanischen Indianer. 1960, kurz nach seinen ersten Erfolgen als Maler, entdeckte Antes passend dazu die Abstraktionsqualitäten von Lithografie und Holzschnitt, 1962 dann der Offset-Gravüre und der Radierung, bevor er sich seit 1963 noch der figürlichen Plastik zuwandte.

Das *Porträt Michelangelo* aus der Mappe *Omaggio a Michelangelo* ist aus neun lithografischen Druckgängen entstanden, Schicht für Schicht auf der Suche nach dem monumentalen Kern des »Divino Artista«. So baut sich aus den einzelnen Phasen die marmorne Blockigkeit einer Kopfbüste auf, mit zerschlagener Nase, tiefer Augenhöhle, faltiger Haut. Ganz so kennt man die Physiognomie des ›steinalten‹, melancholisch umwitterten Genies. Antes lagert rund um dessen stechend weißrandiges Auge Elemente abblätternder Mauerfarbe und Schichten fahler Fleischtöne an.

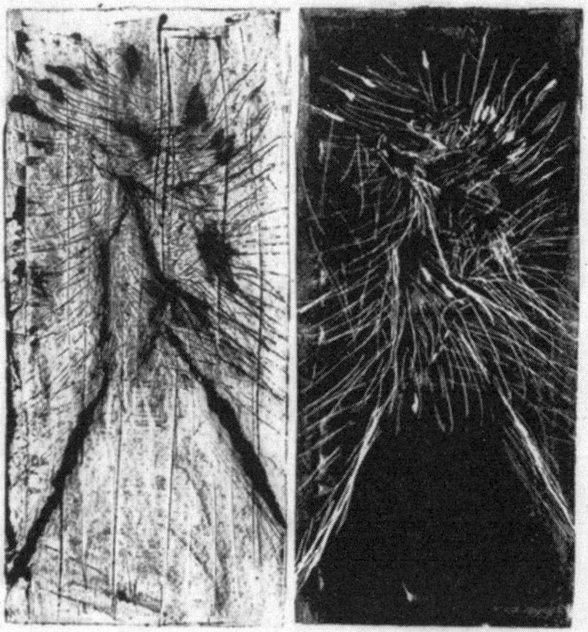

Georg Baselitz: Adler, positiv/negativ
1977 · Linolschnitt (Probedruck), 66 × 270 mm
(München, Staatliche Graphische Sammlung, Inv.-Nr. 1989/28 D)

Georg Baselitz: Adler, positiv/negativ

Grafik ist ein Medienkomplex mit binären Prinzipien. Dass die direkt oder indirekt gestaltete Druckform ihr Bild positiv oder negativ, Schwarz auf Weiß oder Weiß auf Schwarz, ans Papier abgeben kann, ist nur eine von mehreren dieser Entweder-oder-Differenzen. Georg Baselitz (geb. 1938) hat solche Unterschiede immer wieder zum Anlass genommen, Umkehrungen in der Bildnerei schlechthin zu erproben. Seit 1969 erklärte er den Kopfstand seiner Bilder zur neuen Normalität. »Die Umkehrung des Motivs gab mir die Freiheit, mich ausschließlich mit malerischen Problemen auseinanderzusetzen« (1975). Dieselbe experimentelle Haltung kommt auch in den Radierungen, Holz- und Linolschnitten zum Ausdruck, wobei gerade die Probedrucke besonderes Gewicht haben.

Baselitz schnitt 1977 das kopfstürzende Adlermotiv – auch sonst eines seiner Pilotsujets – zuerst als Weißliniengestalt (vgl. S. 108) in die Linolplatte, wies also der Weißzeichnung die Positivform zu (im Unterschied zum Druckrelief, wo die Weißformen als ausgeschnittene Teile das Negativ bilden). Dann druckte er dasselbe Motiv nochmals daneben ab, nun aber in umgekehrter Relation: Die vertieften Teile gaben – wie beim Tiefdruck – die Farbe ans Papier ab. Der kopfstürzende Adler erschien nun Schwarz auf Weiß. Weil es sich aber um frei-spielerische Probedrucke handelte und Linolplatten zudem keine brauchbaren Tiefdruckreliefs bieten, fügte Baselitz noch im Sinne monotypischen Farbauftrags einige Konturverstärker und Vertikalmuster auf der Platte hinzu. So entstand als partielle Monotypie ein zweites Bild, das trotz identischer Ausgangsidee seinen eigenständigen, ›eigenstürzigen«, Charakter gewann. Wie immer man in diesem Doppeldruck vom 24. Februar 1977 ›positiv‹ und ›negativ‹, ›direkt‹ oder ›indirekt‹ definieren will, das Wesentliche: die Form, ist in beiden Fällen frei, buchstäblich vogelfrei. Nur wer das stürzende Motiv kennt, wird an den spröden Strichmustern das Vorleben einer gefiederten Figur dechiffrieren.

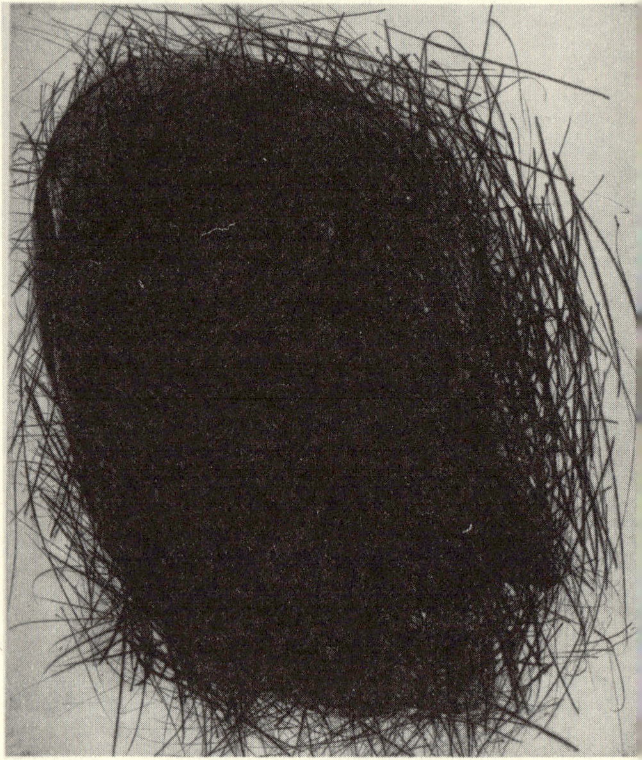

Arnulf Rainer: Totenmaske J. W. von Goethe
1982 · Kaltnadel auf Heliogravüre, 295 × 245 mm
(Berlin, Staatliche Kunstsammlungen, Kupferstichkabinett)

Arnulf Rainer:
Totenmaske J.W. von Goethe

1951 experimentierte der Wiener Maler und Grafiker Arnulf Rainer (geb. 1929) mit Blindmalerei. Er wollte auf den Spuren der romantisch-surrealistischen Methodik ›sehen‹, was mit geschlossenen Augen alles erfahrbar und sichtbar zu machen sei. 1953 folgten Fotoübermalungen, womit der paradoxe Akt einer Öffnung durch Verschließung in die Gestaltung des Bildobjekts verlagert wurde. Das Moment existenziellen Verschwindens kam so hinzu. Denn Fotos sind gewissermaßen Zeugnisse des Todes. Die im Tempo der Lichthärtung fixierte Sichtbarkeit ›stirbt‹ bereits im Augenblick der Aufnahme, ist nur als Ablichtung objektiv, verdinglichter Zustand. Diesen Lichtschattenzustand zu übermalen, heißt das Fixierte wieder in einen Prozess der Bewegung zurückzuholen und nochmals anders, nun in Gestalt gestischer Verhüllung, stillzustellen. Konsequent fortgesetzt hat Rainer diese paradoxe Form der sichtbar machenden Unsichtbarmachung 1977, als er fotografierte Leichengesichter und Totenmasken überzeichnete. Ein letzter Schritt folgte 1982. Dabei potenzierte der Künstler die in der bildhaften Verlebendigung des Todes gespiegelten medialen Komponenten gleich mehrmals.

In der sechsteiligen Serie *Totenmasken*, die in einer offiziellen Auflage von 35 Drucken herauskam, überlagern sich nämlich vier mediale Instanzen. Die Totenmaske ist die erste davon: Abdruck des Kopfes in Gips. Zweitens wurde diese Maske fotografiert; drittens dieses – oder ein anderes entsprechendes Foto – in die Heliogravüre übertragen. Viertens: Das aquatintisch gekörnte Rasterbild auf der Druckplatte wurde nun dem eigentlich grafischen Prozess unterworfen. Mit bald heftig ausfahrenden, bald zart strichelnden Kaltnadelgesten erhielt die Totenmaske eine fahrig nervöse Umrandung und Einhüllung. Der Erregungsherd der deckenden Striche lässt den Kopf eher nur noch denken als sehen. Abgedruckt auf Papier, sind die verschiedenen Schatten des Todes im Dickicht der Gesten verborgen.

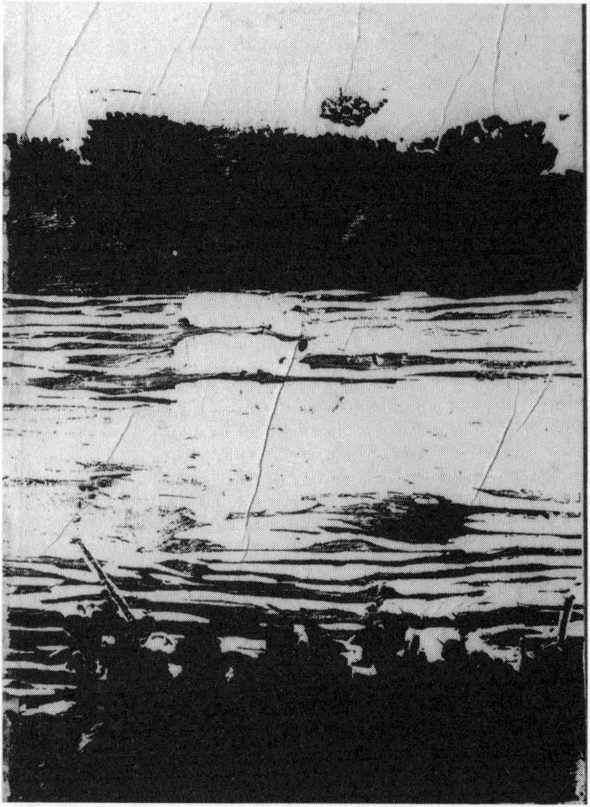

Anselm Kiefer: Der Rhein
1983 · Holzschnitt, 600 × 415 mm (Buchseite 5 von 44)
(New York, Marian Goodman Gallery)

Anselm Kiefer: Der Rhein

1983 hat Anselm Kiefer (geb. 1945) eines seiner nicht nur im grafischen Sinne elementarsten und sensibelsten Künstlerbücher gedruckt: *Der Rhein*, 44 Seiten stark, jedes Blatt der großformatigen Holzschnitte auf Karton montiert. »Künstlerbücher« unterscheiden sich von den üblichen Verlagswerken durch ihre experimentelle Haltung, Materialverwendung und ihren von normalen Lese- und Betrachtungszwecken befreiten Gebrauch. Künstlerbücher sind eigene Medien innerhalb der buch- und bildgrafischen Systeme, oft verschmelzen sie mit Komponenten von Malerei und Plastik. Anselm Kiefer hat ihren kombinatorisch-sinnlichen Charakter einfallsreich genutzt, bis heute pflegt er dieses Mischmedium in immer wieder anderen Materialisierungen. Durchgängig dabei ist das Prinzip der fließenden und bizarr sich stauenden Erinnerungen, sei es solchen seiner eigenen Biografie, sei es im Rahmen eines programmatischen Themas. Wer etwa die Bilder des Rheins nachsinnend mitvollziehen will (was in seiner originalen Form allerdings nur besitzprivilegiert möglich ist), der muss sich über sperrige, rissige und gewellte Formträgerschichten hinweg in den Speicher der eigenen verstrüppten Erinnerungen hineinblättern. Kiefer verwendete hier die Technik des Holzschnitts auch deshalb, weil er in ihrer altdeutschen »Aura« (Schjeldahl, S. 20) eine besondere Assoziationshilfe erkannte. Im Prinzip Holzschnitt klingt so Verschiedenes an wie: Handwerksgerechtigkeit, Traditionsstolz, versunkene Lebenswelt im Schwarzweiß der raunenden Erzählung …

Der sagenumwobene Rhein wird genau in diesem Sinne zur Metapher für verströmende Geschichte und für mythenträchtigen Patriotismus. Ideologie und Atmosphäre, ihrer Einheit gilt Kiefers oft missverständliche und schmerzhafte Archäologie des Erinnerns. So auch hier: Wie aus einem fahrenden Zug heraus blickt man auf das Licht des Stroms und seine im Abendschatten vergleitenden Ufer. Eher ein Innenbild der Gefühle denn eine reale Ansicht wird träumerisch beschworen.

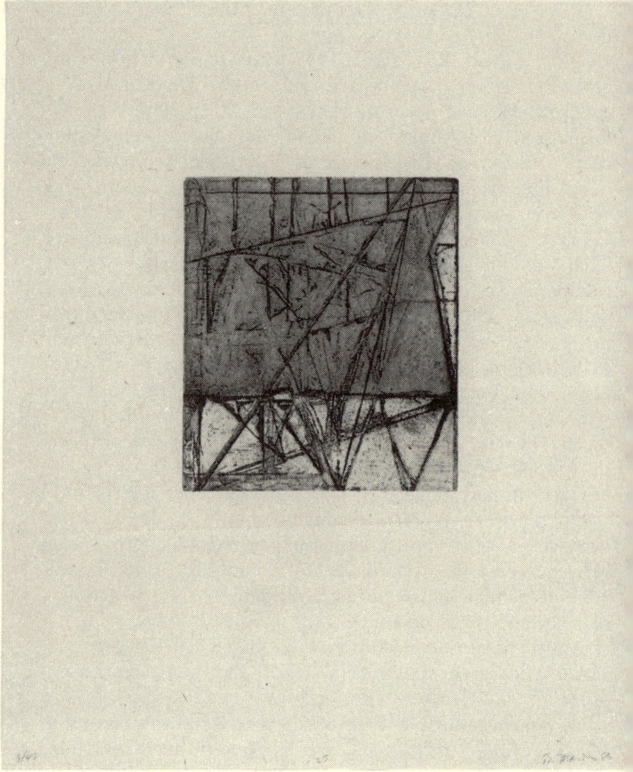

Brice Marden: Etchings to Rexroth
1986 · Radierung, 203 × 178 mm (Platte)
(München, Staatliche Graphische Sammlung)

Brice Marden: Etchings to Rexroth

Letztlich ist es gleichgültig, ob man die Gestaltung der Dinge und Zeichen eher als »Réalisation« (im Sinne Cézannes) oder als »Übersetzung« (im Sinne Benjamins) begreifen will. Immer handelt es sich um schöpferische Wiedergaben, Neuerzeugungen, Selbstfindungen, sofern nur dabei die bestmöglichen Konzepte des Verstehen- und Zeigenkönnens zur Geltung kommen. Als der New Yorker Maler und Grafiker Brice Marden (geb. 1938) um die Mitte der 1980er Jahre von vorwiegend monochromen Farbfeldbildern zu bebend linearisierten Kraftfeldern überging, stand er jedenfalls unter dem Eindruck von Übersetzungsfragen auch im engeren Wortverständnis. Er beschäftigte sich gerade mit fernöstlicher Lyrik und Kalligrafie, untersuchte in deren Sinnschwebungen zugleich vergleichbare Ordnungsstrukturen für die Anwendung aufs Eigene. Pate stand dabei der amerikanische Dichter Kenneth Rexroth (1905–1982), dessen wagemutige Versuche, chinesische Gedichte zu übersetzen, Marden ermutigten, Ähnliches mit den Mitteln der Bildnerei zu versuchen.

Dem Vorbild Rexroth wurde auch die 25teilige Mappe mit Radierungen (Auflage 45 Drucke) gewidmet, die zudem ein Experimentierfeld eigener, druckgrafischer Art eröffnet. Kaltnadel, Ätzlinie, Aquatinta (mit Aussprengmethode), Roulette sind die effekttragenden Mittel für die Erprobung von Formcharakteren, die zwischen geometrischer Verstrebung und organischer Bewegung hin- und herwechseln. Buchstabenteile, Astverflechtungen und Vergitterungen fungieren als visuelles Ausgangsmaterial, das schrittweise vereinfacht, umgewandelt oder ausgebaut wird. Neue Figuren treten so zusammen, verfestigen sich mit flächigen Komponenten – alles immer nach Maßgabe gravur- und ätztechnischer Kontrollen. Denn Ordnung jeglicher Art gibt es nur dort, wo Regeln gefunden, verändert, eingehalten werden. So ist auch das Brüchige und Fragile der sensiblen Muster ganz beabsichtigt, weil es die Festigkeit der Achsen, ihre technoide Zweitnatur betont.

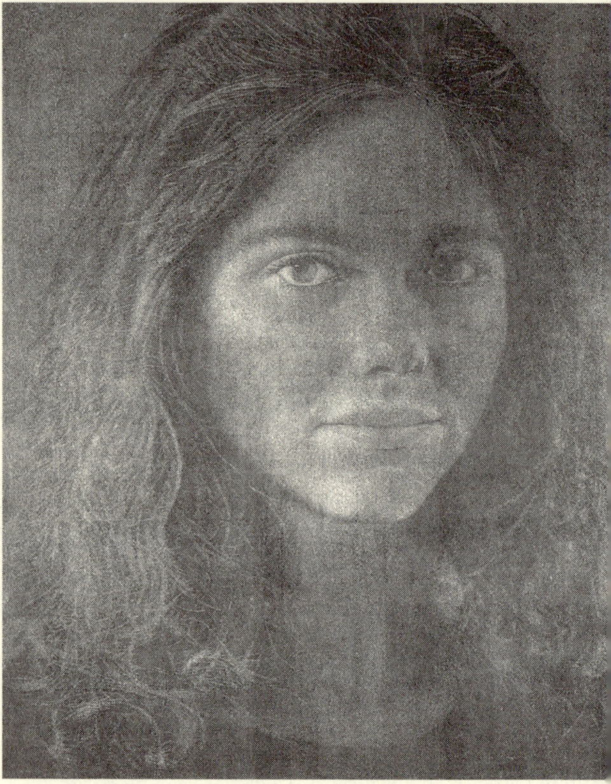

Franz Gertsch: Dominique
1988 · Holzschnitt/Holzstich, 2340 × 1810 mm (Platte), Auflage 18 verschiedene Farbabzüge von einer Druckplatte (plus mehrere Künstlerdrucke) · (Berlin, Staatliche Kunstsammlung, Kupferstichkabinett, Inv.-Nr. GGB 1-2001)

Franz Gertsch: Dominique

Wer Handwerk artistisch ausübt, darf, muss auch Regeln neu bestimmen können. Der Schweizer Franz Gertsch (geb. 1930) hat in diesem Sinne die jeweiligen Regelkreise von Malerei, Fotografie und Holzschnitt geöffnet und neu aufeinander hin zusammengeschlossen. Als er nach 1986 eine Reihe wandbildgroßer Mädchenporträts schuf, wählte er dafür die Fotografie zum Ausgangsmedium, übertrug diese Fotos mittels Diaprojektion auf Langholzplatten (meist aus Linde) im Gemäldeformat, stach dann mit verschiedenen Hohleisen die Lichtpunkte der seitenverkehrten Projektion aus der Platte heraus, so dass im Abzug die stehengebliebenen Schattenpartien der Holzschnittform das seitenrichtige Bild ergeben mussten, und druckte mit speziell pigmentierten Tinten diese zwittertechnischen Lichtschatten-Muster auf eigens für ihn hergestelltes, handgeschöpftes Japan-Büttenpapier. Auf allen Ebenen waren dazu langfristige Arbeitsprozesse nötig, die als Koordinations- und Mischprozeduren von Anfang an Gertschs Meisterschaft auszeichnen. Obwohl Holzschnitt, wurde die zarte fotografische Halbtonfülle doch ebenso ›gestochen‹ wie ›geschnitten‹, weshalb man – der Vertiefungstechnik nach – auch von »Holzstich« (vgl. S. 186, 194, 218) sprechen dürfte. Monatelange Hohleisenarbeit erforderte gegenüber der Fotovorlage eine geradezu asiatisch-meditative Einstellung. Ferner mussten im Abdruck auf die riesigen Papierflächen fünf bis sechs Personen perfekt zusammenwirken, um pro Tag einen einzigen hochwertigen Abzug von der Platte zu holen (Mason, S. 93). Umso schwieriger wurde die Sache, wenn zwei bis drei Stöcke übereinanderzupassen hatten.

Im Falle von *Dominique* ist die offizielle Auflage nur von einer Platte genommen, doch auch hier bestimmen die nämliche Konzentration und Atemruhe das Ergebnis. Völlig ruhig werdend steht man den monumentalen Gesichtern an der Museumswand gegenüber, versenkt sich in die Interferenzen aus schwebender Körperlichkeit und abstrakter Farbfläche.

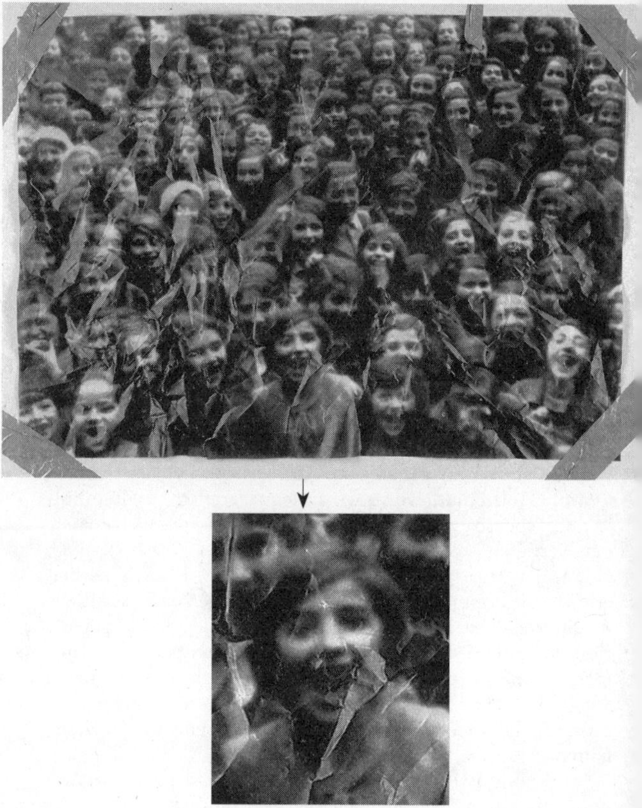

Christian Boltanski: Die jüdische Schule 1939
1992 · Offsetlithografie und Klebeband, 600 × 800 mm
(München, Galerie Bernd Klüser)

Christian Boltanski: Die jüdische Schule 1939

Unter allen Techniken des manuellen Bilddrucks ist der Lithografie ihr Übertritt ins industrielle Metier am spurlosesten gelungen. Als um 1900 aus dem Stein-, Zink- oder Aludruck die maschinelle Offsetlithografie hervorging, war an deren lithografischen Effekten selbst keinerlei Veränderung ablesbar. Hinzu traten allerdings die apparativ steuernden Komponenten der Fotografie, des halbtonzerlegenden Rasters und des auflagenerweiternden Rotationsdrucks. Auf dieser zwischen Kunstbild und Alltagsbild vermittelnden Basis hat seit etwa 1950 auch die künstlerische Grafik vermehrt ihre Konzepte entwickelt (Benson, S. 254; Althaus, S. 144). So etwa im Fall des Pariser Künstlers Christian Boltanski (geb. 1944). Als dieser 1992 das Medium Offset für eine kleine Galerieauflage in Anspruch nahm, wollte er nach zwei Seiten hin Grenzen überschreiten. Erstens sollte Fotografie zum Einsatz kommen, um tragische Spuren des historischen Alltags zu dokumentieren, zweitens sollte der Übergang zur Gattung des »multiplen Objekts« vollzogen werden. Auf seinen Streifzügen durch Berliner Flohmärkte und Antiquariate hatte Boltanski ein Foto von 1939 entdeckt, das eine Aufnahme ausgelassen fröhlicher Kinder zeigt. Es sind die lachenden Buben und Mädchen der Berliner Jüdischen Schule. Deren Lachen (s. Detail) steht im schrecklichen Kontrast zu dem, was wir über den Holocaust wissen. (Über das Bild selbst und das Schicksal der Kinder wissen wir freilich nichts.) Boltanski zerknitterte das lithografisch reproduzierte Foto in allen seinen 60 Abzügen, klebte diese mit braunem Klebeband auf Kartons und erzeugte so den Eindruck von beschädigten und übersehenen Archivalien. Werkcharakter wie Aufbewahrungs- und Materialzustand sind also fiktiv, dienen allein Boltanskis Konzept der spurensichernden Geschichtsarbeit. Über die hässlichen Klebestreifen wird die Systemgrenze der Druckgrafik ebenso angetastet wie unsere Gewohnheit, das Grauen der Geschichte wegzublättern.

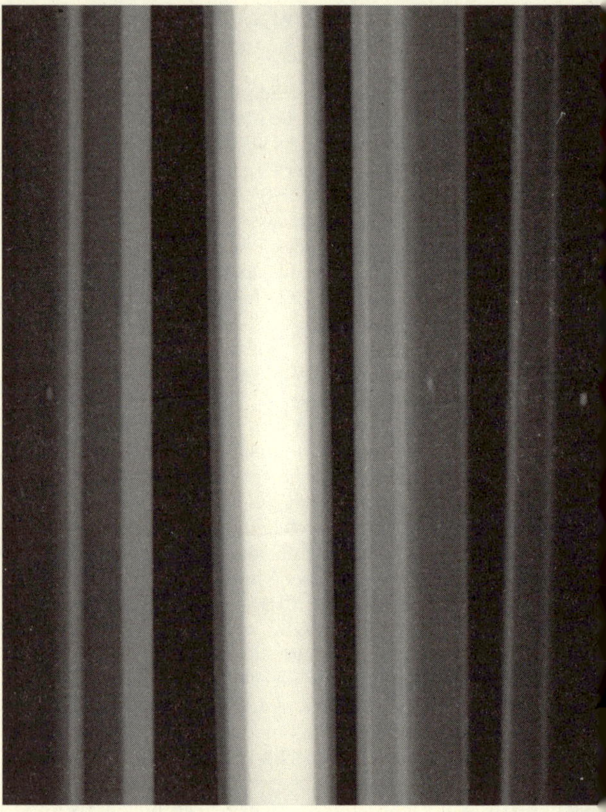

Günter Stöber: Brainstring 1
2001 · Dreifarben-Siebdruck mit Untermalung auf Beton,
500 × 350 × 40 mm, Auflage 5 Exemplare

Günter Stöber: Brainstring 1

Ob Grafik mit »Papierkunst« gleichgesetzt werden darf, entscheidet sich nicht nur am Druckträger. Auch die grafische Rationalität des Bildes, ihre signifikante, am Element der Linien, Flächen oder Rasterungen erprobte Formensprache, muss für die Definition stets in Rechnung gestellt werden. Gleichwohl relativieren sich heute allein am Druckträger altgewohnte Prinzipien. Warhols Siebdrucke auf Papier sind Grafik, auf Leinwand heißen sie auch »Gemälde«. Gertschs Gesichter (vgl. S. 318) gehören zur Tafelkunst, auch wenn sie auf Papier gedruckt sind, und Boltanski (vgl. S. 320) vermittelt zum »Multiple«. Das zeigt: Spätestens seit 1960 sind die Grenzen zwischen den Material- und Werkgattungen fließend geworden. Wenn Günter Stöber (geb. 1959) Siebdrucke auf Betonplatten druckt (Sienel, S. 189), werden sogar Grenzen der physischen Wahrnehmungswelt in Frage gestellt. Dem materiellen Werkprozess nach bleiben seine Drucke zwar – als Siebdrucke – im grafischen Feld, leiten sich aber in ihrem Zeichenaufbau als Momentaufnahmen einer codierten Information von elektronischen Daten ab. Weil Stöbers *Brainstrings* aus Erregungsmustern zwischen Musik, Textsignalen und Neonröhren gewonnen wurden, darf man sie auch als Modelle ästhetischer Bildforschung verstehen. »Untersucht wird das Verhalten des Einzelnen gegenüber Bewusstseinszuständen, die [durch synästhetische Reize, E.R.] aus der medialen Umwelt erzeugt werden. Der Siebdruck auf dem Betonstein lässt die Verbindung [...] der codierten Informationen mit der physischen Welt sinnlich erfahrbar werden« (Interview 2008).

Größere Extreme sind kaum denkbar. Auf der einen Seite elektronisch verschlüsselte Signale, auf der anderen Seite deren digitale Umwandlung in Bild und schließlich serigrafische Übertragung auf schwere Betonplatten. Hier ein Kosmos der unsichtbaren Daten, dort das Material, das deren Ordnungsbild sichtbar macht und körpergewichtig in der Hand liegt: Grafik als Erprobungsmodell für hybride Systeme.

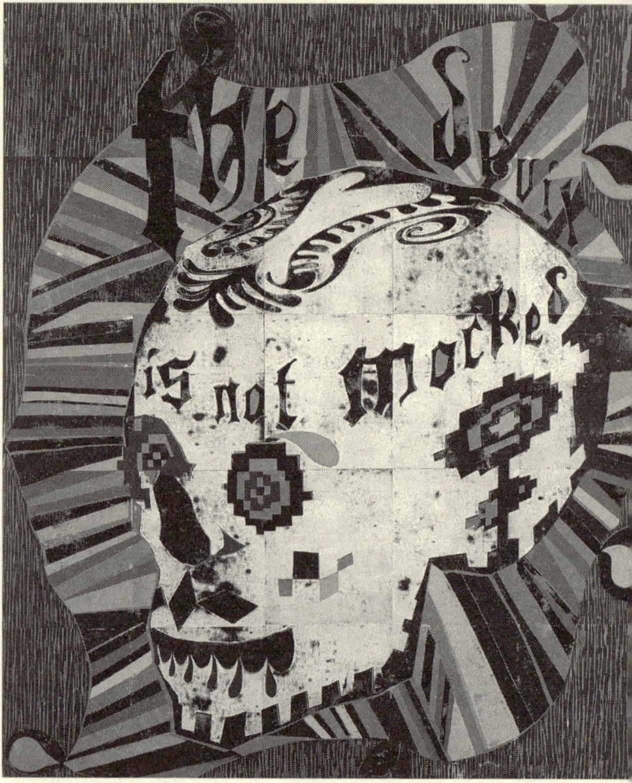

Gert und Uwe Tobias: The Devil is not mocked
2004 · Farbholzschnitt, 2000 × 1650 mm

Gert und Uwe Tobias: The Devil is not mocked

Seit den 80er Jahren des 20. Jahrhunderts hat die globale Digitalisierung auch die Prozesse des Bilddrucks vielfach überformt. Grafikkünstler reagieren entweder mit affirmativer Neugier darauf, insofern sie diese Entwicklung kreativ mit vorantreiben, oder aber mit skeptischem, handwerksbetontem Rückzug. Im letzteren Fall beschränken sie das digital-grenzenlos Gewordene auf übersichtliche Operationsfelder mit verstärkt körperlichem Anteil. Nicht, dass nun digitale Komponenten dabei keine Rolle spielen dürften, sie bleiben nur untergeordnet. Die Zwillingsbrüder Gert und Uwe Tobias (geb. 1973) geben dafür ein aktuelles Beispiel. 1985 aus dem rumänischen Kronstadt nach Deutschland übergesiedelt, haben sie seit 2004 eine Weltkarriere mit digital unterstützter, aber letztlich analog bestimmter Holzschnittkunst angetreten. Kunterbunt ist das Arsenal ihrer Motive, unerschrocken ihr dekorativer Synkretismus in den apparativen und manuellen Anteilen des grafischen Gesamtprozesses. So entwickeln sie zunächst auf dem Zeichenpapier eine figürliche Idee, scannen und rechnen diese auf das beabsichtigte Bildformat hoch, schneiden Sperrholzmodeln dazu aus und drucken (nach dem alten Schablonen-Stempel-Prinzip) diese Hochdruckformen buntfarbig auf Papier. Da im verspielten und oft demonstrativ ›unsauber‹ ausgestempelten Druckbild kaum ein Abzug dem anderen gleichen kann, hat man es hier eher mit einer lockeren Reihung von Monotypien zu tun.

Unser Beispiel *The Devil is not mocked* zeigt, wie die Sujetwahl ihrerseits diesem Puzzle der Elemente und Komponenten entspricht. Ein mächtiger Totenkopf beherrscht folkloristisch bunt das Bildfeld. Dass »mit ihm nicht zu spaßen« sei, wird durch die heraldische Ornamentierung (die aus dem heimatlichen Formengut Transsylvaniens zitiert ist) ebenso düster behauptet wie augenzwinkernd widerrufen. Ein Zwischending in jeder Hinsicht, erinnert dieses Bild an ernste Augenblicke mitten im lustigen Kinderspiel.

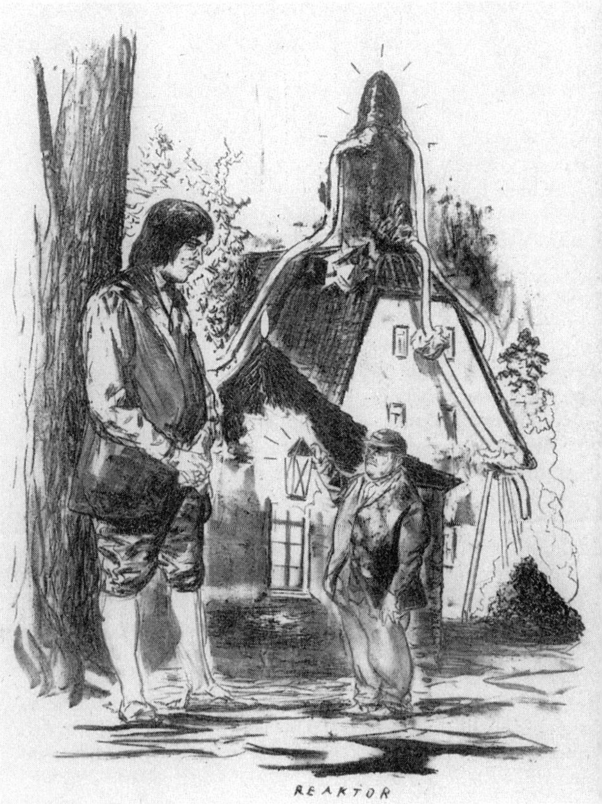

Neo Rauch: Reaktor
2006 · Kreidelithografie, 510 × 400 mm (Platte), Auflage 35

Neo Rauch: Reaktor

Mit der figurativen Malerei des Begründers der »Neuen Leipziger Malerschule« Neo Rauch (geb. 1960) kehrt in die heutige Bilderwelt der deutschen Druckgrafik ein Gestaltungsprinzip zurück, das die kunsthistorische Tradition des Capriccio (vgl. S. 102, 148, 182, 204, 268) aufgreift und weiterentwickelt. So ist es kein Wunder, dass nicht auf den einen Nenner perspektivischer oder handlungslogischer Kohärenz zu bringen ist, was in Rauchs Szenerien und Traumwelten begegnet: Bizarre Kombinationen aus albtraumhaften Vorstadt- und Trümmeridyllen, ausgestattet mit romantischen Rätseln, absurden Versatzstücken technischer Zivilisation, schrillen Signalen der Werbegrafik, Filmästhetik, dazu Pathosformeln des »Sozialistischen Realismus« und Zerrelemente der Comics, all das vorgetragen in entweder psychedelisch-giftigen Farbakkorden oder aber ehrwürdig ernstem Schwarzweiß. Rauchs Gemälde wie Grafiken sind kaum noch für möglich gehaltene Wunder: Nichts passt zusammen in diesem Stil- und Motivtrubel, und doch stimmt alles, wenn man surrealistische Regie zugrundelegt.

Reaktor von 2006 spielt zudem mit der eigenen Medialität. Kreidelithografie: das lässt an Kalenderblätter, Zeitschriftenbilder des Biedermeier denken. Teile des Bildes hängen denn auch dieser altbehaglichen Erzählsphäre an, man zögert in der Entscheidung, sie für betörend oder verstörend zu halten. Andere Phänomene hingegen sind ungemütlicher, entstammen heutiger Zeit. Vor einem Baumstamm hingestellt, steht vorne einer wie der rätselhafte Findling Kaspar Hauser (1812–1833), einer, der im Wachzustand träumt, sich selbst nicht kennt. Ein biederer Wachmann mit Laterne leuchtet zu ihm hin. Dahinter ein ländliches Haus, aus dessen Krüppelwalmdach ein technisches Ungetüm heraussprießt: Raketenspitze, Sprengkopf, schlecht geflickte Zulaufleitungen – wohl der *Reaktor*. Gefahr am Waldrand, abgründige Betulichkeit, Fantasterei … Mit Lithokreide gezeichnet, gerät der Ton noch bedrohlicher. So wird, grafisch scheinbar antiquiert, moderne Welt befremdlich visioniert.

Anhang

Literaturhinweise

Adhémar, Jean: Europäische Graphik im 18. Jahrhundert. Paris/Köln 1963.

Althaus, Karin: Druckgrafik. Handbuch der künstlerischen Drucktechniken. Zürich 2008.

Bartsch, Adam von: Le peintre graveur. 21 Bde. Wien 1803–21.

Bauer, Hermann: Bemerkungen zur Bedeutung von Dürers Druckgraphik. In: Stalla. 2001.

Benjamin, Walter: Das Kunstwerk im Zeitalter seiner technischen Reproduzierbarkeit. Frankfurt a. M. 1963.

Benson, Richard: The Printed Picture. New York 2009. (Kat. Ausst. MoMA, New York.)

Bevers, Holm: Meister E. S. Ein oberrheinischer Kupferstecher der Spätgotik. München 1986. (Kat. Ausst. München/Berlin 1986/87, Staatliche Graphische Sammlung München / Staatliche Museen Berlin, Kupferstichkabinett.)

Billeter, Felix: Wilhelm Leibl und die Renaissance der Maler-Radierung. In: Stalla. 2001.

Braunfels, Wolfgang: Anton Wonsams Kölnprospekt von 1531 in der Geschichte des Sehens. In: W. B.: Nimbus und Goldgrund. Wege zur Kunstgeschichte (1949–1975). Mittenwald 1979.

Bredekamp, Horst: Piranesis Foltern als Zwangsmittel der Freiheit. In: Christian Beutler / Peter-Klaus Schuster / Martin Warnke (Hrsg.): Kunst um 1800 und ihre Folgen. Werner Hofmann zu Ehren. München 1988.

Büttner, Nils: Rubens. München 2007.

Diers, Michael: Schlagbilder. Zur politischen Ikonographie der Gegenwart. Frankfurt a. M. 1997.

Dresch, Jutta: Wenzel Hollar: 1607–1677. Radierungen aus dem Kupferstichkabinett der Staatlichen Kunsthalle Karlsruhe. Heidelberg 1990. (Kat. Ausst.)

Drude, Christian: Historismus als Montage. Kombinationsverfahren im graphischen Werk Max Klingers. Mainz 2005.

Escher, M. C.: Grafik und Zeichnungen. Mit einer Einl. und Bilderläuterungen des Künstlers. München 1972.

Fahr-Becker, Gabriele (Hrsg.): Das Klatschen der einen Hand. Japanische Farbholzschnitte aus 3 Jahrhunderten aus dem Riccar Art Museum Tokyo. München 1992. (Kat. Ausst. Staatliche Graphische Sammlung, München.)

Falk, Tilman [u.a.]: Hans Burgkmair, 1473–1973: Das graphische Werk. Stuttgart 1973. (Kat. Ausst. Städtische Kunstsammlungen, Augsburg.)

Geissler, Heinrich: Meisterwerke alter Druckgraphik aus der Staatsgalerie Stuttgart. Stuttgart 1982.

Giesecke, Michael: Der Buchdruck in der frühen Neuzeit. Eine historische Fallstudie über die Durchsetzung neuer Informations- und Kommunikationstechnologien. Frankfurt a.M. 1998.

Graf, Dieter / Mildenberger, Hermann: Chiaroscuro. Italienische Farbholzschnitte der Renaissance und des Barock. Berlin 2001. (Kat. Ausst. Rom/Weimar/München.)

Griffiths, Anthony / Carey, Frances: German Printmaking in the Age of Goethe. London 1994. (Ausst. Kat. British Museum, London.)

Gross, Friedrich: Artikel. In: Eva und die Zukunft. Das Bild der Frau seit der Französischen Revolution. Hrsg. von Werner Hofmann. München 1986. (Kat. Ausst. Hamburger Kunsthalle.)

Hartlaub, Gustav F.: Gustave Doré. Leipzig 1924. (Meister der Graphik. Bd. 12.)

Hendrickson, Janis: Roy Lichtenstein. Köln 1988.

Henker, Michael / Scherr, Karlheinz / Stolpe, Elmar: Von Senefelder zu Daumier. Die Anfänge der lithographischen Kunst. München [u.a.] 1988. (Kat. Ausst. Haus der Bayerischen Geschichte, München.) [Zit. als: Senefelder.]

Hertrich, Elmar: Artikel. In: Thesaurus librorum. 425 Jahre Bayerische Staatsbibliothek. Wiesbaden 1983. (Kat. Ausst. München.)

Hinz, Berthold: William Hogarth 1697–1764. Gießen 1980. (Kat. Ausst. Staatliche Kunsthalle, Berlin.)

– *Beer Street and Gin Lane*. Lehrtafeln zur britischen Volkswohlfahrt. Frankfurt a.M. 1984.

Hirthe, Thomas: Martin Schongauer: Das Kupferstichwerk. München 1991. (Kat. Ausst. Graphische Sammlung, München.)

Hoberg, Annegret / Friedel, Helmut (Hrsg.): Der Blaue Reiter und das Neue Bild. Von der »Neuen Künstlervereinigung München« zum »Blauen Reiter«. München 1999. (Kat. Ausst. Lenbachhaus, München.)

Hohl, Hanna: Das Universum der »Zeiten«. In: Runge in seiner Zeit: Kunst um 1800. München 1977. (Kat. Ausst. Kunsthalle Hamburg.)

Holler, Wolfgang: Das »Was« und das »Wie« – Giovanni Battista Tiepolo und seine Druckgraphik. In: Stalla. 2001.

Huber, Hans Dieter: Vom Holzschnitt zum Internet. Die Kunst und die Geschichte der Bildmedien von 1450 bis heute. Ostfildern-Ruit 1997. (Kat. Ausst. Heidenheim.)

Ivins, William M. Jr.: Prints and Visual Communication. London 1953.

Jensen, Jens Christian (Hrsg.): Anders Zorn 1860–1920. Gemälde, Aquarelle, Zeichnungen, Radierungen. Kiel 1989. (Kat. Ausst. Kiel/ München.)

Kemp, Wolfgang: »… einen wahrhaft bildenden Zeichenunterricht überall einzuführen«. Zeichnen und Zeichenunterricht der Laien 1500–1870. Frankfurt a. M. 1979.

Kiermeier-Debre, Joseph / Vogel, Fritz Franz: Kunst kommt von Prestel. Das Künstlerehepaar Johann Gottlieb und Maria Katharina Prestel. Frankfurt – London. Köln 2008. (Kat. Ausst. MEWO Kunsthalle, Memmingen.)

Körner, Hans: Der früheste deutsche Einblattholzschnitt. Mittenwald 1979.

Korazija, Eva: Artikel. In: Eros und Gewalt. Hendrik Goltzius und der niederländische Manierismus. Zürich 1982. (Kat. Ausst. Graphische Sammlung der ETH, Zürich.)

Kormann, Dieter (Projektleitg.): Modellversuch Graphik. Akademie für Lehrerfortbildung Dillingen. Stuttgart 1986. [Zit. als: Modellversuch.]

Koschatzky, Walter: Die Kunst der Graphik. Technik, Geschichte, Meisterwerke. München 1976.

Krause, Katharina / Hanebutt-Benz, Eva-Maria [u. a.] (Hrsg.): Bilderlust und Lesefrüchte. Das illustrierte Kunstbuch von 1750 bis 1920. Leipzig 2005. (Kat. Ausst. Gutenberg Museum, Mainz.) [Zit. als: Bilderlust.]

Lambert, Susan: Multiple Image. Five centuries of printed reproductions of paintings and drawings. London 1987.

Landau, David: Artikel. In: Andrea Mantegna. Hrsg. von Jane Martineau. London/Mailand 1992. (Kat. Ausst. London / New York.)

– / Parshall, Peter: The Renaissance Print 1470–1550. New Haven / London 1994.

Langemeyer, Gerhard [u. a.]: Bild als Waffe. Mittel und Motive der Karikatur in fünf Jahrhunderten. München 1984. (Kat. Ausst. Wilhelm-Busch-Museum, Hannover.) [Zit. als: Bild als Waffe.]

– / Schleier, Reinhard: Bilder nach Bildern. Druckgrafik und die Vermittlung von Kunst. Münster 1976. (Kat. Ausst. Münster.)

Lehrs, Max: Geschichte und kritischer Katalog des deutschen, niederländischen und französischen Kupferstichs im 15. Jahrhundert. 9 Bde. Wien 1908–34.

Leuschner, Eckhard / Brunner, Alois (Hrsg.): Artificio et Elegantia. Eine

Geschichte der Druckgraphik in Italien von Raimondi bis Rosaspina. Kat. Ausst. des Domschatz- und Diözesanmuseums Passau, Regensburg 2003.

Leuschner, Eckhard: Antonio Tempesta. Ein Bahnbrecher des römischen Barock und seiner europäischen Wirkung. Petersberg 2005.

Maedebach, Heino: Französische Farbstiche 1735–1815. Aus dem Kupferstichkabinett der Veste Coburg. Coburg 1965. (Kat. Ausst.) [Zit. als: Farbstiche.]

– / Maedebach, Minni: Meisterwerke europäischer Graphik, 15.–18. Jahrhundert. Coburg 1975. (Kat. Ausst. Coburg.) [Zit. als: Maedebach.]

Martens, Ulf: Der Zeichner und Radierer Carl Wilhelm Kolbe (1759–1835). Berlin 1976.

Mason, Rainer Michael (unter Mitarb. von Rica Castleman, Helmut Friedel, Ulrich Loock): Franz Gertsch. Holzschnitte. München/Zürich 1991. (Kat. Ausst. Lenbachhaus, München.)

Mayer, Rudolf: Gedruckte Kunst. Wesen, Wirkung, Wandel. Dresden 1984.

Mende, Matthias / Scherbaum, Anna / Schoch, Rainer (Hrsg.): Albrecht Dürer. Das druckgraphische Werk. Bd. 1: Kupferstiche, Eisenradierungen und Kaltnadelblätter. Bd. 2: Holzschnitte und Holzschnittfolgen. Bd. 3: Buchillustrationen. München [u.a.] 2001–04. [Zit. als: MSS.]

Mielke, Hans: Albrecht Altdorfer. Zeichnungen, Deckfarbenmalerei, Druckgraphik. Berlin 1988. (Kat. Ausst. Berlin/Regensburg.)

Moeller, Magdalena M.: Picasso. Druckgraphik, Illustrierte Bücher, Zeichnungen, Collagen und Gemälde aus dem Sprengel Museum Hannover. Frankfurt a.M. / Berlin 1986. (Kat. Ausst. Hannover.)

Morath, Wolfram: Ein Grenzgänger im Zentrum des barocken *sensus allegoricus*: der holländische Landschaftsradierer Hercules Seghers – Strukturen eines bildlichen Phänomens, schematische Analyse der Konzeption und die Kriterien Walter Benjamins. In: Stalla. 2001.

Nebehay, Christian M.: Gustav Klimt. Sein Leben nach zeitgenössischen Berichten und Quellen. München 1976.

Nefzger, Ulrich: Franz von Stuck in den »Fliegenden Blättern«. Tettenweis 2001.

Rebel, Ernst: Faksimile und Mimesis. Studien zur Reproduktionsgrafik des 18. Jahrhunderts. Mittenwald 1981.

– Albrecht Dürer. Maler und Humanist. München 1996.

– »Im Ungleychen ein grosse Vergleychung«. Dürers Kunst als Entwurf universeller Vermittlung. In: Erich Schneider (Hrsg.): Dürer. Himmel und Erde. Gottes- und Menschenbild in Dürers druckgraphischem Werk. Schweinfurt 1999. (Kat. Ausst. Sammlung-Otto-Schäfer-II, Schweinfurt.)

– Aquatinta. Zwei Wirklichkeiten eines vorindustriellen Druckverfahrens. In: Stalla. 2001.

– Druckgrafik. Geschichte und Fachbegriffe. 2., durchges. und aktual. Aufl. Stuttgart 2009.

Renger, Konrad / Syre, Cornelia: Graphik der Niederlande 1508–1617. München 1979. (Kat. Ausst. Staatliche Graphische Sammlung, München.)

Riemann-Reyher, Marie Ursula: Artikel. In: Adolph Menzel 1815–1905. Das Labyrinth der Wirklichkeit. Köln 1996. (Kat. Ausst. Nationalgalerie im Alten Museum, Berlin.)

Schaar, Eckhard: Katalog. In: Köpfe der Lutherzeit. München 1983. (Kat. Ausst. Hamburg.)

– (Hrsg.): Was die Bilder erzählen. Graphik aus sechs Jahrhunderten. Hamburg 1991. (Kat. Ausst. Kunsthalle, Hamburg.)

Schade, Sigrid: Schadenzauber und die Magie des Körpers. Hexenbilder der frühen Neuzeit. Worms 1983.

Scheffler, Gisela: Artikel. In: Dialog über Jahrhunderte. Erwerbungen und Stiftungen 1990–2000. Staatliche graphische Sammlung. Hrsg. von Tilman Falk. München 2000. (Kat. Ausst. München.)

Schjeldahl, Peter: Der Rhein. In: Götz Adriani (Hrsg.): Anselm Kiefer Bücher 1969–1990. Stuttgart 1990. S. 261.

Schoch, Rainer: Artikel. In: Mende/Scherbaum/Schoch (Hrsg.) [MSS]: Albrecht Dürer. Das druckgraphische Werk. 3 Bde. München [u.a.] 2001–04.

Schramm, Albert: Der Bilderschmuck der Frühdrucke 1–23. Leipzig 1922–43.

Schreiber, Wilhelm Ludwig: Handbuch der Holz- und Metallschnitte des XV. Jahrhunderts. Leipzig 1926–30.

Schuster, Peter-Klaus: Melencolia I. Dürer und seine Nachfolger. In: Jean Clair (Hrsg.): Melancholie. Genie und Wahnsinn in der Kunst. Ostfildern-Ruit 2006. (Kat. Ausst. Paris/Berlin.)

Sienel, Uta: Der Siebdruck und seine Druckträger. Zur Materialität eines jungen Druckverfahrens. München 2008.

Singer, Hans Wolfgang: Jakob Christoffel Le Blon. Mitteilungen der Gesellschaft für vervielfältigende Kunst. In: Die Graphischen Künste. Bd. 24. Wien 1901.

Spies, Werner: Der verzweifelte Systematiker. Hinweis auf Grandvilles Beschäftigung mit der reproduzierten Welt. In: Christian Beutler / Peter-Klaus Schuster / Martin Warnke (Hrsg.): Kunst um 1800 und ihre Folgen. Werner Hofmann zu Ehren. München 1988.

Stalla, Robert (Hrsg.): Es muß nicht immer Rembrandt sein … Die Druckgraphiksammlung des Kunsthistorischen Instituts der Universität München. München/Berlin 1999. (Kat. Ausst. Haus der Kunst, München.)

– (Hrsg.): Druckgraphik. Funktion und Form. Symposiumsvorträge. München/Berlin 2001.

Stoschek, Jeannette: Artikel. In: Vom Holzschnitt zum Internet. Die Kunst und die Geschichte der Bildmedien von 1450 bis heute. Ostfildern-Ruit 1997. (Kunstmuseum Heidenheim.)

Strobl, Andreas / Palmbach, Barbara: Bruno Paul. Simplicissimus. München 2003. (Kat. Ausst. Staatliche Graphische Sammlung, Pinakothek der Moderne, München.)

Stuffmann, Margret: »Randbemerkungen«. Delacroix' Lithographien zu Goethes Faust, Teil I. In: Stalla. 2001.

Vogt, Christine: Das druckgraphische Bild nach Vorlagen Albrecht Dürers (1471–1528). Zum Phänomen der graphischen Kopie (Reproduktion) zu Lebzeiten Dürers nördlich der Alpen. München/Berlin 2008.

Waldburg, Christoph Graf zu Waldburg Wolfegg: Venus und Mars. Das Mittelalterliche Hausbuch aus der Sammlung der Fürsten zu Waldburg Wolfegg. München / New York 1997. (Kat. Ausst. München.)

Walther, Karl Klaus (Hrsg.): Lexikon der Buchkunst und Bibliophilie. Leipzig 1987.

Weber, Wilhelm: Geschichte der Lithographie (Saxa loquuntur I und II). München 1964.

Wegner, Wolfgang: Fünf Jahrhunderte Europäische Graphik. München 1965. (Kat. Ausst. Haus der Kunst, München / Bibliothèque nationale, Paris / Rijksmuseum, Amsterdam / Wien.) [Zit. als: Fünf Jahrhunderte.]

Welzel, Barbara: Artikel. In: Holm Bevers / Peter Schatzborn / B.W. (Hrsg.): Rembrandt. Der Meister und seine Werkstatt. Zeichnungen und Radierungen. München [u.a.] 1991. (Kat. Ausst. Kupferstichkabinett SMPK Berlin.)

Wichmann, Siegfried: Weltkulturen und Moderne Kunst. München 1972. (Kat. Ausst. Haus der Kunst, München.)

Wiebel, Christiane: *Aquatinta* oder »Die Kunst mit dem Pinsel in Kupfer zu stechen«. Das druckgraphische Verfahren von seinen Anfängen

bis zu Goya. München/Berlin 2007. (Kat. Ausst. Kunstsammlungen der Veste Coburg.)
Wilton, Andrew: Biografischer Teil A. In: William Turner und die Landschaft seiner Zeit / Kunst um 1800. München 1976. (Kat. Ausst. Hamburg.)
Wimböck, Gabriele: In den Sternen geschrieben – in die Bilder gebannt. Die Furcht vor der Großen Sintflut im Zeitalter der Reformation. In: Jürgen Schläder / Regina Wohlfarth (Hrsg.): AngstBilderSchauLust. Katastrophenerfahrungen in Kunst, Musik und Theater. Leipzig 2007.
Wyss, Beat: Die Welt als T-Shirt. Zur Ästhetik und Geschichte der Medien. Köln 1997.
Ziegler, Walter: Die Techniken des Tiefdruckes mit besonderer Berücksichtigung der manuellen, künstlerischen Herstellungsverfahren von Tiefdruckplatten jeder Art. Halle a. S. 1901.
Zoff, Otto: Die Briefe des P. P. Rubens. Übers. und eingel. von O. Z. Wien 1918.

Abbildungsnachweis

© Georg Baselitz: 310 – © VG Bild-Kunst, Bonn 2010: 248, 252 (Olaf Gulbransson), 254 (Succession Picasso), 256, 264, 266 (The Munch Museum / The Munch Ellingsen Group), 268 (Eberhard Spangenberg), 270, 274, 276 (Succession H. Matisse), 280, 282, 284, 286, 290, 294, 296, 298, 300 (Fondation Antoni Tapies Barcelona), 302 (Succession Picasso), 304, 308, 316, 320, 324, 326 (courtesy Galerie EIGEN+ART Leizpig/Berlin) – Herzog Anton Ulrich-Museum, Braunschweig, Kunstmuseum des Landes Niedersachsen. Museumsfoto Bernd Peter Keiser: 76 – © 2010 The M.C.Escher Company-Holland. All rights reserved. www.mcescher.com: 278 – Museum Franz Gertsch, Burgdorf, Schweiz: 318 – © David Hockney: 306 – Angelina Siegmeth-Hrdlicka: 288 – Anselm Kiefer: 314 – Courtesy Galerie Bernd Klüser, Foto: Mario Gastinger: 320 – © Staatliche Graphische Sammlung München: 84 (Inv. Nr. 1966: 13 D), 100 (Inv. Nr. 43506 D) – © Nolde Stiftung Seebüll: 258 – Günter Stöber: 322 – Arnulf Rainer, Galerie Ulysses, Wien: 312 – © 2010 The Andy Warhol Foundation for the Visual Arts, Inc. / Artists Rights Society (ARS), New York: 292 – Herzog August Bibliothek Wolfenbüttel Graph. A2:129: 110.

Der Verlag Philipp Reclam jun. dankt den Rechteinhabern für die Reproduktionsgenehmigung. Nicht nachgewiesene Abbildungen entstammen dem Archiv des Verlags. In einigen Fällen konnten die Rechteinhaber nicht ermittelt werden. Hier ist der Verlag bereit, nach Anforderung rechtmäßige Ansprüche abzugelten.

Verzeichnis der Künstler

Kursive Ziffern verweisen auf Abbildungen, halbfette auf den Haupteintrag.

Zum Autor

Ernst Rebel, geb. 1949, studierte 1971–76 Malerei, Grafik und Kunsterziehung an der Münchner Akademie der bildenden Künste; Staatsexamen 1975, Diplom für Malerei und Grafik 1976; Studium der Kunstgeschichte, Philosophie und Klassischen Archäologie an der Universität München; Promotion 1979, Habilitation 1988. Seit 1992 Professor für Kunstgeschichte und ihre Didaktik an der Ludwigs-Maximilians-Universität München. Publikationen zur Geschichte und Technologie der Druckgrafik, zu Kunst und Leben Albrecht Dürers sowie zu kunstwissenschaftlichen und kunstpädagogischen Themen.